W0201724

V&R

Theologische Bibliothek

Herausgegeben von
Christoph Auffarth, Judith Becker,
Christine Gerber, Martin Leuenberger,
Friederike Nüssel und Friedrich Schweitzer

Band VIII
Christoph Auffarth
Opfer

Christoph Auffarth

Opfer

Eine Europäische Religionsgeschichte

Vandenhoeck & Ruprecht

Bibliografische Information der Deutschen Nationalbibliothek:
Die Deutsche Nationalbibliothek verzeichnet diese Publikation in der Deutschen Nationalbibliografie; detaillierte bibliografische Daten sind im Internet über https://dnb.de abrufbar.

© 2023 Vandenhoeck & Ruprecht, Theaterstraße 13,
D-37073 Göttingen, ein Imprint der Brill-Gruppe
(Koninklijke Brill NV, Leiden, Niederlande; Brill USA Inc., Boston MA, USA; Brill Asia Pte Ltd, Singapore; Brill Deutschland GmbH, Paderborn, Deutschland; Brill Österreich GmbH, Wien, Österreich)
Koninklijke Brill NV umfasst die Imprints Brill, Brill Nijhoff, Brill Hotei, Brill Schöningh, Brill Fink, Brill mentis, Vandenhoeck & Ruprecht, Böhlau, V&R unipress und Wageningen Academic.
Alle Rechte vorbehalten. Das Werk und seine Teile sind urheberrechtlich geschützt. Jede Verwertung in anderen als den gesetzlich zugelassenen Fällen bedarf der vorherigen schriftlichen Einwilligung des Verlages.

Umschlaggestaltung: Andreas Sonnhüter, Niederkrüchten
Satz: textformart, Göttingen
Druck und Bindung: ⊕ Hubert & Co KG BuchPartner, Göttingen
Printed in the EU

Vandenhoeck & Ruprecht Verlage |
www.vandenhoeck-ruprecht-verlage.com

ISSN 2567-9473
ISBN 978-3-525-55465-4

Inhalt

1. ‚Opfer‘: Ein Grundwort religiöser und säkularer Sprache im Fluss der Diskurse

1.1 ‚Opfer‘ inflationär: Wer wann und in welcher Absicht von ‚Opfer‘ spricht

1.1.1 Ein alltägliches Wort der Ohnmacht

Das Wort ‚Opfer‘ kommt in der Sprache der Nachrichten, die unseren Alltag strukturieren und begleiten, täglich vor. Es benennt Menschen, manchmal auch Tiere, die einer Gewalt hilflos ausgeliefert sind und dabei ihr Leben verlieren oder gerade noch überleben mit einer das Leben beeinträchtigenden Einschränkung, körperlich wie psychisch. Die nüchternen Nachrichten rücken mit ihren Bildern und knappen Schilderungen das Schicksal von Menschen in unsere Nähe, als hätten wir es im Vorbeifahren, im Augenblick selbst gesehen, erlebt. Opfer von Naturgewalten, wie des Tsunami von Weihnachten 2004 im Indischen Ozean oder des Tsunami, der 2011 im Kernkraftwerk von Fukushima einen GAU auslöste, Opfer von Unfällen im Autoverkehr, von Flugzeugabstürzen, unter eingestürzten Häusern, Opfer von Kriegen, Opfer von Verbrechen, deren Tätern die Polizei beim „Tatort“ nach intensivem Suchen auf die Spur kommt und der Gerechtigkeit zuführt. Auf Schulhöfen mobben Kinder andere herab: „Du Opfer!“. Opfer kommen täglich in unser Bewusstsein.

Wie reagieren wir auf diese tägliche Zumutung? Ein kurzer Moment der Betroffenheit, bevor das nächste Opfer unsere Aufmerksamkeit für einen Augenblick bindet. Manchmal eine Spende für die Opfer von Katastrophen in Form einer Überweisung oder besser doch den Aufbau von Strukturen, wie Geld für einen Brunnen gegen die nächste Hungerkatastrophe. Und unsere Steuern für den Aufbau von Prävention, dass es gar nicht erst zu Opfern oder zumindest weniger Opfern kommt. Bei menschengemachter Gewalt gilt die Aufmerksamkeit viel mehr den Tätern, die bestraft werden müssen; dass unsere Ordnung geschützt wird, ein funktionierender Staat. Der Schutz der Opfer und der Ausgleich ihres Schadens an Leib und Seele wurde erst 1972 als Aufgabe des deutschen Sozialstaats erkannt und durch ein Gesetz geregelt. Was steht hinter der wahrgenommenen Gewalt, die sich in Zahlen, in Tausenden – oder waren es Millionen? – in den Nachrichten, als Einzelschicksale im fiktiven Drama einer Filmerzählung oder im Roman uns nahekommt? Uns vielleicht begleitet, aber am Ende wird das Buch zugeklappt. Die Naturkatastrophen nehmen wir wahr als Teil der Klimakatastrophe, den GAU des Atomkraftwerks als Hybris der Unbeherrschbarkeit unseres eigenen technischen Könnens, auf das wir einmal stolz waren. Die Pandemie musste einen Ursprung haben: Waren es die Chinesen oder ist es die Zurückdrängung der Natur, die den Kontakt zwischen Menschen und Wildtieren provoziert? Kann man Kriege aufhalten oder durch Verträge in Container einschließen, während die Menschen davor fliehen und als Migranten neue sichere Orte zum Leben suchen? Kriegswaffen fordern Opfer, auch wenn sie nicht schießen. Wenn man sie zu Pflugscharen konvertieren würde, würden viel mehr Menschen in ihrer Heimat leben können. Warum die Faszination an der Gewalt, die doch nur neue Gewalt hervorruft? Darf doch der Tod so vieler Opfer-Täter nicht vergeblich gewesen sein, und deshalb fordern sie weiter neue Täter und neue Opfer ein.

1.1.2 Ohnmacht und Gegenmacht

Das Vertrauen auf den Staat, der auf der Grundlage einer Verfassung in der Gewaltenteilung von Exekutive, Legislative und Jurisdiktion die Aufgabe erfüllt, die Freiheit der Einzelnen zu garantieren, wird von einer Minderheit unserer Welt geteilt. Und auch in den funktionierenden Staaten kommt nicht nur Kritik auf mit dem Ziel der Verbesserung, sondern auch der Kampf gegen das System, das es zu stürzen gelte. Die Staatsgewalt erweist sich in vielen Staaten der Erde als Bestechungsmaschine, ja als Verbrecher, der seine Bürger nicht schützt, sondern zu Opfern macht. Die Staatsgewalt sollte einmal eine Institution sein für rationale, kontrollierbare, verbesserungsfähige Vernunft mit einem Monopol auf Gewalt, die die Bürger an sie abtreten und so auf individuelle Gewalt für ihr vermeintliches Recht verzichten. Diese Erwartung der Aufklärung, realisiert 1776 in der Amerikanischen und 1789 in der Französischen Revolution mit ihren republikanischen Verfassungen, löste *das ancien regime* ab, die absolute Monarchie. Ohne Rechenschaftspflicht gegenüber den Untertanen wähnten sie Gott und die Kirche auf ihrer Seite. Sorgten manche Herrscher für das Gemeinwohl ihres Volkes, so lebten die meisten ihre Eigeninteressen aus, bauten Schlösser, führten Kriege, genauer, sie ließen ihre Bürger ihr Leben opfern, für ihre Rache, Vergrößerung des Landes. Sie waren nur ihrem Gott verantwortlich, wenn sie ihn nicht sogar unterordneten zum ‚allmächtigen' obersten Beamten und Richter, der Todesstrafen anordnete, zum ‚allwissenden' Chef eines Geheimdienstes, ‚allgütigen' Teilhaber an ihrem Ruhm, aber verantwortlich für ‚unbegreifliche' Niederlagen. Gott war nur Gott des Mächtigen, nicht der Gott der Menschheit. Für die Willkürherrschaft hatte der Herrscher seinen willkürlichen Gott auf seiner Seite. Wer die Parteilichkeit dieses absolutistischen Gottes nicht akzeptierte, setzte Gott schon einmal auf die Anklagebank: Wo bleiben, bitte, die Eigenschaften des einzigen Gottes, die ihm die Philosophen und Theologen zumaßen: Gott ist das Gute, die Allmacht, die Allwissenheit. Wenn der Gute nur das Gute will, woher kommt dann das Unglück, das die Menschen zu Opfern macht? Gottfried Wilhelm Leibniz trat als Anwalt dieses für die ganze Welt verantwortlichen Gottes in dem ‚Prozess gegen Gott' (*Theodizee*, 1710) auf. Das Böse in der Welt resultiert aus dem kleinen, kleinen (!) Unterschied zwischen Gott und dem von ihm geschaffenen Menschen. Da Menschen nicht vollkommen sein können, eben nicht Gott (das *malum metaphysicum*), gibt es die Opfer von Naturkatastrophen (*malum physicum*) und Verbrechen (*malum morale*). Im Sinne Leibniz' wäre *malum* nicht das Gegenteil von *bonum*, das Böse gegen das Gute, sondern eher das Defizit, das zum Guten fehlt. Als 1755 die Stadt Lissabon einem Tsunami, einem Seebeben und Feuersbrünsten zum Opfer fiel, da ließ 1759 Voltaire den Sprachgewandten (Pangloss als Name für Leibniz) auftreten, der als Pädagoge einen Jugendlichen Candide bei seiner ersten Reise in die Welt begleitete. Alles, was sie da an Schrecklichem sahen und am eigenen Leib erfuhren, musste doch zum Besten dienen, diente in Gottes Plan der Erziehung der Menschheit – spottete Voltaire in seinem Buch *Candide ou l'optimisme*. Gegen solch einen Gott, dieses Gottesbild, das die Willkür der Herrscher rechtfertigte und auch in der Katastrophe noch etwas Gutes fand, stand die Forderung nach einem rationalen Staat, nach Beteiligung der Bürger an den Entscheidungen, nach dem Ausgleich von berechtigten Eigeninteressen und Gemeinwohl. Finanziert wird die so vereinbarte Staatsgewalt durch Steuern als Verzicht der Wohlhabenden zugunsten der Ärmeren, ihr Opfer. Diese andere Bedeutung von Opfer soll im dritten Kapitel das Thema sein. Festzuhalten ist aber, dass mit der Staatsgewalt nicht eine säkulare Institution an die Stelle Gottes tritt, sondern dass ein Gottesbild mit einer Herrschaftsform verknüpft war (die Monarchie), und mit der neuen Gesellschaftsordnung (der Republik) auch ein neues Gottesbild möglich und gefordert war. Wolfgang Eßbach hat in seinem Lebenswerk herausgearbeitet, wie mit und nach der Revolution Religion sich transformierte in unterschiedliche Stränge: Zivilreligion, Nationalreligion, Staatskirche, Kunstreligion, Rationalreligion, die teils in Konkurrenz zur Konfessionsreligion traten, teils in Adaptierung sich wechselseitig verbanden.[1] Vorausgreifend nenne ich als

[1] Eßbach, *Religionssoziologie* 2014–2019.

Beispiel die Entfernung der Eigenschaft ‚Allmacht'. Aus der Erkenntnis, dass nach Auschwitz sich das Gottesbild verändern muss, verzichtete Gott – so Jürgen Moltmann in der *Gekreuzigte Gott* 1972 – auf seine Allmacht, wurde Mensch und solidarisierte sich mit den Opfern, eben nicht mehr mit den Mächtigen.

1.1.3 Das göttliche Gegenüber

Die eben beschriebene Rede von den Opfern in der Moderne ist defizitär, es fehlen bedeutende Aussagen, die für ein Opfer dazugehören: Ein Opfer ist eine symbolische Handlung, die sich an ein göttliches Gegenüber richtet und ihm ein Geschenk übermittelt. Als diese Rede vom Opfer aufkam nicht mehr mit Gott, sondern mit der Nation als Gegenüber (wie in Kapitel 8 beschrieben im Zusammenhang mit den Kriegen der ‚Heiligen Allianz' gegen Napoleon und die Säkularisation der Französischen Revolution um 1800), wurden da die jetzt fehlenden Elemente noch mitgedacht? Das Aktive der Handlung, statt des ohnmächtigen Passivs der heutigen Rede vom Opfer? Das göttliche Gegenüber, das Opfer als Geschenk? Was ist da weggefallen? Dafür ist die eben schon angesprochene Transformation von Religion nach den Revolutionen im 19. Jahrhundert die grundlegende Veränderung: mit der Ersetzung des Gottes als Person durch ‚das Heilige'/ *le sacré*. Der personale, willkürliche Gott, der sich zum Komplizen der Monarchen, auch der grausamen, gemacht hatte, konnte abstrakter gedacht werden: als Prinzip der Gerechtigkeit, als Befreier aus der Sklaverei und selbstverschuldeten Unmündigkeit, als Sonne, die das Unwetter ‚aufklärt', als das fürsorgende Auge Gottes. Dieses konnte zugleich auch als das ‚Auge des Gesetzes' konkretisiert werden, nämlich die Polizei, wie auch andere Metaphern das Heilige aus dem Jenseits der Metaphysik in das konkrete Leben der Menschen in ihren gesellschaftlichen Ordnungen übersetzten. ‚Heilig' wurde jetzt nicht nur der Krieg, sondern auch die Nation, die Gesellschaft, sogar die Arbeiterklasse. Das ist kein unumkehrbarer Prozess der Säkularisierung, man kann dabei und es wurde dabei auch Gott als Person weitergedacht. Weitergedacht soll nicht heißen, dass der Gott vor der Aufklärung kontinuierlich ‚weiter' Bestand haben konnte, sondern dass das Gottesbild sich einen Schritt weiter entwickelt, dabei anders gedacht werden muss. Beispielsweise nicht mehr als der Wettergott, der seit dem Blitzableiter undenkbar geworden war. Das Opfer wurde im Krieg der Nation gebracht, aus dem und denen die Nationalstaaten des 19. Jahrhunderts hervorgingen. Die Nation wurde zur Konkretion des Heiligen, die Nation war von Gott gestiftet.[2] Ihr opferten sich die Soldaten im Krieg, in einer Hingabe für das Größere, ihr individuelles Glück opfernd, das Glück ihrer Lieben in Trauer und Not stürzend zugunsten Ihres Volkes, ihrer Nation, der kommenden Geschlechter. In den Grabenkämpfen des Ersten Weltkriegs geriet das Opfer für das Heilige in Zweifel, wurde aber nicht ganz zerrieben. Nach dem Krieg aber schlug die Bedeutung um: Wo war das Heilige geblieben in der ‚gottlosen' Republik, dem Elend der Nachkriegsgesellschaft, den vielen Kriegsversehrten, die nun das passive Opfer des Krieges genannt wurden.

Diese Entwicklung des Opferbegriffs im 19. Jahrhundert, die sich auf den Krieg als Geburt der Nation verengte, enthält die Paradoxie, dass das potentielle Opfer im Sinne des getöteten Menschen gleichzeitig den Soldaten als Täter legitimiert, der den Soldaten der anderen Nation töten, ‚opfern' darf, um seinem Volk das Leben zu retten, seine Nation groß zu machen. Die Paradoxie des ‚Selbstopfers' ist die Lizenz zum Töten. Und sie erklärt den Krieg zu einer heiligen Handlung.

---

2 Graf, Nation – *von Gott erfunden?* 2000. Graf, *Sakralisierung von Kriegen* 2008. Krumeich, *Religionskrieg* 2000. Ausführlich Kapitel 8.

1.2 Das Opfer als verschobene Kommunikation – mit einer ‚Unbekannten'

1.2.1 Opfer – zwischen Geschenk und Bestechung

Das verstärkt eine andere Bedeutung, die auch schon in der Logik des Rituals des Opferns enthalten ist: den Verzicht. Im antiken Opfer verzichten die Opfernden (die Auftraggeber eines Opfers) auf ein Tier oder etwas anderes, das sie als Gabe mit in das Heiligtum bringen, auf etwas aus ihrem Eigentum. Statt es für den Eigengebrauch zu nutzen, zum eigenen Vorteil und Vergnügen, schenken sie es her. Jede Kirche – wie auch schon in der Antike die Tempel – hat ihren Opferstock, in den man Geld einlegen kann und dafür auf einen Eisbecher verzichtet, den man auf dem Platz davor genießen könnte. Man kann seine Zeit opfern, um jemand anderem eine Freude zu machen, einem Kind was vorlesen, sich in einem Eine-Welt-Laden engagieren, im Chor regelmäßig einen Abend opfern, um im Gottesdienst mit einer Kantate die Gemeinde mit Wohlklang zu begeistern oder auf dem Volksfest im Shanty-Chor die Menschen in Bewegung zu bringen.

Freilich ist die Betonung des Verzichtes einseitig und von christlichen Idealvorstellungen vorgeprägt. Demnach muss das Opfer wehtun, soll keine Freude bereiten. Und es soll niemand wissen, man darf selbst nicht stolz darauf sein. Wie es in Jesus in der Bergpredigt empfiehlt (Matthäus 6,2f) „Posaune es nicht heraus vor dir! […] Wenn du eine Spende gibst, dann soll deine linke Hand nicht wissen, was deine rechte tut." Bei dem Gebot, das alle Gebote zusammenfasst: „Du sollte Gott, Deinen Herrn lieben! Und das andere ist dem gleich: Liebe Deinen Nächsten wie Dich selbst!" (Levitikus 19,18; Matthäus 22,39), soll also das letzte Glied wegfallen: Opfern soll dir selbst keine Freude machen? Auf die eigene Freude zu verzichten, schlägt schnell um in das Helfersyndrom mit dem Extrem des Krankenpflegers, der Patienten lebensgefährliche Medikamente spritzte, um anschließend bei der Wiederbelebung Leben retten zu können.

Umgekehrt darf nach unseren Vorstellungen das Opfer nicht missverstanden werden als Bestechung.[3] Gott sei nicht zu bestechen und dürfe nicht gezwungen werden, ist ein klassisches theologisches Postulat. Das ist weiter unten zu diskutieren an dem klassischen Satz *do, ut des*: „ich gebe, damit Du gibst".

1.2.2 Der Opfervorgang als Kommunikation

Wenn man die Funktion des Opfers so reduziert auf das Verhältnis des Menschen als Individuum mit seinem Gott, so bleibt ein wesentlicher Teil des Vorgangs ausgeblendet. Denn den Opfervorgang kann man als Kommunikation von drei Teilnehmern beschreiben.

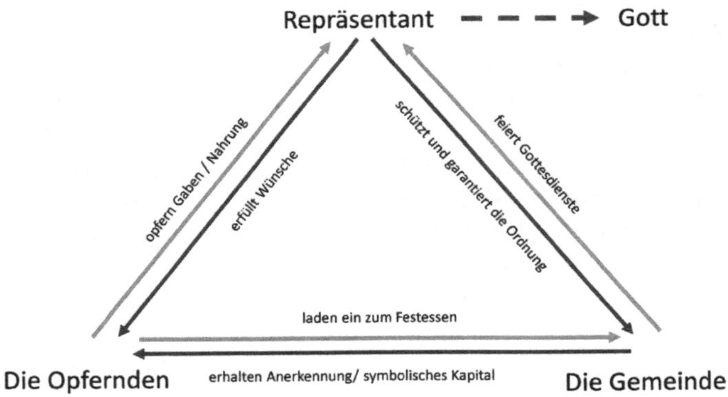

Abb. 1: Konfiguration des Opfervorgangs

(1) Der Opfernde als Teil von einer Opfergruppe: Der oder die das Opfer bezahlen, also den ökonomischen ‚Verlust' tragen. (2) Der oder die Empfangende, das sind Gott

[3] Umfassende Vorstellung von Opfertheorien leistet Drexler, *Die Illusion des Opfers* 1993. Drexler, Opfer. *MLR* 2 (1999), 607–613. Knapp Gladigow, *Teilung* 1984. Tylor, *Primitive Culture* 1871 sprach vom Opfer als *bribe* Bestechung.

(oder Göttin), die Priester, die für ihren Dienst honoriert werden mit der Haut des Opfertiers, das sie an Gerber und Schuhmacher verkaufen, und eingeladen werden zu einer Portion vom Fleisch und Leckereien, die die Opfernden mitgebracht haben, die Metzger und Köche. ‚Gott' ist aber nicht sichtbar präsent, sondern wird hinzu imaginiert, ‚repräsentiert' etwa durch ein Bild. (3) Die Gruppe derer, die am Opfer teilnehmen aus der Familie, Freunde oder bei Jahresfesten die ganze Nachbarschaft bis hin zur ganzen Stadt. Der Kreis ist aber viel größer. Dazu gehören die Hirten, die das Tier großzogen, die Tempelwirtschaft mit ihren Gemeinkosten (Reparatur der Gebäude, Putzkräfte, Ordner, Manager), Priester. Noch größer ist der Kreis, wenn die materiellen Opfer nicht verzehrt werden, sondern aus Gold- und Geldgeschenken bestehen und die dann in großartige Architektur ‚umgemünzt' werden, in kostbare Plastiken, Schmuckstücke, die Glasfenster der gotischen Kathedralen, die Orgeln, Chorgestühl, die Kunsthandwerker und Künstler mit ihren Ateliers, die Architekten, Steinmetze, Maurer, Lehrlinge, Hoteliers, Köche. Damit wird ein großer Teil der Wirtschaft einer Stadt finanziert. Die großen Architekten und Künstler ziehen zwar von einem Projekt zum nächsten weiter, weil sie sich einen Namen gemacht haben. Aber vor allem ist es auch die Stadt oder die Herrscherfamilie, die mit ihrem Prestigeobjekt ihre wirtschaftliche Potenz vor Augen führt und Konkurrenten herausfordert, sie zu übertrumpfen. Und zwar der Teil, der das Können für Spitzenleistungen an dieser Aufgabe entwickelt. „Für Gott" bedeutet, dass auch die (1) Opfernden und Spender mit ihren Familien Dank, Ansehen gewinnen. Dafür hat man – im Anschluss an Pierre Bourdieu – den Begriff des symbolischen Kapitals eingeführt, neben dem materiellen Kapital. Verzichten bedeutet auf einer anderen Ebene Gewinn. Davon ist im Kapitel 3 ausführlich die Rede, von der Gabenökonomie.

Schließlich muss noch (2) die Figur des Empfangenden, die Figur Gottes betrachtet werden. Betrachtet man den Opfervorgang, den ich im Vorausgehenden gerade in ein soziales und ökonomisches Netzwerk verknüpft habe, als ein Kommunikationsgeschehen mit einer Konfiguration, dann ist die Kommunikation zwischen den Menschen, zwischen Figur (1) und Figur (3) präzise zu beschreiben. Aber die Figur (2), die oder der Empfangende, die Gottheit, ist nicht präsent in der Konfiguration. Sie ist vielleicht anwesend – in der Vorstellung der Beteiligten, man kann ihre ‚Macht' spüren, wenn man an sie glaubt. Im realen Opfergeschehen ist sie nur als Repräsentation beteiligt. Sie wird nicht am Tisch mit sitzen und ihren Teller leer essen, mittanzen und -singen, sie wird sich nicht bedanken mit Worten und Taten und anschließend beschwingt nach Hause gehen. Die menschlichen Teilnehmer können sie imaginieren, sogar von einer einmaligen Epiphanie erzählen, dass Gott selbst sich zeigte, aber in der Konfiguration der Kommunikation ist sie nicht unmittelbar beteiligt, nur gedacht und mittelbar, also durch ein Medium vertreten, das sie repräsentiert. Das kann ein Götterbild sein, das sie repräsentiert, aber nicht Gott *ist*. Wenn das Bild zerstört wird, dann existiert die Gottheit weiter. Das Bild stellt nur einen Präsenzmarker dar, das heißt, Gott wird während des Kultrituals anwesend sein.[4] Man kann, auf das Bild gerichtet, Gott ansprechen, beten, Hymnen rezitieren, es schmücken, eincremen, einen Ring an einer Kette um den Hals hängen, beweihräuchern. Nur: den Anteil am Fleisch, das leckere Essen, das Getränk: Wie soll man das übermitteln? Das Mittel der Wahl ist das Feuer. Wie der Rauch und der Duft von gekochtem und gebratenem Fleisch aufsteigen in den Himmel, wo die Götter leben sollen, so ist der Duft das Medium. Es ist aber zugleich die Möglichkeit, das Essen für die Menschen schmackhaft zuzubereiten. Prometheus wird zwar schwer bestraft dafür, dass er aus dem Himmel das Feuer stiehlt, aber ohne das Feuer wäre das Fleisch

[4] Ausführlich Auffarth, *Das angemessene Bild* 2007. Auffarth, *materiality* 2010. Auffarth, *Ritual* 2020. Hölscher, *Macht des Bildes* 2018.

ungenießbar für die Menschen, und die Götter würden ihren Anteil nicht übermittelt bekommen. Die Gottheit kann nicht in das reale Kommunikationsgeschehen unmittelbar einbezogen werden, deshalb müssen symbolische Handlungen das ersetzen. Dazu gehört das Ritual des Opferns.

Verschoben ist die Kommunikation auch deshalb, weil Gott nicht unmittelbar, weder mit dem erbetenen Geschenk noch zeitgleich reagiert. Diese unserer Rationalität des Tauschens eines Objektes gegen Geld widersprechende Eigenheit ist im Kapitel 3 zu erklären.

1.2.3 Gesellschaftliche Funktionen

Die sprachliche Entwicklung des „Opfers" als Metapher nach dem Ende des Opferrituals, (das Ritual selber ist in den Kapiteln 4 und 5 dargestellt) verweist auf die Veränderung der Gesellschaften. Opfern im gesellschaftlichen Kontext kann man auf der Makroebene beschreiben (Fleischkonsum als eine Ursache für die Klimakrise, Bedrohung der Gesundheit der Gesellschaft im negativen Bereich als Hunger, im Überflussbereich als Fettleibigkeit mit ihren Folgen). Auf der Mikroebene geht es um die Opfernden und ihre Intention, Gott ein Geschenk übermitteln zu wollen. Auf der Mesoebene wurde eine Analogie aus dem Bereich fundamentaler menschlicher Erfahrung als Erklärungsmodell herangezogen: Nahrung und die Tischordnung bei der ‚Teilung des Opfers'.[5] Burkhard Gladigow hat bedeutende religionswissenschaftliche Aufsätze zur Diskussion gestellt, die sich auf für das Leben elementare Vorgänge beziehen, nämlich auf Nahrung und soziale Ordnung: „Das Modell des Gabenopfers gewinnt seinen unmittelbarsten Bezug zu sozialen Grunderfahrungen und damit seine höchste Plausibilität in der

---

[5] Grundlegend Gladigow, *Teilung* 1984. Gladigow, *Rechtfertigung* 1971; Gladigow, *Opfer* 2000; Gladigow, *Opferkritik* 2008. Krech, *Die Teilung des Opfers* 2021. Krech, *Evolution* 2021, 27–91.

Darbringung von Nahrung."[6] Er warnt aber in methodischer Hinsicht:

> Eine religionshistorische Interpretation vor- und frühgeschichtlicher Funde durch Analogie aus anderen, besser dokumentierten historischen oder rezenten Bereichen steht unter der Verpflichtung, Analogien zu begründen und von der bloßen Assoziation zu unterscheiden. Das geschieht wohl am besten dadurch, daß sich die Analogien nicht jeweils auf Einzeldaten beschränken, sondern typische Verbindungen von Einzelelementen zur Ausgangsbedingung einer Analogie machen. Nicht-beliebige Verbindungen von Einzelelementen aber pflegt man als Strukturen zu bezeichnen.[7]

So sind folgende Fragen zu stellen, um eine Vergleichbarkeit zu ermöglichen:
- Opferanlass
- Opfergegenstand
- Empfänger des Opfers
- Rollen der am Opfer beteiligten Personen
- Ziel des Opfervorgangs
- Verbleib der Opfermaterie

Als Ritual der Zuteilung der Nahrung wird zugleich die Ordnung der Gruppe ‚aufgeführt' und bestätigt. Es bestehe hier eine fließende Grenze zwischen in Gemeinschaft lebenden Tieren, v.a. den Primaten, und den auf Gemeinschaft angewiesenen Menschen.

1.2.4 Fleisch – Tiere töten und ihr Fleisch genießen

Bei der Vorstellung der religionsgeschichtlichen Kulturen des Opfers werden sowohl Formen vorzustellen sein, in denen das Opfer zerstört und vollkommen verbrannt oder versenkt/vergraben wird. Viel häufiger aber ist das Opfer als Auftakt zu einem Festmahl, das die Menschen genießen im Beisein Gottes. In Judentum und Islam ist das koschere Schlachten bzw. Halal noch mit dem Blut des ge-

---

6 Gladigow, *Teilung* 1984, 22.

7 Gladigow, *Teilung* 1984, 19.

töteten Tieres verbunden (wenigstens in der Vorstellung), in christlich geprägten Kulturen gehört Fleischgenuss nicht zur religiösen Sphäre, protestantisch völlig, katholisch wird oft noch der Freitag ausgenommen. Bei unseren griechischen Freunden halten sich Frauen auf dem Dorf noch an die Fastenregel, sich des Fleisches, aber auch Eier und Olivenöls zu enthalten, in den Fastenzeiten vor Ostern, vor Mariae Himmelfahrt und in der Adventszeit.[8]

In unserer ‚modernen' Kultur ist das Töten der Tiere völlig aus der Lebenswelt verdrängt, Fleisch liegt küchenfertig verpackt in der Kühltheke. Der Schlachthof ist ein Hetero-Topos der Stadt, unerwünscht, abseits der Öffentlichkeit, nur von den Mitarbeitern und vielleicht einmal investigativen JournalistInnen aufgesucht und dokumentiert, was niemand sehen will.[9] Mit der Fabrikation des Fleisches werden das Leben und Sterben der Tiere, das Blut und der Schmutz, die Därme und die Hufe unsichtbar, unhörbar, kein Gestank. Dafür aber wird das Fleisch billig und kann jeden Tag auf den Tisch kommen.

Verzicht hat kaum noch eine religiöse Begründung, wohl aber verweisen die, die kein Fleisch zu essen oder die den Fleischkonsum zu reduzieren empfehlen, auf Tierwohl, den Raubbau der Natur, den enormen Verbrauch an Pflanzen und Wasser, Überdüngung durch Gülle, statt direkt Pflanzenkost zu sich zu nehmen, Gefahr durch Antibiotika usw.[10] Und Verzicht, ob nun ganz oder etwas weniger, verringert die Gewichtszunahme, ein wachsendes Problem der Gesundheit. Man kann den Verzicht religiös begründen oder als religiöser Mensch sich den rationalen Begründungen anschließen. Dazu kommt die soziale Ungleichheit, weniger in den Ländern selbst, im Weltzusammenhang aber gravierend. Dabei ist

---

[8] Reed, *From Sacrifice to the Slaughterhouse* 2014. Kassung: *Fleisch* 2020.

[9] Zum Begriff Heterotop Henri Lefebvres in der Systematik Rau, *Räume* 2013, 151–153.

[10] Heinrich Böll Stiftung: *Fleischatlas 2021* – Daten und Fakten über Tiere als Nahrungsmittel (boell.de) (online aufgesucht am 5.7.2021).

auch die ‚Vorratshaltung auf vier Beinen' die schlechtere, gleichwohl bevorzugte Lebenssicherung auch in der Sahelzone. Die Tiere der Nomaden essen das Feld der Bauern kahl, das Land wird zur Wüste.

Demgegenüber aßen die Menschen in den Kulturen mit religiösem Opfer im Vergleich zur Moderne ganz selten Fleisch. Fleischgenuss war zwar nicht heilig, aber mit großer Achtung verbunden.

1.2.5 „Christlich geprägt" – religionswissenschaftlich und theologisch

Mehrfach habe ich den Ausdruck „christlich geprägte Kulturen" gebraucht. Als historisch forschender Religionswissenschaftler mit dem vergleichenden Blick auch auf andere Kulturen ist mir die Differenz bewusst zwischen Entwicklungen von sozialen Handlungspraxen und theologischen Intentionen, zwischen Normalität und Normierung; und dazu kommt die ‚Intersektionalität' der verschiedenen Bereiche der Kultur, in deren Wechselspiel sich Religion entwickelt, mit ökonomischen, juristischen, ästhetischen, politischen Umbrüchen, Geschlechter- und Generationenkonflikten. Das ist übrigens nicht das Gleiche wie die gerne verwendete Unterscheidung, Religionswissenschafts-ForscherInnen würden die Perspektive von außen auf eine Religion werfen (auch der etische Blick genannt),[11] während TheologInnen von innen ihre Religion verstünden (der emische Blick). Selbst Teil einer der Kulturen, erlaubt mir der vergleichende Blick, die Besonderheiten der verschiedenen Kulturen herauszuarbeiten, auch meiner eigenen. Man kann sehr wohl die gelebte Religion und die intendierte Religion beschreiben. Aber der distanzierte, reflexive Blick auf Handlungsspielräume

---

[11] Etisch nennt man den Blick der EthnologInnen auf eine ‚fremde' Kultur, emisch sei das Selbstverständnis der Eingeborenen (Englisch: *natives*).

kann sowohl die Theologie als Gegenstand der Forschung wie auch die Praxis der Religion beschreiben, ohne dass das zu einer Religionskritik werden muss; Religionskritik entweder an einer anderen Religion, der ich nicht zugehöre, oder gar an Religion überhaupt.

1.3 Argumente und Absichten des Buches

1.3.1 Eine Europäische Religionsgeschichte

Unsere Lebenswelt ist vernetzt in der Globalisierung. Der Begriff und das Konzept des Opfers haben sich über die ganze Welt verbreitet vorwiegend in der lateinisch/englischen/romanischen Unterscheidung von *victima* und *sacrificium*. Diese Konzepte sind aus der christlichen Vorstellung von Opfer erwachsen und vermischen sich mit regionalen und religiösen Realien der jeweiligen Kultur. Daraus entstehen juristische Folgerungen nach Schadenersatz, Wiedergutmachung, Reparationen. Vor allem die Vorstellung des Selbstopfers als Martyrium, Kamikaze, Selbstmord-Attentäter ist zwar im Ritual undenkbar, als religiöser Akt pervers. Aber sie werden doch – im Selbstverständnis und als Fremdzuschreibung – mit Religion in Verbindung gebracht.[12] Entsprechend meinen Kompetenzen konzentriere ich mich auf das Opfer in den griechischen (und römischen), den hebräischen und jüdischen Ritualen. Das ‚Ende des Opfers' als Ritual ist nur Teil eines langen Vorlaufs des Schwindens, gleichzeitig aber auch der Zwang zu einer Transformation aller Religionen in der Spätantike. Die christlichen Verästelungen beobachten das Ritual bald schon nur noch bei den anderen, den ‚Heiden' aus der Ferne, aber auf das Grundwort der religiösen Sprache der Antike wollen sie doch nicht verzichten für die Plausibilität ihrer Religion, dann der

[12] Kermani, Kapitel 8 s. Anm. 34.

Wucherung des Begriffs ohne Anschauung der Realien und mehr und mehr auch ohne den religiösen Sinn. Darum muss das Buch der Metapher nachgehen, der das Gegenstück in den Realien abhanden gekommen ist. Und damit ist das Opferkonzept global geworden. Moshe Halbertal beobachtete, dass in der Sprache des heutigen Israel das Wort Opfer (*korban*) auch für Opfer von Unfällen, Attentaten und Vergewaltigungen verwendet wird, das gleiche Wort aber im biblischen Hebräisch nie diese Bedeutung trug.[13]

Die Opfer*rituale* in den Religionen der Welt zu beschreiben wäre reizvoll und informativ, kann ich aber mit meinen Kompetenzen und in dem vorgegebenen Rahmen eines schlanken Buches nicht leisten, selbst wenn ich mich auf die sogenannten Weltreligionen und ohne die nötige Differenzierung beschränken würde. So habe ich diese globale Dimension im Wesentlichen auf das Kapitel (6.6) *Achsenzeit* beschränkt.

Aber auch so, in dieser Begrenzung, bildet die Geschichte der Bedeutungen von „Opfer" und „sacrificium" in den unterschiedlichen Kulturen der Antike bis hin zur Moderne und der Globalisierung des Opfer-Anspruchs einen diachronen Kontext. Das ist nicht als Kontinuität zu verstehen (auch wenn, wie in Kapitel 7 gezeigt, manche das gerne so behaupten), sondern bildet Genealogien:[14] Aus einer Pluralität von möglichen Entwicklungen wird durch Entscheidung eine zur ‚herrschenden', die Alternativen verlieren an Bedeutung, müssen aber nicht verloren sein. Wie sich gerade in der Europäischen Religionsgeschichte zeigt, gibt es in solchen ‚dichten' Konfigurationen ‚mitlaufende Alternativen'. (Sie sind nicht auf Europa beschränkt, lassen sich aber dort gut beobachten

---

[13] Halbertal, *sacrifice* 2012, 1–5. Im Folgenden bietet er gute Beispiele aus der jüdischen Tradition, verwendet aber besonders im *Part II* nur noch den modernen, christlich imprägnierten Begriff.

[14] Zu Genealogie unten Kapitel 7, Anm. 9 (Zander).

und beschreiben).[15] Sie treten nicht nur als ‚religiöse' Alternativen auf, sondern als Kunst, Wissenschaft und immer wieder als Antike auf. Solch eine Europäische Religionsgeschichte am Beispiel des Opfers unternehme ich hier.

1.3.2 Technisches

Begriffe in der ursprünglichen Sprache kann man oft nicht mit einer Übersetzung wiedergeben, weil damit nicht alle Bedeutungen umfasst sind. Die Transkription kann man nach den Regeln der Umschrift in der jeweiligen Wissenschaft durchführen, die angelsächsischen Umschreibungen nehmen überhand, sind den deutschen Lauten aber nicht angemessen, so dass ich eine behutsam deutsche Form wähle, bei Hebräisch, Griechisch und Lateinisch (in Kursiv) auch die Originalsprache. Dazu eine Übersetzung.

Zitate werden so wiedergegeben, wie sie im ursprünglichen Druck erscheinen, also mit der damaligen Orthographie. Wenn nur ein von der Autorin oder dem Autor gewählter Begriff als Einzelwort als solcher gekennzeichnet wird, dann verwende ich ‚gnomische' Anführungszeichen bzw. setze ich kursiv.

Gender: Um deutlich zu machen, dass Geschichte keine männliche Geschichte ist und Frauen als Akteurinnen nicht nur mitgedacht werden dürfen, habe ich sie vielfach genannt. Um der Kürze und Lesbarkeit willen habe ich das nicht konsequent ausgeschrieben oder seltener Stolperwörter verwendet.

---

[15] Das Konzept „Europäische Religionsgeschichte" hat Burkhard Gladigow 1995 entwickelt. Da es mehr eine Methode als eine geographische Beschränkung bildet, schreiben wir es mit großem E. Zur Anwendung und hermeneutischen Kraft zur Erklärung von Religion in der Moderne gerade auch in der Globalisierung s. Auffarth/Gieser/Koch (Hrsg.): *Religion in der Kultur* 2021 die Beiträge von Alexandra Grieser, Christoph Auffarth und Adrian Hermann.

Die **Zeitangaben** habe ich mit einer Aufmerksamkeit versehen. Angesichts der Vielfalt der Kulturen in der globalisierten Welt verwende ich einen in der angelsächsischen Wissenschaft eingeführten Begriff. Für Zeitangaben „vor Christi Geburt" setze ich BCE, das meint *Before Christian* (oder *Common*) *Era*, um den Anschein einer Leitkultur zu vermeiden. Alle anderen Jahreszahlen verstehen sich als „nach Christi Geburt" (CE).

Zur Bibliographie: Auch wenn in der Pandemie das Aufspüren von Büchern nicht immer einfach war, und besonders die Bonner Seminarbibliotheken für mich die ganze Zeit nicht zugänglich waren, so waren lange gesammelte Materialien und der Fundus der eigenen Bibliothek ein Forscherglück. KollegInnen, JSTOR und Verlage wie de Gruyter stellten auch neueste Publikationen zur Verfügung. Die sorgfältig zusammengestellte Gesamtbibliographie ist für eine schlanke Monographie aber zu umfangreich. Sie ist ausgelagert und unter https://www.vandenhoeck-ruprecht-verlage.com/opfer abrufbar. Das Passwort lautet: aXc8GP. Für das Buch habe ich die wichtigsten Referenzen zusammengestellt und in einer ersten Fußnote des jeweiligen Kapitels verwiesen, die dann in der gekürzten Bibliographie zu finden sind. In den Fußnoten habe ich ein modifiziertes Harvard-System mit Kurztiteln verwendet.

2. Hunger und Festmahl, Grausamkeit und Heiligkeit: Der Mensch muss töten – muss essen: Anthropologische Thesen

2.1 Die Illusion von der Höherentwicklung der Kultur und die Bedeutung von Religion in diesem Prozess

In der Kulturwissenschaft um 1900 (als sie also gerade am Entstehen war, indem sich an den Universitäten die Fächer ausdifferenzierten, darunter die Religionswissenschaft) war das große Thema die Stufenabfolge der Entwicklung der Kultur. Die Kulturwissenschaft, in England *anthropology* genannt, behauptete, die Höherentwicklung der Kultur führe zu einer Abnahme von Gewalt, zum Gewinn an Menschlichkeit. Die Primitiven, also die Kultur in ihrer niedrigsten Stufe, seien fast noch auf der Stufe von Tieren: Triebe wie Hunger und Lust auf Sex mussten befriedigt werden, für anderes blieb kaum Zeit. Erst auf einer höheren Stufe erfanden zivilisiertere Menschen das feinere Speisen, die klassische Musik, die Kunst eines Michelangelo, Dante und Shakespeare und den Dichterfürsten Goethe. Und der Staat garantierte und setzte Recht und Gerechtigkeit durch, anstelle von „Auge um Auge" oder von Blutrache. Die Völker außerhalb Europas stünden noch auf einer niedrigeren Stufe, so redeten sich das die Staaten des Westens im Zeitalter des Imperialismus ein, und deshalb müsste man diese ‚Kinder' an die Hand nehmen und erziehen zur höheren Kultur. Das begründet das Recht zu Kolonien, die Legitimation zur Ausbeutung, den ‚natürlichen' Unterschied der Rassen. Es gab nur den einen Weg zur Kultur, zu *der* Kultur, dessen höchste Stufe die Weißen, die Europäer erreicht hatten, von den Griechen angefangen: Die hatten 480 BCE in Athen in der Schlacht von Salamis die Freiheit errungen gegen die asiatische Tyrannei, dann wurde die Kultur von den Römern geordnet, im Christentum geheiligt,[1] in der Moderne sublimiert und durch technische Errungenschaften die Abhängigkeit von der Natur überwunden. Die Umweltzerstörung durch die Industrialisierung, der Zwang zur Knechtschaft der Arbeiter, der Raubtierkapitalismus spaltete die Gesellschaft. Die Behauptung von der Abnahme von Gewalt und Triebbefriedigung stand in seltsamem Kontrast zu der Militarisierung in den Eliten der Gesellschaften in Europa, in der man sich gegenseitig reizte und lieber ein Duell auf Leben und Tod einging, als seine Ehre verletzt zu ertragen, etwa wenn die als schützenswerter Besitz verstandene Frau sich in einen anderen verliebte. Unter dem dünnen Firnis der modernen Kultur aber lauerte das Wilde auch im modernen Menschen.[2] Der Erste Weltkrieg entlarvte die Illusion von der Höherentwicklung zu gewaltfreien Vereinbarungen und zu Humanisierung. Stattdessen gewann das Bild vom (passiven) Opfer, von Opferbereitschaft, Heiligkeit des Krieges Konjunktur. Und man konnte jetzt ‚Das Heilige und die Gewalt' in eine direkte Beziehung setzen. (Dazu mehr im Kapitel 8).

Bei der Entwicklung vom Tier zum Menschen spielt in diesen Vorstellungen das Opfer die zentrale Rolle. Das Opfer sei die erste Form der Sublimierung. Statt sich über ein gejagtes Tier herzumachen, wie ein Raubtier das Erjagte aufzureißen und sich vollzufressen, hat die Einrichtung des Rituals daraus ein gesittetes Mahl gemacht: Das getötete Tier wird nach festen Regeln geschlachtet, in Portionen zerteilt und den einzelnen in der Tischgesellschaft zugeteilt, nach der sozialen Ordnung erst dem Patriarchen. Aber allen voran erhält Gott seine Portion, das

---

1 Crispin, *Kreuzzüge* 2019, 7.

2 Kippenberg, *Entdeckung der Religionsgeschichte* 1997, 80–142, hier 135f. Auffarth, *Weltreligion* 2005.

Beste. Der deutsche Kulturwissenschaftler Julius Wellhausen, ausgebildet als protestantischer Alttestamentler in der theologischen Fakultät, aber vor allem aufgeklärter Wissenschaftler,[3] entwickelte seine Kulturtheorie aus der Erzählung der Opfer im Alten Testament:[4]

> Die alten Festopfer waren die Erstlinge der Jahreszeit, die von einzelnen Familien dargebracht und grösstenteils in Freudenmahlen vor Jahve verzehrt wurden. Das alte Hauptopfer war das Mahlopfer, welches in kleinen Kreisen an heiliger Stätte verzehrt wurde und so eine Tischgemeinschaft mit Jahve stiftete. Wenn man schlachtete, so opferte man auch.[5]

Immer auf der Suche nach dem Ursprünglichen, fanden die deutschen Forscher wie Wellhausen (wie zuvor die Gebrüder Grimm) das Schlichte – und das in einer Zeit, in der die Landwirtschaft gerade auf industrielle Produktion umstellte mit Traktor und Kunstdünger. Das Bäuerliche, das vom einfachen Volk in der ersten und ‚natürlichen' Gesellschaftsform, in der Familie und Hausgemeinschaft (nicht etwa als Dorffest),[6] gefeiert wird: Sie schenkt von der Ernte jeweils das Erste an Gott: von dem ersten Getreide im Sommer, von den ersten Trauben im Spätsommer, von den eben im Frühjahr geborenen Lämmlein das

---

[3] Formal wurde Wellhausen in der theologischen Fakultät promoviert und lehrte 1872 in Greifswald zehn Jahre Altes Testament, ab 1882 aber lehrte er in der Philosophischen Fakultät erst in Halle, 1885 in Marburg, 1891 in Göttingen als Nachfolger von Paul de Lagarde. Smend, *Wellhausen* 2006, 11–16. Kippenberg, *Entdeckung der Religionsgeschichte* 1997, 100–103.

[4] Ich versuche konsequent zu unterscheiden zwischen Hebräischer Bibel und Altem Testament: Letzteres meint die Aneignung des Ersten Teils der Bibel für die christliche Interpretation. Der alternative Begriff hingegen belässt die Erzählungen, Lieder, Sprüche, Gesetzestexte der Hebräischen Bibel in ihrem Entstehungskontext als eigenständige, nicht dienstbar gemachte Texte.

[5] Wellhausen, *Israelitische und jüdische Geschichte* ^{7}1914, 172f. Smend, *Wellhausen* 2006, 22–25.

[6] Die Illusion der Natürlichkeit verlangte im 19. Jahrhundert nach der Verwandtschaft, nicht der ‚willkürlichen' Nachbarschaft.

erstgeborene männliche. Die großen Feste der Israeliten seien ursprünglich Feste der Landwirtschaft gewesen: Pesach für das Opfer des ersten Lämmleins, Laubhüttenfest als Erntedank und Neujahrsfest. Dann verkürzt Wellhausen auf das Tieropfer und trennt auch hier das Ursprüngliche von den späteren, elaborierten Regeln, die in den Opfergesetzen der Jerusalemer Priester am Tempel in professioneller Expertise durchgeführt werden.

Aus dem Gesagten ergibt sich, dass nach der Praxis der älteren Zeit das Opfer immer mit einem Mahl verbunden ist. Es war die Regel, dass nur Blut und Fett auf den Altar kam. Wo geopfert ward, da ward auch gegessen und getrunken. Kein Opfer ohne Mahl, kein Mahl ohne Opfer. Auf keiner bedeutenderen Bama fehlte die Unterkunft, die Lesche.[7] [...] Sich freuen, essen und trinken vor Jahve, ist eine bis auf das Deuteronomium übliche Redeweise. [...] Gott ladet ein, denn sein ist das Haus, sein ist auch die Gabe, die ihm von dem Darbringer ganz vor den Altar geführt werden muss und die er erst darauf zum grössten Teil seinen Gästen abtritt. Diese essen gewissermaßen an Gottes Tisch und müssen sich dazu vorbereiten, heiligen.[8]

Die Verbindung von ‚heiliger Stätte', gar ‚Haus Gottes', und Opfer ist noch nicht durch Mittelsmänner (Priester) getrennt, die Familien setzen sich an Gottes Tisch und sind fröhlich. Das habe sich fundmental geändert, als Israel nach dem Exil in Babel (Mitte des 6. Jahrhunderts

---

7 Bama במה „Kulthöhe" (griechisches Lehnwort *Bomós* βωμός „Altar" Gesenius[18]? Anders Beekes, *Etymological dictionary* 2009, 251 „indo-europäisch", ohne auf semitisch *bama* zu achten). Les-che, griechisch Λέσχη (hebräisch לִשְׁכָּה *lischkah*. Gesenius[18] vermutet indogermanisches, über die Philister vermitteltes Fremdwort) „Speisesaal", „Restaurant", engl. *lounge*. Beekes 2009, 850 „It was assumed, that Greek took the word from the East (West 1997: 38), and not the other way round. Schrader 1911: 469 already assumed that both languages took it from Anatolia, which seems the most probable interpretation." Burkert, *Lischa* 1993 hält das griechische Wort für das Vorbild.

8 Wellhausen, *Geschichte Israels*, Band 1. 1878, 73. Die Aussagen sind je mit Stellen aus dem AT belegt, die die Opfergesetze im Buch Levitikus (3. Buch Mose) umschiffen, die nach Wellhausen erst im ‚Judentum' nach dem babylonischen Exil erfunden wurden.

BCE[9]) zum Judentum wurde. Nun drängeln sich Mittelsmänner und ‚das Gesetz' zwischen Gott und Menschen und verhindern den schlichten, direkten Zugang der Gläubigen zu ihrem Gott. Hier scheint Wellhausens evangelische Herkunft durch entsprechend dem lutherischen *sola fide* (allein durch den Glauben und ohne ‚Gute Werke') und bedient die Vorurteile der Zeit: die Kritik am katholischen Christentum mit seinen Priestern und am Judentum mit seinem Gesetz. Das ist aber nicht der zu der Zeit aufkommende, aber damals auch noch entschieden zurückgewiesene Antisemitismus.[10]

Mit der idyllischen Szene der nach der anstrengenden Ernte fröhlich speisenden Familie am Tisch Gottes anstatt des gierig über sein Fressen herfallenden Tieres deutet Wellhausen die gewaltüberwindende Wirkung der Religion an. Ungleich schärfer und geradezu zum Skandal wird die Diskussion über das Opfer durch die beiden britische Kulturwissenschaftler William Robertson Smith und James George Frazer mit ihren Erfahrungen im viktorianischen Vereinigten Königreich und den Berichten, die die Missionare und Kolonialherren aus dem britischen Commonwealth nach Hause sandten und die in den Medien diskutiert wurden. Zu Wissen, das die globale Welt berücksichtigte, nicht mehr nur die christlichen Vorstellungen, wohl aber aus europäischer Brille, machten sie William Robertson Smith (1846–1894) und James George Frazer (1854–1941) als Redakteure der *Encyclopaedia Britannica*, die mit dem vielen neuen Wissen gerade eine Wissensrevolution festschrieb unter den Leitmotiven des Materialismus und der Evolution. Als Redaktoren besaßen sie auch die Verfügung, Autoren für entsprechende Stichwörter zu gewinnen. Wie ein Besessener fraß Frazer sich durch aktuelle Berichte, durch Texte aller Zeiten

---

9 Zu den Zeitangaben *Before Christian Era* siehe die Einleitung unter Technisches.

10 Dass bei Wellhausen kein Antisemitismus zu finden ist, zeigt Smend, *Wellhausen* 2006, 10f an einem Zitat von Ernst Bloch.

und Nationen; die antike Welt kannte er umfassend seit seiner Schulzeit. Da er selbst nie reiste, nannte man ihn einen Lehnstuhl-Völkerkundler (*arm-chair anthropologist*). Religion fand er eine der schlimmsten Verirrungen der Menschheit. Da waren die magischen Rituale der ‚Primitiven' noch geradezu rational. Denn sie erkannten die Folge von Ursache und Wirkung, wenn auch falsch. Erst die moderne Wissenschaft habe diese richtig verstanden nach den Gesetzen der Physik und Chemie. Dazwischen aber lag die Epoche der Religion. Lag! Vergangenheit. Denn Frazer war überzeugt, dass die Illusion der Religion widerlegt sei durch die Naturwissenschaften. Religion gaukle den Menschen vor, dass die Naturgesetze durchbrochen würden durch willkürliche Handlungen, erst von Verstorbenen als Geistern über sterbende und auferstehende Menschen-Götter,[11] dann durch außerweltliche Götter. Welche verheerenden Wirkungen Religion erzeuge, türmte er in seinem Lebenswerk zusammen, dem *Golden Bough* (‚Der Goldene Zweig'), der erst 1890 und ^{2}1900 zwei Bände, in der dritten Auflage schließlich 12 dicke Wälzer umfasste.[12] Eine seltsame Geschichte war der Ausgangspunkt: Im Wald am Nemi-See, südlich von Rom, lebt der ‚sakrale König', ein entlaufener Sklave.[13]

[11] Allein diesem Thema – unter Einschluss des sterbenden und auferstehenden Christus – widmete er im *Golden Bough*^{3} Band 4–6 *The Dying God. Adonis, Attis, Osiris.*

[12] *The Golden Bough. A study in magic and religion.* 2 Bände 1890, 3 Bände ^{2}1900, 12 Bände ^{3}1907–1915 und ein ‚Nachspiel' *Aftermath* als Band 13. 1936. Eine einbändige Kurzfassung erschien 1922 und wurde auf Deutsch übersetzt. Das Werk wurde ungemein populär in Großbritannien: Ackerman, *Frazer* 1988. Scharfsinnige Analyse und Widerlegung der Methode Frazers von Smith, *When the bough breaks* 1978. *Map is not Territory* 1978.

[13] Den Goldenen Zweig als Schlüssel zur Unterwelt hatte Frazer bei Vergil, *Aeneis,* Buch 6, 136–148 und 201–211 aufgeschnappt. Die Geschichte vom Sklaven-Priester-König (*Golden Bough* Band 1 und 2: *The Magic Art and the Evolution of Kings*) am Nemi-See steht bei dem antiken Aeneis-Kommentar des Servius zur Stelle (Dazu Horsfall, *Vergil Aneid 6* 2013, 152–164). Auffarth, Sakrales Königtum. *HrwG* 3(1993), 386–389.

Mit dem Goldenen Zweig hat er den vorigen König erschlagen und wird er eines Tages seinerseits wieder erschlagen werden. Während seiner Regierungszeit aber kann er alle Privilegien genießen. Es geht also um Menschenopfer. Quer durch alle Zeiten und Kulturen. Besessen war Frazer auch von den ungeschriebenen, aber von der Gesellschaft sanktionierten Tabus seiner Zeit wie dem Inzest, Heiratsverboten, der prüden Zeit der Queen Victoria. All das schrieb er in sein monumentales Werk.

Wie Wellhausen war der ältere William Robertson Smith (1846–1894) als Alttestamentler ausgebildet.[14] Die Schärfe aber seiner historischen Rekonstruktion gegenüber der Idylle Wellhausens lag in folgender Verbindung: Smith zog die Linie durch von den alttestamentlichen Opfern zum Abendmahl Jesu mit seinen Jüngern und zum Ritual seiner eigenen Kirche. Auch hier also wie bei Wellhausen: Opfer sind Teil eines Mahles. Aber das Verhältnis zu Gott ist ein anderes. Denn Wellhausen sieht eine Bundesgemeinschaft:

> Durch das Mahl bei Jahve wird eine Bundesgemeinschaft einerseits zwischen ihm und den Gästen, andererseits zwischen den Gästen untereinander gestiftet, welche für die Opferidee grundlegend ist und von der die Schelamim ihren Namen haben.[15]

Für Smith aber verzehren die Menschen Gott. Die Deuteworte des Abendmahls „Dies ist mein Leib, mein Blut" versteht Smith als ein Überbleibsel eines ursprünglichen Rituals,[16] das in der urtümlichen *Religion der Semiten* noch Realität war. Seit seiner Freundschaft mit Frazer und der gemeinsamen Arbeit an der *Encyclopaedia Britannica* wa-

---

[14] Kippenberg, *Smith* 1997, 61–76. Maier, *Smith* 2009.

[15] Wellhausen, *Geschichte Israels*, Band 1. 1878, 73. Den Namen der *Schelamim* (Opfer mit Mahlzeit) leitet Wellhausen in der Anm. ab von שׁלם = aneinander anschließen, zusammenpassen, sich vertragen.

[16] Das deutsche Wort ‚Überbleibsel' übersetzt *survival*. Charles Darwin hatte das Wort eine Generation früher gewählt für seine Evolutionstheorie, dass die Species „überlebt", die am besten an die Umwelt angepasst ist: *survival of the fittest*.

ren sie fasziniert von einer noch viel älteren Stufe *vor* der Religion (Frazer im Untertitel des *Golden Bough*: A Study on Magic and Religion). Die englischen Anthropologen zur Zeit Queen Victorias hatten sich geeinigt, diese Zeit vor der Religion der personalen Götter Animismus zu nennen. Alles in der Natur habe gewissermaßen eine Seele, ob Steine, Bäume. Tiere. Mit seinen Mit-Lebewesen muss man ehrfürchtig umgehen. „Du sollst keinen Baum fällen!"[17] Oder noch weiter gehend sprach man vom Baumkult. Nur: natürlich wird nicht jeder Baum im Wald ‚verehrt', nicht alles ist Religion. Da fand 1869 der schottische Anthropologe McLennan einen Begriff, der den besonderen Baum (Tier, Felsen) hervorhebt, mit dem die Gruppe sich identifiziert: das Totem.[18] Robertson Smith las die beiden Aufsätze seines Landsmanns und fand im Totemismus den lange gesuchten Schlüssel für seine Forschungen zu den Semiten.[19] Wie die Römer sich als Wölflinge verstanden, hatte doch eine Wölfin die in der Wildnis ausgesetzten Zwillinge genährt und aufgezogen, oder wie die Picener den Specht verehrten. Dass das Volk des Alten Testaments aber ursprünglich einen Tier-Ahnen verehrt hätte und nicht den Schöpfer des Himmels und der Erden, das konnte selbst die liberale schottische

---

[17] Henrichs, *Thou shalt not kill a tree* 1979.

[18] John Ferguson McLennan (1827–1881): The Worship of Animals and Plants. In: *Fortnightly Review* 6 (1869) und 7 (1870). Das Wort stammt aus einer Indianer-Sprache (der Ojibwa) und wurde angewendet auf die damals als älteste noch existierend geltende Religion, die der australischen Aborigines. Für W. Robertson Smith war die soziale und religiöse Urform ebenso grundlegend wie für Durkheim und Frazer, *Totemism and Exogamy*, 4 Bände 1910. Als Konstruktion moderner Forscher erwies den Totemismus Levi-Strauss, *Totemisme* 1962. Hartmut Zinser: Totemismus. *HrwG* 5 (2001), 233f. Bernhard Lang: Urreligion. *HrwG* 5 (2001), 283–292.

[19] W.R. Smith, *Die Religion der Semiten*. Freiburg i.Br. 1899, 162–182. 262f. „Tabu" (an heiligen Tieren) verwendet Smith, ibid., 187–189; „Totem" als „Götter", 99–101; Essen des Totems als gewollter Tabubruch, 217. 226f.

Free Church nicht ertragen.[20] Als Dozent künftiger Pfarrer, die das vielleicht auch noch den Gemeinden von der Kanzel predigten, war Smith nicht mehr tragbar. Als Häretiker wurde er aus seinem Amt gejagt. Die *Encyclopaedia Britannica* bot dem Arbeitslosen die Aufgabe des Redakteurs für ihre Revolution des globalen Wissens an. Und zwei Jahre später 1883 war er wieder Professor, jetzt für semitische Sprachen, am Trinity College in Cambridge. Dort entdeckte er den Studenten James George Frazer und traute dem jungen Altertumswissenschaftler grundstürzende Artikel für die *Encyclopaedia* zu.

Das Netzwerk der Kulturwissenschaftler
an der Epochenschwelle des *fin de siècle*

John Ferguson McLennan (1827–1881) *Worship of Plants and animals* 1869–1870.

Julius Wellhausen (1844–1918) *Geschichte Israels. Prolegomena* 1878.

William Robertson Smith (1846–1894) *Religion of the Semites* 1889.

James George Frazer (1854–1941) *The Golden Bough* 1890, ²1900, ³1907–1915.

Marcel Mauss (1872–1950) und Henri Hubert (1872–1927) *Essai sur la nature et la function du sacrifice* 1899.

Sigmund Freud (1856–1939) *Totem und Tabu* 1913.

2.2 Die Urszene und Religion als Krankheit

Als Beweis für den Totemismus am Entstehungsort des Monotheismus spielten sich die Kulturwissenschaftler eine Urszene zu, die ein christlicher Mönch im fünften Jahrhundert der christlichen Zeitrechnung bei den ara-

[20] Kippenberg, *Entdeckung* 1997, 108–110. Maier, *Smith* 2009, 150–186.

bischen Nomaden beobachtete, der Kulturmensch bei den ‚Wilden'.

Der Einsiedler Nilus hatte sich mit seinem Sohn in die Wüste (*eremía*) als Eremit zuückgezogen. Statt dort in Selbst-Folter durch Hunger, Schlaflosigkeit, Kampf mit den Dämonen, die er aus der Stadt mitgebracht hatte und die nun in seinem Kopf spukten, sich ganz dem Martyrium zu widmen, ärgerten ihn die Nomaden. Der Autor des Krimis aus dem 5. Jahrhundert machte aus den Nomaden wilde Barbaren.[21] Sie überfielen das Kloster auf dem Sinai und töteten grausam einige Mönche. An deren Märtyrerfest am 14. Januar wird jedes Jahr die Erzählung offenbar vorgelesen (4,14). Der schon greise Mönch zog mit seinem Sohn Theodoulos tiefer in die Wüste, die beiden wurden aber wieder überfallen und der Sohn verschleppt. Der Gefangene wurde nun Augenzeuge intimer Details der Religion der Wilden: Dem Morgenstern bringen sie Opfer dar, Menschenopfer. Theodoulos würde der nächste sein. Nur durch „Zufall" – nicht durch Gottes wunderbares Eingreifen! – wurde er gerettet: Die Nomaden verschliefen den rechten Zeitpunkt, wenn der Morgenstern auf- und wieder untergeht. Nur wenn kein Gefangener, ein junger Christ, greifbar sei, dann nähmen sie stattdessen ein Kamel, das schönste und tadellose, nicht etwa eines, das, ungeeignet für die Karawanenwege, ohnehin hätte getötet werden müssen. So kommt es zu folgender Szene:[22]

Wenn sie aber diese [nämlich die christlichen jungen Gefangenen] nicht zur Verfügung haben, zwingen sie ein weißes und makelloses Kamel

---

[21] Der Nilus (so die lateinische Aussprache für griechisch Neilos) gilt als nicht identisch mit dem Bischof Neilos von Ankyra, gestorben im Jahr 430. Deshalb spricht man von Pseudo-Nilus. Alles Nötige nach dem grundlegenden Buch von Karl Heussi (1917) ist in der Einleitung zu Text und Übersetzung von Michael Link, *Märtyrerroman* 2005, 1–25 vorgestellt. Vgl. Henninger, *Quelle?* 1955. Auffarth, *Askese* 2023.

[22] Die Szene ist übersetzt bei Julius Wellhausen: *Reste arabischen Heidentums*. Berlin: Reimer [1887] ^{2}1897, 119. „in tumultuarischem Concurs" 120. Smith, *Lectures* 1889, 263–320.

> in die Knie. Sie umrunden es dreimal in der geschlossenen Gruppe im Laufschritt. Es beginnt einer, wenn die Umkreisung und der Gesang auf den Morgenstern vollzogen, einer der Chefs oder einer der Priester, die wegen ihres Alters geachteten Priester, ja noch während die Gruppe läuft und das Lied noch nicht verklungen ist, der Schlusston noch auf der Zunge liegt: Er zieht sein Schwert, er schlägt mit gezieltem Hieb in den Nacken. Als erster schleckt er gierig das Blut. Dann stürzen sich auch die übrigen mit ihren Dolchen darauf, die einen schneiden sich mit Haut und Haaren ein Stückchen heraus, andere packen, was ihnen gerade in die Finger kommt, und säbeln etwas vom Fleisch ab, die dritten wühlen sich bis zu den Eingeweiden und Innereien vor. Nicht das kleinste Stück vom Opfer lassen sie übrig. Wenn die Sonne aufgeht, ist nichts mehr zu sehen übrig. Selbst die Knochen und das Mark lassen sie nicht. Hartnäckig überwinden sie die Härte und strengen sich so lange an, bis sie den Widerstand gebrochen haben.[23]

Eigentlich war ja das Menschenopfer geplant, Theodoulos berichtete nach seiner Rettung von den Vorbereitungen zu seiner Opferung in 7,3f.: Dafür war ein (improvisierter) Altar, Messer, Weihrauch, Schale für eine Trankspende, Holz für ein Feuer bereitgelegt (5.2), also ein ‚normales' antikes Opfer, nur mit einem Menschen als Opfertier. Der Gedanke an Abrahams Opfer seines Sohnes Isaak stärkt die Hoffnung des Vaters auf Rettung (7,8). Der Ersatz, das Kamelopfer, wird hingegen archaisch stilisiert. Es findet genau zu dem Zeitpunkt statt, den die Araber angeblich verschlafen haben, nämlich vor Sonnenaufgang, und wird adressiert an den Morgenstern.[24] Das einzige Element eines Rituals, das dreifache Umkreisen des Opfertiers, ist noch nicht abgeschlossen, als das wilde ungeordnete Auffressen des Tieres beginnt „in tumultarischem Concurs". Ungekocht, ungebraten, verzehren die Wilden roh das edle Tier. Ihnen fehlt jede Kultur, nicht einmal die des gesitteten und gebratenen Fleischmahls.

---

[23] Neilos, *Erzählung* 3,3. Meine Übersetzung. Kommentar Link, *Märtyrerroman* 2005, 131–136.

[24] In den Moscheen hängen Uhren mit der Angabe des Zeitpunkts des täglich sich verschiebenden Sonnenaufgangs: Das Morgengebet muss vor oder nach dem Sonnenaufgang vollzogen werden.

Die Araber „leben ein tierisches und blutverzehrendes Leben“ (3,1). Bluttrinken ist ja sakral tabuisiert. Zu ihrer Unkultur gehört also auch, dass ihr Gott Morgenstern keinen Anteil am Opfer reserviert bekommt. Wer Griechisch kann, kennt solch einen wilden Nomaden, der Menschen an seiner Höhlenwand zerschmettert und roh auffrisst: den Kyklopen Polyphem in Homers *Odyssee*.[25] Die ganze dramatische Schilderung entspricht den griechischen Liebes- und Kriminalromanen,[26] ein Fantasy-Roman vor exotischer Kulisse. Ein Tier zerreißen und roh das Fleisch aufessen ist das Ritual der Mänaden, wie es Euripides in den *Bakchen* dramatisch auf der Bühne inszenierte. Das ist sicher keine Ethnographie der Sinai-Beduinen.

Die Kulturwissenschaftler um 1900 nahmen sie jedoch als historische Beschreibung, obwohl sonst kaum ein Detail stimmt.[27] „Hinsichtlich des Opferritus ist voranzustellen die Tatsache, dass die Araber keine Feueropfer haben.“ Das galt Wellhausen als Bestätigung für den Realismus der Szene.[28] William Robertson Smith nahm die Erzählung als Beweis für eine immer noch bestehende irrationale Handlung in der Religion, nämlich das Ritual des Abendmahls in seiner schottischen Kirche. Was die Christen-Gemeinde symbolisch vollzieht, Brot und Wein kauen und schlucken, das sei ein *survival* der Urszene: Christi Leib und Blut aufessen ist das Gleiche wie das Totem zerreißen und Blut und Fleisch verschlingen, später

---

[25] *Odyssee* 9, 105–566. Auffarth, *Der drohende Untergang* 1991, 292–344. Küchenkultur ebenso wie Völlerei sind für Neilos ein Fehlweg der Zivilisation *Erzählung* 3, 5 f, das andere Extrem zur Barbarei. Beidem steht als Ideal gegenüber das geheiligte Leben der Asketen.

[26] Etwa das scheinbare Mädchenopfer der Leukippe bei Achilleus Tatios 3,15 (Übersetzung bei Bernhard Kytzler (Hrsg.): *Im Reiche des Eros. Sämtliche Liebes- und Abenteuerromane der Antike*. Band 2. München: Winkler 1983 [ND 2001], 230–233).

[27] Henninger, *Quelle?* 1955, 81–148 verneint die Frage. Wellhausen sieht 119 den Unterschied, verwendet ihn gleichwohl als verlässliche Quelle, geht es ihm doch um *Reste des Heidentums* vor dem Islam.

[28] Wellhausen, *Reste* 1897, 116.

den Gott essen. Verständige Menschen können da nicht mitmachen. Die Abnahme der Abendmahlsfrequenz (also wie häufig jemand am Ritual teilnimmt) im 19. Jahrhundert zeigt, dass Smith nicht als Einziger so dachte. Nur, als Theologieprofessor war er nach der Meinung der Kirchenleitung untragbar. Religion in der Moderne kann für das Ritual neue Bedeutungen finden. Das Abendmahl gilt heute nicht mehr der Sündenvergebung durch den stellvertretenden und erlösenden Tod Jesu, sondern als befreiende Feier der Gemeinschaft. Das Ritual und die biblischen Worte sind gleich, die Bedeutung kann sich wandeln.

Die exotisch-polemische Erzählung aus der Spätantike aber wurde zum Referenztext für Opfer in seiner „ursprünglichen" Form, für Religion überhaupt.

Sigmund Freud nahm das auf und entwickelte eine Theorie, deren praktische Umsetzung seinen Psychoanalysen zugrunde liege: den Ödipuskomplex. Im Untertitel der Aufsatzfolge *Totem und Tabu* 1912/13 sah er *einige Übereinstimmungen im Seelenleben der Wilden und der Neurotiker.*[29] Jetzt geht es nicht mehr um Geschichte, um Anfänge, von denen ein *survival* noch im christlichen Abendmahl rituell gefeiert wird. Jetzt geht es um eine Krankheit der Seele, der Freud im verklemmten Bürgertum Wiens vor dem Ersten Weltkrieg begegnete:[30] Tabus, die hervorgerufen werden durch das kindliche Tabu, die Mutter nicht allein für sich haben zu dürfen (Inzestscheu), den übermächtigen Vater, den man dafür eigentlich umbringen wollte, aber nicht darf, die Angst vor Kastration oder den Neid der Frauen, dass sie keinen Penis haben. Das Totem ist der Vater, wie es einst das zum Überleben notwendige Kamel war. Der infantile Wunsch, das Totem zu töten, ist geschildert im Mythos von Ödipus (der erst

[29] Freud, *Totem und Tabu* 1912/13, IV,4 „Die infantile Wiederkehr des Totemismus" (S. 417–424).

[30] Peter Gay: *Freud. Ein Biographie für unsere Zeit.* Frankfurt am Main: S. Fischer 1989, 367–379.

seinen Vater tötet und dann seine Mutter heiratet) und in der Religion der Wilden. Nachdem er das Kamelopfer erzählt hat und erklärt hat: „Dieser barbarische, von höchster Altertümlichkeit zeugende Ritus war allen Beweismitteln nach kein vereinzelter Gebrauch, sondern die allgemeine, ursprüngliche Form des Totemopfers, die in späterer Zeit die verschiedensten Abschwächungen erfuhr",[31] überträgt er das auf die Urszene:

> Eines Tages taten sich die ausgetriebenen Brüder zusammen, erschlugen und verzehrten den Vater und machten so der Vaterhorde ein Ende. Vereint wagten sie und brachten zustande, was dem Einzelnen unmöglich geblieben wäre. Daß sie den Getöteten auch verzehrten, ist für kannibalische Wilde selbstverständlich. Der gewalttätige Urvater war gewiß das beneidete und gefürchtete Vorbild eines jeden aus der Brüderschar gewesen. Nun setzten sie im Akte des Verzehrens die Identifizierung mit ihm durch, eigneten sich ein jeder ein Stück seiner Stärke an. Die Totemmahlzeit, vielleicht das erste Fest der Menschheit, wäre die Wiederholung und die Gedenkfeier dieser denkwürdigen, verbrecherischen Tat, mit welcher so vieles seinen Anfang nahm, die sozialen Organisationen, die sittlichen Einschränkungen und die Religion.[32]

Das ist der Sprung aus der noch tierischen Vater-Horde in den Brüder-(Männer-)Bund menschlicher Zivilisation. Ein Widerhall der These von Smith und ein Zitat aus Frazer findet sich im letzten Werk von Freud, *Der Mann Moses und die monotheistische Religion* (1939): „Dann ist auch an der Auferstehung Christi ein Stück historischer Wahrheit, denn er war [der auferstandene Moses und hinter ihm] der wiedergekehrte Urvater der primitiven Horde, verklärt und als Sohn an die Stelle des Vaters gerückt."[33] Freud war sich der ungesicherten Kühnheit seiner Erzählung der Urszene bewusst, wenn er in der Anmerkung (426 Anm. 2) einräumt: „Die Unbestimmtheit, die zeit-

---

[31] Freud, *Totem und Tabu* 1913, 423, in der Anm. beruft er sich auf Smith, *Religion of the Semites* 1894, 338.

[32] Freud, *Totem und Tabu* 1913, 426.

[33] Freud [1939] in: *Studienausgabe* IX (1974), 537 mit Verweis auf Frazer, *Golden Bough* 3 (1911): *The Dying God.*

liche Verkürzung und inhaltliche Zusammendrängung der Angaben darf ich als eine durch die Natur des Gegenstandes geforderte Enthaltung hinstellen. Es wäre ebenso unsinnig, in dieser Materie Exaktheit anzustreben, wie es unbillig wäre, Sicherheiten zu fordern."

Gegenüber der immer grundsätzlicher werdenden und von ihrer Realität immer überzeugter vorgetragenen Bedeutung der Kulturentstehung mit dem Zentrum um das Opfer, von der Phylogenese zur Ontogenese,[34] erhoben die französischen Soziologen um den Meister Émile Durkheim Einspruch: Henri Hubert und Marcel Mauss (27-jährig) in ihrer Untersuchung zum *sacrifice* 1899:[35] Ausgehend von βωμός, dem vedischen Opfer von Tieren (später nur noch vegetarisch-agrarische Opfer) verstanden die Kultursoziologen das Opfer als „ein Mittel für das Profane, um mit dem Heiligen in Verbindung zu treten mittels eines Opfertieres". Das Opfer sei zu komplex, als dass es – wie W. R. Smith sich das vorstellt mit seiner Ableitung vom Totem – aus dem *einen* Ursprung in den Anfängen der Menschheit entstanden sei. Das Opfer setze vielmehr eine entwickelte Vorstellung von der Trennung Profan/Heilig und das Heilige in Gestalt von personifizierten Göttern und dem Mythos voraus, weiterhin dass Götter das Opfer brauchen bzw. für die Menschen eine Pflicht zum Opfer bestehe. Die Opfermaterie sei, auch hier der Widerspruch zu Smiths Totem-Theorie, nicht an sich heilig oder tabu, sondern sie müsse heilig *gemacht* werden.

Freud kannte die Einwände, als er *Totem und Tabu* schrieb, wollte aber das, was er bei Smith gelesen hatte, deshalb nicht aufgeben.[36] Die differenziertere, kultur-

---

[34] Also die Entwicklung der Menschheit (Phylogenese) wiederholt sich bei jedem Menschen vom Baby zum Erwachsenen (Ontogenese).

[35] Mauss/Hubert, *sacrifice* 1899. Strenski, *First Theory* 2003, 152–191. Allen, *Using Hubert and Mauss* 2013, 147–162. Zur Entwicklung der komparativen Methode Lannoy, *Loisy* 2020, 259–323. Stroumsa, *Monotheism* 2021, 219–244.

[36] Freud, *Totem und Tabu* 1912/13, 424 Anm. 1. Smith wird 304 als Quelle zitiert.

geschichtliche Darstellung bei Mauss und Hubert führte zwar in der französischen Wissenschaft zur Religionstheorie, die ihr Lehrer (und Schüler) Émile Durkheim 1912 in den *Formes élémentaires* entwickelte und Mauss dann 1925 im *essai sur le don* (Die Gabe) ausbaute (dazu Kapitel 3), aber der religionskritische Mythos setzte sich weitgehend durch. Mit der Schilderung eines Opfers drehte sich der Diskurs geradezu ins Gegenteil. Statt Stolz über die Überwindung des Opfers, der Gewalt anwendenden „alten" Religion, forderte nun die Erzählung vom Opfer das Ende der Religion überhaupt. Religion sei im Ursprung und im Wesen ein vorbewusstes Verhalten, das mit den Trieben der Menschen als Naturwesen in Beziehung steht. Die Erzählung machte daraus den Skandal. Eine „Ursituation" wird zum Muster für Religion, das Beispiel schlechthin, gewissermaßen die „Ursünde", ja die Erbsünde. Das Ritual sei ein krankhafter Wiederholungszwang.

Wie dieser Diskurs sich in dem religionsgeschichtlichen Grundlagenwerk zum griechischen Opfer von Walter Burkert 1972 wieder zu einer allgemeinen Kultur- und Religionstheorie ausdehnte, nämlich dass der Mensch der *Homo necans* „das tötende Wesen" sei, werde ich im Kapitel zum griechischen Opfer behandeln. Das im selben Jahr erschienene Werk des Literaturwissenschaftlers René Girard *La violence et le sacré*, Kulturtheorie ohne historische und literarische Grundlage, das hohe Aufmerksamkeit erfuhr und schließlich in einer Apologie des Christentums endete, ist an anderer Stelle aufgenommen.

1972, als die Kultur sich von der Schockstarre des Zweiten Weltkriegs und dem verbrecherischen Autoritarismus des Nationalsozialismus zu befreien suchte, tauchte der alte Diskurs vom Opfer in seinen zwei Deutungsmustern wieder auf, dem Ritual als Ende der Gewalt und in der Religionskritik. Die Wieder-Entdeckung des Opfer-Rituals beeinflusste das Reden über Religion: Religion ist demnach etwas Archaisches, Urtümliches, von Kultur nicht Gezähmtes im Menschen. Religion ist dann nicht das, was die Theologen und Philosophen darunter verstehen wollen: ethisches Verhalten und seine Letztbegründung im Transzendenten, Respekt vor dem Unendlichen: also höchste Sublimation! Statt Religion und Friede wurde die Junktur Religion und Gewalt jetzt der normale Gedanke.

2.3 Die Substitutionstheorie: Statt eines Menschen wird ein Tier geschlachtet

Immer wieder große Aufmerksamkeit erregen Erzählungen von Menschenopfern. Spiegeln die Erzählungen eine Realität? Oder sind sie erfunden zum Nervenkitzel? Zwei dramatische Erzählungen sind hier zu behandeln, die die Ablösung des Menschenopfers durch ein Tieropfer darstellen: Es geht um die Fast-,Opferung' Isaaks in der Bibel und die der Iphigenie im griechischen Mythos. Kann man sie lesen als „das letzte Mal" und das von Gott gewollte „erste Mal" einer neuen Menschheitsstufe und Moral?

2.3.1 Die Bindung/Opferung Isaaks, interpretiert in den drei abrahamitischen Religionen

In Judentum, Christentum und Islam wird die Geschichte, wie der Vater seinen Sohn opfert, unterschiedlich interpretiert. Die freundliche Umarmung der drei Religionen mittels einer gemeinsamen Gründerfigur erweist sich schon an der Erzählung in der *Genesis*, Kapitel 22, nicht als Einheit, sondern als Differenz zwischen den ,abrahamitischen' Religionen, der gemeinsamen Erzählung zum Trotz.[37] Die Erzählung geht so:

---

[37] In Oxford ist eine Professur zu dem Thema eingerichtet worden. In Deutschland kam die Idee auf, in großen Städten mit einem beträchtlichen Anteil von Migranten ein Gebäude zu errichten, in dem Religion praktiziert und Gespräche ermöglicht werden sollen, das *House of One*. Diese Konzentration auf die drei monotheistischen Religionen kann wohlmeinende Akademiker ausnahmsweise zusammenbringen. Sie lädt aber andere Migranten nicht ein. Ein Religionsunterricht für alle Schü-

Endlich, eigentlich gar nicht mehr vorstellbar, bekommen Abraham und Sara noch ein Kind, das sie Jitzchak nennen, „Lächeln", weil Sara das nur als einen Witz verstehen konnte, als einer der Gäste ihr, schon Seniorin, die Schwangerschaft voraussagte. Endlich ein eigener Sohn, nachdem Abraham schon einen anderen Sohn, Ismael, mit der Magd Hagar gezeugt hatte. Als der eheliche Junge herangewachsen war, verlangt Gott von Abraham Brutales: Er soll seinen ‚einzigen' Sohn opfern. Für Gottes Verlangen ist keine Begründung angeboten. Ohne seinem Sohn etwas zu verraten, lädt Abraham die Opferutensilien auf einen Esel, begleitet von zwei Knechten. Die lässt er unten am Berg stehen und steigt allein mit dem Sohn hinauf. Ein paar Steine geschichtet, Feuer entzündet. Der Vater fesselt den Sohn und holt das scharfe Messer aus dem Korb. Der Vater schneidet – so müsste die Geschichte weitergehen – die Kehle durch, der Sohn verblutet. Der Vater opfert Gott seinen einzigen Sohn als Brandopfer.[38]

Ganz emotionslos ist die Geschichte erzählt. Doch da das folgende Kapitel den Tod der Mutter Sara erzählt, tut sich ein Abgrund an Verletzungen auf. Mit Sara hatte Abraham sich verzankt (im Kapitel vorher Gen 21,8–20), weil sie darauf bestand, den anderen Sohn Abrahams, in die Wüste, in den Tod zu schicken.[39] Nun war Isaak der

---

ler im Klassenverbund, wie etwa im Kanton Zürich, wäre ein Schritt zur Integration, in der Religion nicht als trennende Identität in religionshomogenen Gruppen gepflegt, sondern miteinander verhandelt würde. In Deutschland (außer der Bremer Klausel, Brandenburg und Hamburg) noch undenkbar, anderswo eine Option. Die Entwicklungen sind im Fluss und kontrovers. Zur Schweiz Frank, *Religionsunterricht* 2010. Für England Alberts, *Integrative religious education* 2007. Das Grundgesetz Artikel 7 hat aber den konfessionellen Religionsunterricht festgelegt.

[38] *ʿola* (Holokaust) s. bei Kapitel 5, Anm. 13.

[39] Blum, *Vätergeschichte* 1984, 314 „Wie in Gen 22 wird Abraham [in Gen 21] ein ‚Opfer' abverlangt. [...] Im Vergleich zu Gen 22 ist freilich eine bemerkenswerte ‚Umkehrung' zu konstatieren: Während Abraham in Gen 22 den Ausgang nicht kennt, zum Schluss aber den Sohn behält, wird er in Gen 21 noch vor der Vertreibung Hagars mit der Verheißung, daß Ismael zum (großen) Volk werden wird, ‚getröstet'."

,einzige' Sohn. Der Vater als Mörder, als frommer Mörder, der die Familie, die Liebe zerreißt. Gott als herzloser Tyrann, der sein eigenes Versprechen bricht, Saras und Abrahams Nachkommenschaft zu einem großen Volk zu machen. Und Religion als Befehl zur Gewalt? Was hilft es, dass – so geht die Erzählung weiter –, bevor es zum Schächtschnitt kommt, Gott einen Engel schickt, der das verhindert, und an Stelle des Sohnes ein Schaf zum Opfern herzaubert?

Am Ende steht keine Aufforderung, das Ritual von nun an immer so zu halten, auch keine Polemik gegen Kinderopfer an Moloch.[40]

Die Erzählung in aller ihrer Wucht haben die drei Religionen, die sich auf Abraham und seine Entscheidung für den einzigen Gott berufen, ganz unterschiedlich interpretiert. Jüdinnen und Juden nennen sie ,Bindung' Isaaks (*aqedat Jitzchaq*), weil Gott den Sohn ja rettet. Später verstand man diesen Berg, auf dem Abraham den Altar baute, als den künftigen Ort des Tempels von Jerusalem.[41] Und im folgenden Kapitel wird die Einlösung der Landverheißung erzählt:[42] Die Landbesitzer wollen dem Migranten kein Stück Land für das Begräbnis seiner Frau

---

40 Blum, *Vätergeschichte* 1984, 326f. Datierung in die späte Königszeit 7. Jh. (Blum 328) wegen der ,Prüfung' (Gen 22,1) und ,Gottesfurcht' (Gen 22,12), nicht wie sein Kontext erst in die Zeit des Exils (339–361: Vg²). Allerdings, so Blum 328: „Seine [Abrahams] Gottesfurcht umschließt also mehr als pünktlichen Gehorsam. Zu ihr gehört auch das Vertrauen darauf, einen anderen Gott zu erfahren als den des Befehls in Vers 2." Für den evangelischen Theologen geht es um „Glauben" [was Paulus auch an Abraham hervorhebt, den vor-jüdischen Glaubens-Abraham: Galater 3,6 mit Berufung auf Gen 15,6 – vor der Beschneidung 17,10–14.23–27.

41 Gen 22, 14b nennt den Berg „auf dem Gott gesehen wurde" (MT und LXX) oder „Jhwh erscheint auf dem Berg.", auch Moriah lesbar (Gen 22,14 erklärt 22,2), wo Salomo den Tempel baute (2Chr 3,1).

42 Blum, *Vätergeschichte* 1984, 441–446 lehnt diese Interpretation (mit Bezug auf Gen 17 Landverheißung) ab, weil das nicht zu dem Interesse der Priester passe, die im Exil oder danach diesen Abschnitt konzipierten.

überlassen, winden sich, schließlich fordert einer – im sicheren Bewusstsein, dass Abraham darauf nicht eingehen würde – einen irrsinnigen Kaufpreis. Doch Abraham zahlt. Und ist damit erstmals rechtmäßiger Besitzer eines Stück Landes (Gen 23,16–20). Das Grab in Hebron vereint die sechs Gräber der Matriarchinnen und Patriarchen, von Muslimen und Juden gleichermaßen besucht.[43] Andererseits identifizierten sich besonders Jüdinnen in der Diaspora mit der Stamm-Mutter Sara. Jüdin und Jude sind die, die von einer jüdischen Mutter geboren sind. Die Fesselung Isaaks erinnert zudem daran, dass unter fremder Herrschaft fern von Jerusalem und dem Land Israel Jüdinnen und Juden gleichsam gefesselt leben.[44] Doch Gott wird – wieder – die Fesseln lösen.

Christen nennen das die Opferung Isaaks, weil man sie als typologisches Vorbild für das ‚Opfer' Christi verstand. ‚Typologisch' bedeutet das Folgende: In der Heilsgeschichte hat Gott schon einmal wunderbar eingegriffen: Abraham opferte Isaak, doch Gott rettete den Sohn. Jesus wurde am Kreuz ‚geopfert', doch Gott hat ihn aus dem Tod auferstehen lassen, ja neben sich auf den Thron im Himmel erhöht. Auf dem Fußboden im Dom von Siena etwa ist das Opfer Isaaks als Typos zum Antitypos (Druckstempel und Abdruck) der Kreuzigung Jesu dargestellt links und rechts des Altars. Auf dem Altar selbst wird als dritte Stufe der heilsgeschichtlichen Typologie das Opfer Christi in den Geräten des Abendmahls vorbereitet und den Gläubigen dargeboten: heute.[45] Die Heilsgeschichte ist nicht Vergangenheit, sondern in der symbolischen Zeichenhandlung des Abendmahls Versprechen Gottes, dass Gott die Gläubigen – wie Isaak und Jesus –

---

[43] Keel/Küchler, *OLB* 2(1982), 670–696.

[44] So antwortet wohl auch schon der Text in Gen 22 auf die Exil-Situation. Die Auslegung in der mittelalterlichen Diaspora Schmitz, *Aqedat* 1979.

[45] Siena: Ohly, *Kathedrale* 1972. Zur dreifachen Typologie Auffarth, *Irdische Wege* 2002, 180.

aus dem Tod erlösen wird. Sie umfasst also auch Gegenwart und Zukunft.

Im Islam ist der ältere Sohn Ismael die Hauptperson. Das der Isaak-Erzählung vorausgehende Kapitel 21 in Verbindung mit Gen 16 hatte schon offene Enden gelassen, an die Mohammeds Entscheidung zum Monotheismus anknüpfte: Gott rettete Ismael und seine Mutter, indem er ihnen in der Wüste einen Brunnen zeigte (Gen 21,19). Muslime auf der Wallfahrt (Hadsch) beziehen das auf sich: In Mekka suchen sie in sieben Läufen nach dem Brunnen und finden ihn zuletzt und trinken aus ihm. Den jungen Ismael charakterisiert die Genesis als einen Wildesel und verspricht Nachkommen, die in der Wüste leben.[46] Als Abraham/Ibrahim seinen Sohn opfern will, erklärt ihm der Vater, was Gott will, und nun ist es Ismael, der zustimmt zur Wahl des einzigen Gottes, gehorcht und sich unterwirft (so die Etymologie des Wortes Islam). Die freie Wahl des Muslim fügt sich dem Willen Gottes ein.

Ein Stück Rezeptionsgeschichte ist hier noch interessant. Auf der Suche nach der Autoritätsgläubigkeit und Grausamkeit als Wurzel des Nationalsozialismus, dem vermuteten autoritären Charakter der Deutschen, luden Psychologen Probanden zu folgendem Experiment ein: Die Probanden sollten anderen, die sie aber nicht sehen, wohl aber hören konnten, Aufgaben stellen. Wenn sie die Aufgaben falsch lösten, sollten sie den unsichtbaren Schülern einen Stromstoß geben, bei jedem neuen Fehler gesteigert. Sie hörten deren Schmerzreaktion, Schreien, Röcheln. Wenn die ‚Lehrer' sich weigerten, die Schmerzen zu verstärken, kamen die Versuchsleiter in weißem

[46] Brunnen Gen 16,13f. 21,19. Wildesel 16,12. Sohnesopfer im Koran 37,99–111 (ohne den Namen ‚des Sohnes', aber 2,124–132 erbaut er zusammen mit Abraham die Kaᶜba). Der Zamzun-Brunnen und die Kaᶜba als *maqam Ibrahim* ‚[heiliger] Ort Abrahams' [*maqom* Gen 22,9] in Mekka *MLR* 2(1999), 416–420 (Agnes Imhof). Neuwirth, *Abrahamsopfer im Koran* 2016, 169–208. Neuwirth, *Koran Kommentar* 2,1 (2017), 150f, 158f. 190–193.

Kittel und bestanden darauf, weil sonst das wissenschaftliche Ergebnis nicht valide ausgewertet werden könnte. Manche gaben den letalen Stromstoß, das Verstummen auf der anderen Seite der Wand ließ annehmen: Exitus, tot! Dieses Experiment nannten die Psychologen „Experiment Abraham“. Unter einer Autorität, hier nicht Gott sondern ‚die Wissenschaft‘, seien Menschen gehorsam bis hin zum Töten – auch wenn die ‚Schüler‘ das in dem Fall nur simulierten.[47]

2.3.2 Das Opfer der Iphigenie

Die Erzählung vom wundersamen Ausgang des Opfers Isaaks ist in der Bibel eingebunden in die große Verheißung Gottes für sein Volk. Dadurch gewinnt sie zusätzliche Dramatik und existenzielle Bedeutung. In der griechischen Kultur erzählt man die Opferung eines Mädchens, die zunächst sehr ähnlich aussieht und, auf dem Theater gespielt, die Zuschauer mit hineinnimmt. Das Mitfiebern, was der Vater mit der jungen Frau Iphigenie tut und wie der Vater unter dem Druck des unausweichlichen Handlungszwangs leidet, berührt das Theaterpublikum, und ein tiefes Aufatmen, eine *Katharsis,* erleichtert von der Spannung.[48] Geradezu auf Twittergröße gerafft wird sie bereits um 600 BCE erzählt und so in ein Handbuch der Mythologie aufgenommen. Die Erzählung geht so:

Endlich hatte Agamemnon eine große Flotte mit kompetenten *warlords* zusammengebracht, um Troja zu belagern und zu erobern, als Vorwand diente die Entführung der Frau Helena seines Bruders Menelaos. Aber es kam kein geeigneter Wind auf, wochenlang. Die Helden

[47] Der amerikanische Psychologe Stanley Milgram führte das Experiment 1961 durch, daher auch als Milgram-Experiment bekannt. Gut dokumentiert, einschließlich der daraus entstandenen Filme in: Milgram-Experiment – Wikipedia (4.3.2021).

[48] Als *Katharsis,* Entschlacken, Reinigung, nach der Empathie *eleos* Mitleid und *phobos* Erschrecken, versteht Aristoteles, *Poetik* 6 die Wirkung der Tragödie und seiner *katastrophè* auf das Theaterpublikum.

gingen auf Jagd, und da war es passiert. Agamemnon erschoss ein Reh und musste prahlen, nicht einmal Artemis (die Göttin, deren Spezialität die Jagd ist) hätte das Tier so exzellent geschossen. Der Seher Kalchas, nach der Ursache der Windstille gefragt, erklärte, die Göttin sei erzürnt. Agamemnon müsse seine schöne Tochter Iphigenie der Göttin opfern. Agamemnon schickt die zwei schlauesten Krieger zu seiner Frau Klytaimnestra nach Mykene, Iphigenie zu holen. Angeblich wollte er sie dem Jungstar Achill zur Frau geben. Man schleppt die junge Frau gefesselt zum Altar. Als Agamemnon schon ausholt und zuschlägt, windet sich da blutend am Boden eine Hirschkuh, nicht die Tochter. Die hat die Göttin gepackt und weit weg auf die Krim zu den Taurern entführt, wo sie fern der Heimat und der Familie als ihre Priesterin wirkt.[49] Gewalt an der jungen Frau, und die Krieger sind entfesselt.

So nüchtern berichtet – welch Emotionen stehen dahinter! Auf die Bühne gebracht mit der wütenden Mutter, dem Mädchen, das zur Hochzeit kam, aber vom Vater der Staatsräson geopfert wird, Rettungsversuche, Verzweiflung über „den gottlosen Vater und sein gottloses Opfer-Ritual" (*IA* 1318), oder vielmehr ist es die ‚gottlose' Göttin, die das Mädchenopfer verlangt, hat Euripides das Drama geschaffen: *Iphigenie in Aulis*. Das zum Opfer bestimmte Mädchen aber wächst über sich hinaus.[50] Mit der Mutter hatte sie noch verzweifelt geklagt (1279–1334) über den herzlosen Vater, dass sie, die noch das ganze Leben vor sich hätte, jäh in den Tod gestürzt werde. Doch dann geht sie mutig zum Altar und bietet ihr Leben dem Vater für das Vaterland, für ganz Hellas: von sich

[49] Die älteste, knappste Version findet sich in den *Kyprien* 8 im Umkreis der Troja-Epen; die *Ilias* erzählt diese Vorgeschichte nicht. Martin West: *Greek Epic Fragments* (Loeb) Harvard 2003, 74f. Dagegen ausführlicher das Mythologie-Handbuch Apollodoros, *Bibliotheke* 3 E 22 (griechisch-deutsch von Paul Dräger. [Tusculum] Düsseldorf 2005, 268–271).

[50] Zu Euripides, *Iphigenie in Aulis* (405 BCE) siehe Aretz, *Die Opferung der Iphigeneia* 1999. Gödde: *euphêmia* 2011, 265–288. Bremmer, *Collected Essays* II, 2019, 373–390; 391–402.

aus, nicht gezwungen (1553f). Der Henker schlägt der Unschuldigen den Kopf ab. Nein, es ist ja kein Gerichtsverfahren. Der Opferer schlägt zu, die Kultteilnehmer müssen schlucken vor Entsetzen, der Vater hat sich abgewendet. Auch die Göttin scheint hemmungslos in ihrem Zorn. „Sie hat ihre Lust an Menschenopfern" (1524) singt der Chor im lobenden Hymnus auf Artemis.[51] Ein perverses Opfer, wie es scheint. Nur trifft der Schlag des Opfernden stattdessen ein Reh. Die Göttin griff dann doch rettend ein. Der Dramatiker lässt die Zuschauer ein abscheuliches Opfer sich vorstellen, die sinnstiftende heilige Handlung ist zum Mord pervertiert. Die Rettung ist – wie oft bei Euripides – ein *happy end,* das völlig paradox die Handlung auf den Kopf stellt. Es geht ihm nicht darum, den Glauben an die Göttin zu retten, aber auch nicht, Religion kritisch zu hinterfragen. Vielmehr geht es ihm darum, das ohnmächtige Erleiden, besonders der Frauen, eines Dilemmas miterleben zu lassen, eine Tragödie, deren glücklicher Ausgang nicht befriedigen kann, nicht soll. Dem Pathos folgt keine Katharsis, wie Aristoteles die Wirkung der Tragödie beschreibt: Empathie und Erleichterung. Und das mitten in der Not gespielt, als Athen gerade 405 BCE im Krieg unterging. Das Drama hatte eine Verbindung mit dem Ritual, das jährlich nahe Athens in Brauron gefeiert wurde.[52]

Zur Frage des Menschenopfers am Beispiel der Iphigenie: Die Tragödie will keine erinnerte Vergangenheit ins Gedächtnis rufen. In der griechischen Geschichte ist kein reales Menschenopfer überliefert, von zwei, drei umstrittenen Ereignissen abgesehen, wo provokativ im Krieg Feinde geopfert werden oder eine Pandemie ein Ende fin-

---

[51] Statt wunderbarer Rettung experimentierten andere Versionen des Mythos, die Euripides bekannt waren, mit dem Tod der Tochter: Aischylos, Agamemnon, Pindar, Pythien 11. Später Lucretius, *De rerum natura* 1,82–101.

[52] Braund, Crimean Parthenos, Artemis Tauropolos and Human Sacrifice. In: Braund, *Black Sea* 2018, 15–60. Graf, *Lokrische Mädchen* 1978. Graf, *Taurerland* 1979, 33–41.

den muss. Das extreme Opfer einer jungen Frau zur Abwendung einer Pandemie ist im Mythos ‚in alten Zeiten' erzählt, aber nicht Teil der erinnerten Geschichte.[53] Im Drama auf dem Theater, über das die ganze Stadt spricht, erzählt man Mythen, über die heftig diskutiert wird. „Das kann doch nicht wahr sein! – und „das ist auch nicht die Realität unseres Lebens!" Man kann in der Handlung und Erzählung experimentieren, „was wäre, wenn ...?" und das in die grausamen alten Zeiten verlegen.[54] Das Menschenopfer sei nicht griechisch, sei nicht menschlich. Wenn Odysseus dem Menschenfresser Polyphem begegnet, dann entkommt er der Todesgefahr durch den übermenschlich starken Riesen mit Hilfe von Klugheit, Beherztheit und überlegener Kultur.[55] Die Griechen sind vielleicht körperlich unterlegen, aber durch Klugheit und gemeinschaftliche Anstrengung machen sie das mehr als wett.

Das Tieropfer, das ein Menschenopfer substituiert, wird in eine Geschichte kulturellen Fortschritts als eine Stufe eingebaut. Was in der *Genesis* durchscheint, ist im Alten Orient und von dort der *Theogonie* und *Arbeit und Feste* Hesiods (7. Jh. BCE), in Ovids *Metamorphosen* (8 CE) und anderen, dann bei Porphyrios, der sich (um 270 CE) schon mit christlichen Entwürfen der Heilsgeschichte auseinandersetzt, entwickelt: Nach einer Epoche des Vegetarismus das erste Menschenopfer, ersetzt durch das Tieropfer,

---

[53] Henrichs, *Human sacrifice* 1981/2019, 37–68. Korrektur Bremmer, *Collected Essays* II, 349–372.

[54] Porphyrios, *De abstinentia* 2,54f: In Salamis/Zypern wurde dem Agraulos, Sohn des Kekrops ein Mensch im Monat Aphrodisios geopfert. Der ausgewählte Ephebe umkreiste drei Mal den Altar, dann tötete ihn der Priester mit einer Lanze und verbrannte ihn auf dem Altar ganz ὡλοκαύτιζεν. Diphilos, der König von Zypern, brach diesen Brauch ab und ersetzte ihn durch ein Stieropfer. Der Gott akzeptierte anstelle des Menschen den Stier. Τοῦτον δὲ τὸν θεσμὸν Δίφιλος ὁ τῆς Κύπρου βασιλεὺς κατέλυσε ... τὸ ἔθος εἰς βουθυσίαν μεταστήσας. Προσήκατο δ' ὁ δαίμων ἀντὶ ἀνθρώπου τὸν βοῦν.

[55] Auffarth, *Der drohende Untergang* 1991, 292–344.

dann eine nach der anderen Erfindung, wie Kleidung, das Zusammenleben in Städten, Schifffahrt, Navigieren mit Hilfe der Astronomie, Schreiben usf.[56] Ob das eine Höherentwicklung ist oder ob die Erfindungen die Menschen von ihrer Angewiesenheit auf Gott, vom goldenen Zeitalter in die Dekadenz führen,[57] bleibt ambivalent. Kurz vor der Zeit Jesu hat Vergil eine römische Heilsgeschichte entworfen und die Erneuerung des Goldenen Zeitalters durch die Geburt des Kindes vorausgesagt, eine Eschatologie, die in der Herrschaft des Kaisers Caesar Augustus realisiert schien. Das Fest der Erneuerung der Welt und ein Altar des Friedens zeugten in Rom davon – und die Geburtsgeschichte Jesu bei *Lukas* 2 widerspricht diesem Anspruch.[58] Augustus bringe nur das Ganze ins Rollen durch die Volkszählung, der wahre Friedefürst hingegen wird gerade in Bethlehem geboren.

2.3.3 Der Moloch verlangt Kinderopfer

Der Moloch, der Menschenopfer verlangt, ist zum Sprichwort geworden: Der Moloch Stadt zerstöre, was die Dorfgemeinschaft biete: Verwurzelung, Solidarität, Nachbarschaft. Oder der Moloch Geld kennt keine Moral, keine

---

[56] Die Kulturentstehungs-Geschichte des Philo von Byblos, zur Zeit der Evangelien verfasst, geht aber auf eine über tausend Jahre ältere altorientalische, phoinikische Schrift zurück. Ebach, *Kulturentwicklung* 1979. Auffarth, *Der drohende Untergang* 1991, 82f, 330–335. Porphyrios, *de abstinentia* (Keine Lebewesen essen!) um 270 CE. Auffarth, *Askese* 2023.

[57] Hesiod, *Erga* 106–201. Becker, *Bedrohung der Polis* 2018, 90–104 („kein rein deszendentes Modell" 97). Umfassend Schwabl, *Weltalter* 1978, 783–850.

[58] Vergil, *eclogae* 4 (41/40 BCE). Der Klassiker zu dem Thema Norden, *Geburt des Kindes* 1924. – *Ludi saeculares* 17 BCE. Auffarth, Die Feier des Beginns der ‚Goldenen Zeit' Roms. Bärbel Schnegg, *Acta Ludorum Saecularium* 2020. https://blogs.rpi-virtuell.de/buchempfehlungen/2021/06/22/ludi-saeculares/ (22.6.2021). Cancik, *Ende der Welt* 1998/2008. Der Altar des Friedens *Ara pacis* in Rom.

Menschlichkeit: Geld will Geld scheffeln. Griechen und Römer setzten ihn mit ihrem Kronos bzw. Saturn gleich, der seine eigenen Kinder auffrisst. Der schlechte Ruf des Moloch stammt schon aus der Bibel (erst dort wird aus dem Ritual ein Name eines Gottes), wurde aber in der Erforschung der Religion der Karthager in einen differenzierten Kontext gestellt.[59] In der Hebräischen Bibel polemisieren die Jerusalemer gegen diesen Gott. Drunten im Hinnom-Tal, im Süden der Stadt, hätten früher Könige dem Moloch im Tophet Kinder geschlachtet und verbrannt. Besonders der Untergangs-Prophet Jeremia sieht darin einen Skandal, den Gott zu Recht mit der Zerstörung der Stadt (586 durch die Babylonier) und dem Massengrab im Tal ahnde.[60] Und schließlich wird das Tal *Ge Hinnom* zur Metapher für den Ort der jenseitigen Strafe, Gehenna, die Hölle.[61] Moloch ist ein Opferritual, das aus der Phönizischen und deren Tochter, der Punischen Religion, bekannt ist. Der Tophet (Brandstätte) in Karthago konnte archäologisch genau untersucht werden.[62] Rund um einen kleinen Tempel der Gottheiten Tanit und Baal Hammon sind zahlreiche Urnen beigesetzt, die Asche von Kindern und anderen jungen Lebewesen enthalten, den Gottheiten geweiht. Während griechische und römische Autoren den Karthagern unterstellten, dass sie ihre Kinder dem Moloch zum Fraß bieten und sich so als Barbaren erweisen, gehen die Wissenschaftler davon aus, dass es sich um nicht lebensfähige Kinder, ersatzweise um kleine

[59] Bonnet, *Phönizier und Punier* 2010, 66 f, 57–60, bes. 158–165.

[60] Jeremia 19. 57,5. In der Kultreform Joschias entweiht 2.Könige 23,10. Küchler, *Jerusalem* 2007, 753–789.

[61] Gej Hinnom wird in der griechischen Bibel zu *Ge(h)enna* γεέννα und zur Feuer-Hölle. Arabisch *Dschehennam*. Die Hölle verdrängt die Vorstellung von der Unterwelt *scheol* als Ort der Toten, sie wird zum Strafort gegenüber dem ‚Himmel' als Lohnort. Billerbeck, *Kommentar* 4,2 (1928), 1016–1165.

[62] Zusammenfassend Bonnet, *Phönizier und Punier* 2010, 159–166. Der Begriff Tophet ist aus der Hebräischen Bibel entnommen (Jes 7,31 f). Der Name für das Opfer *mlk* ist inschriftlich auf Punisch belegt.

Lämmer handelt, die hier mit der Bitte um Fruchtbarkeit für Familiennachwuchs geweiht wurden.[63]

2.4 Keine Tiere töten! Vegetarische Lebensweise

Das Tieropfer lässt genereller die Frage aufkommen nach dem Töten und Verspeisen von Tieren: Ermöglicht die Sakralisierung des Tötungsaktes ein reines Gewissen, wenn man das Fleisch im Festmahl im Beisein Gottes als Ehrengast verzehrt? Gemessen am heutigen Fleischverzehr in der Wohlstandsgesellschaft aßen die Menschen in der Antike sehr selten Fleisch, und nicht alle Tage, sondern als Festessen in Gemeinschaft. Während in der Hitze des mediterranen Klimas und ohne Kühlschränke alles möglichst am selben Tag aufgegessen und die Reste vergraben oder verbrannt werden mussten,[64] kam das Fleisch von den Opfern, das die Festgemeinschaft nicht aufaß, in den Städten zum Verkauf in Metzgereien (griechisch μάκκελον. lateinisch *macellum*). In einer Festgesellschaft kein Fleisch zu essen machte einen zum Außenseiter. So rät Paulus seinen Gemeindemitgliedern, die zu solchen Partys eingeladen werden, das angebotene Steak nicht auszuschlagen.[65] Wenn es allerdings im Rahmen einer Opfermahlzeit geschieht, dann müsse man davon Abstand nehmen. Paulus macht also einen Unterschied zwischen Fleisch im Kontext eines Gottesdienstes, der Gemeinschaft mit Dämonen bedeutete (1Kor 10,14–22), und profanisiertem Fleisch. Das hat lange Auswirkungen für den Fleischgenuss in christlich geprägten Kulturen.

Fleisch schuf Gemeinschaft, denn nur in einer größeren Gruppe kann man ein ganzes Tier so aufteilen, dass

---

[63] Zum Menschenopfer bei den Azteken Rival, *Aztec* 2013, 163–179. Brown, *Human Sacrifice* 2013, 180–196. Unten Kapitel 7.4.

[64] So auch beim Opferfest im Islam, unten Kapitel 6.5.

[65] 1 Kor 10,25. Koch, ἐν μακέλλῳ 1999.

man es an einem Tag aufessen kann. Das sind seltene Höhepunkte des Lebens und dazu bedarf es auch eines besonderen Anlasses, eines Festtags der Gemeinde oder eines Familienfestes.[66] Dass die Gemeinschaft unter den Menschen auch Gott einschließt, ist das besondere Konzept des Opfers mit Mahlzeit.

Nur wenige, die aber mit einer starken Haltung, lehnten das Fleisch ab, das zum fröhlichen Fest gehört. In Israel sind es die Nazoräer, am besten bekannt durch Johannes den Täufer und sein Vorbild Elia, die für sich persönlich ein Gegenmodell zur normalen Gesellschaft leben: als Protest.[67] Sie ernähren sich von Heuschrecken und wildem Honig, tragen wilde struppige Kleidung, verzichten auf ein Haus in der Siedlung. In der griechischen Antike sind es Gruppen wie die Pythagoreer. Weil alle Lebewesen eine Seele haben und der Sorge für die Seele die größte Aufmerksamkeit gilt, verbieten sich die Anhänger des Pythagoras (570–nach 510 BCE) den Fleischgenuss. Diese Verwandtschaft von Mensch und Tier verbiete es, Tiere zu töten und zu essen, Gott opfern kann man trotzdem, aber eben keine Tiere. Da Pythagoras in seiner griechischen Heimat auf Ablehnung stieß, suchte er im Neusiedelgebiet in Unteritalien eine Stadtgemeinschaft, die sich seiner vegetarischen Lebensform anschloss. Platons Konzept von der für die Taten verantwortlichen Individualseele griff viel von Pythagoras' Lehre auf. Theophrastos, der bedeutende Schüler aus der konkurrierenden Schule des Aristoteles, beschäftigte sich mit dem Vegetarismus im Zusammenhang seiner Entwicklungsgeschichte der Kultur. Im ersten Jahrhundert

---

[66] Man unterscheidet kalendarische, im Jahreslauf alljährlich wiederkehrende ‚zyklische' Feste und auf den Lebenslauf (Lebenszyklus) einer Person bezogene zwar einmalige, aber in den Generationen sich unregelmäßig wiederholende Anlässe. Am Beispiel der *Odyssee* Auffarth, *Der drohende Untergang* 1991, 388–460.

[67] Das unterscheidet sie von Hofpropheten und Kultpropheten, s. Albertz, *Religionsgeschichte* 1992, 233–244.

BCE diskutierte Philodemos das Problem. Noch einmal, in der späteren Antike, nahm der Philosoph aus der neuplatonischen (Plotins) Schule, Porphyrios, das Anliegen des Lebensreformers Pythagoras auf und begründete in einer Schrift, warum man sich enthalten müsse von allem, ‚was eine Seele in sich trage'.[68] Das gehört zu der ‚heidnischen' Diskussion über das Ende des Opferrituals (Kapitel 6.4). Eine bedeutende Bewegung wurde der Vegetarismus in der Antike nie. Auch im christlichen Mönchtum war (und ist) eher die temporäre Enthaltung von Fleisch in der Fastenzeit üblich, nicht eine fleischlose Lebensweise.[69]

2.5 Tier-Mensch-Beziehungen und der Vergleich zwischen den Religionen

Die anthropologischen Überlegungen des 19. Jahrhunderts suchten die Grenze zwischen Tieren und Menschen: Wann beginnt das Mensch-Sein? Was zeichnet ‚den' Menschen aus vor der Tierwelt? Vieles hat sich in der Forschung mittlerweile als Vorurteil herausgestellt, als sei der Mensch, zudem noch in seiner männlichen Form, doch die Krone der Schöpfung. Vor allem die Verhaltensforschung hat die Grenze nivelliert. In der Religionsforschung hat die Humanethologie Einzug gehalten mit Walter Burkerts gelehrtem Buch, das aber auch eine scharfe Behauptung in die Diskussion der eben sich wieder formierenden Kulturwissenschaften warf: Der Mensch ist (und bleibt) ein Jäger: der *homo necans* (1972).[70] Die vielleicht zehntausend Jahre ‚Kultur' seit der neolithischen Revolution (Sesshaftigkeit und Leben

---

[68] Porphyrios, περὶ ἀποχῆς ἐμψύχων/*de abstinentia*, geschrieben etwa 271 n. Chr. Theophrastos, περὶ εὐσεβείας. Martins, *Vegetarismus* 2018.

[69] Auffarth, *Askese* 2023. Rudolf Arbesmann: Fasten, Fastenspeise, Fasttage. *RAC* 7(1969), 447–524.

[70] Burkert, *Homo necans* 1972. Die Ausgabe ^{2}1997 ist ein Nachdruck mit einem Nachwort. Burkert, *Anthropologie* 1983, ^{2}1987.

vom Ackerbau) hätten das Verhalten des Menschen, der Hundertausende von Jahren sein Über-Leben durch das Töten von Tieren bestritt, nicht wirklich verändern können (Dass in Wirklichkeit Frauen durch Sammeln Kräutern und Wurzeln viel mehr für das Überleben beitrugen, ist dabei aus dem Blick). Aggression ist bei Lebewesen eine Notwendigkeit für das Überleben, darin folgte Burkert dem Verhaltensforscher Konrad Lorenz, der (auch im Blick auf sein eigenes Handeln im Nationalsozialismus) sein Buch *Das sogenannte Böse* (1963) nannte. Aber bei den Lebewesen, die im Rudel zusammenlebten, werde die intraspezifische Tötung durch die Tötungshemmung verhindert. Im Ritual des Opfers geschehe nun das: Anstelle sich gegenseitig umzubringen, wird die Aggression von der eigenen *species* Mensch umgeleitet auf das Tier (und das Opfer der jungen Frau, das ein Kapitel in Burkerts Buch behandelt).[71] Das Opfer dient also dem friedlichen Zusammenleben der Gesellschaft – auf Kosten des erschlagenen Tieres. Karl Meuli, auf dessen Forschungen Burkert aufbaute, erforschte eine Generation zuvor die jägerischen Kulturen. Dabei stellte er fest, dass die Jäger, wenn sie das erjagte Opfer teilen, das Fleisch von den Knochen trennen, diese aber nicht wegwerfen, sondern sorgfältig zusammenlegen, die Haut darüberbreiten, den Schädel erhöht, so dass das Tier zwar ‚abgemagert', aber vollständig wiederhergestellt wird. Die Teilung des Opfers im griechischen Opfer, bei dem die Götter betrogen werden, weil sie vor allem die Knochen und Haut, die Menschen aber das Fleisch zum Verzehr bekommen, erhält so eine ethologische Bedeutung. Meuli fand dafür den sprechenden Ausdruck der Unschuldskomödie, Burkert dagegen brachte das Verhalten mit Schuld und Todestrieb in Verbindung, er sprach von „Mord".[72] Bei dem Ritual

[71] Sexualisierte Gewalt und Jungfrauenopfer Burkert, *homo necans* 1972, 70–85. Siehe oben zu Iphigenie.

[72] Burkert stellt Meulis Entdeckung und Bewertung auf den Kopf. So auch Parker, *Killing* 2011, 160.

der *Bouphónia* (,Ochsenmord') bündelt sich das Problem, dazu unten 4.2.

Rituale sind älter als der Mensch, es gibt sie genauso bei Tieren. Ethologie thematisiert auch die tiefere Gemeinschaft der *species* Mensch mit den Tieren in der Evolution – noch vor Kultur und Religion. Die ,Teilung des Opfers' schafft eine Ordnung in der Gruppe, indem das Alpha-Männchen zuerst und das beste Stück erhält, dann kommen entsprechend der Rangordnung die nächsten. Die Macho-Wächter, die sich auf die Brust trommeln und die Zähne blecken gegen mögliche Feinde von außen, müssen sich noch gedulden.[73]

War mit diesen faszinierenden Korrespondenzen von Ritualen in den Kulturen und den Ritualen in der Tierwelt nicht eine grundlegendere Bedeutung gefunden, der gegenüber die Mythen nur eine unvollkommene, willkürliche und nur in der spezifischen Gesellschaft gültige Bedeutung geben?[74] Die theoretische Biologie sichert kulturelle Konventionen. Schon gleich aber erhoben sich Einwände, wenn man statt kleiner Rudel oder Gruppen die Hypothesen auf komplexere menschliche Kulturen und erst recht auf die Moderne überträgt. Burkert stimmte da Arnold Gehlen (1904–1976) zu, dass die menschlichen Fähigkeiten des ,Urmenschen' der ,Spätkultur' nicht mehr gewachsen seien, etwa aufgrund der ,Reizüberflutung'.[75] Burkerts *Tracks of Biology* 1996 arbeitete das weiter aus.[76] Der erste Einwand gegen die These vom *Homo necans* betraf die Wahl der Opfertiere. Beim griechischen Opfer sind fast nie Wildtiere, also Jagdbeute, geopfert worden, sondern immer Herden- und Haus-

[73] Gladigow, *Teilung* 1984.

[74] Graf, *What is new* 2002, 114–116. 123 f.

[75] Gehlen, *Urmensch und Spätkultur* 1956.

[76] Burkert, *Tracks* 1996 = Kulte 1998, zuvor *Myth and Ritual* 1979. In seiner *Griechische Religion* 1977, ^{2}2011 spielt der Biologismus (glücklicherweise) kaum eine Rolle.

tiere. Wie passt das zu der These vom *homo necans*?[77] Das andere Problem erhob sich gegen die intraspezifische Tötungshemmung, wenn man den Krieg thematisiert. Wie kommt es zu der Überwindung einer biologischen Barriere, die doch die ganze Geschichte der Menschen durchzieht?[78] Eine Legitimation, die in Moderne für den Tod und das Töten die adelnde Bedeutung des Opfers verwendet, wird uns in Kapitel 8 beschäftigen.

Die Gemeinschaft in der einen und einzigen Lebenswelt ist Grundrecht und Grundpflicht. Hans Jonas (1903–1993) warf aus den Erfahrungen des Genozids der Shoah, in der auch seine Mutter ermordet wurde, das als das Grundproblem der Ethik auf: *Das Prinzip Verantwortung*.[79] Weder die Möglichkeit der Vernichtung des Lebens (heute als Anthropozän benannt, als globale Bedrohung durch menschengemachte Zerstörung der Mitwelt) noch die der Flucht aus der untergehenden Welt, die er mit der spätantiken Gnosis beschrieb, dürfte Oberhand gewinnen. Das gute Leben, εὖ ζῆν, das schon Aristoteles als Ziel beschrieben hatte, das andere Leben nicht zerstört, sondern sich entfalten lässt, ist das oberste Gebot. Die Übergriffe und Einengung der Lebenswelt der Tiere beantwortet ein anderer Schmarotzer, das Virus, das pandemisch nun die Lebenswelt der Menschen eingeengt hat.

Bei der Diskussion über die verbindende Geschöpflichkeit von Mensch und Tier,[80] wie sie im Vegetarismus einerseits, in der biologischen Begründung des Opfers

---

77 Gladigow, *Ovids Rechtfertigung* 1971.

78 Gladigow, *Homo publice necans* 1986.

79 Seinem Hauptwerk *Das Prinzip Verantwortung* 1979 ging voraus *Immortality and the modern tempert* 1961 (auf Deutsch zusammengefasst *Das Prinzip Leben. Ansätze einer philosophischen Biologie*. Frankfurt: Insel 1994). Und das ganze Leben begleitete ihn die historische Untersuchung *Gnosis und spätantiker Geist*. Göttingen: Vandenhoeck & Ruprecht. [Diss. 1930] I. 1934; II.1. 1954, ²1964. II.2. 1993.

80 Wolf, *Ethik der Mensch-Tier-Beziehung* 2012, bes. 113–131 zu Tieren als Nahrung und zum Vegetarismus.

anderseits deutlich wurde, hat sich der Begriff des Opfers erneut eingeengt auf das blutige Tieropfer. In der gegenwärtigen öffentlichen Diskussion gesellt sich bei Religion der Begriff der Gewalt bei. Ja Religion wird geradezu als Katalysator, Anheizerin und Legitimiererin von Gewalt bewertet. Da lohnt innezuhalten und eine andere Grundidee von Opfer zu betrachten, die Gabe.

3. „Heilig machen“ Das Opfer als Geschenk

3.1 Statt Schuld(en) – Anerkennung in der Gabenökonomie

Die Vorstellungen vom Opfer als Meilenstein in der Evolution, indem der Mensch sich einerseits von Gott, andererseits von Tieren unterscheide, führte von der fröhlichen und festlichen Tafelgemeinschaft (*communio*) mit Gott immer wieder zu einem Gottes- und Menschenbild, dass Gott den Tod des Menschen will und dafür stellvertretend den Tod eines anderen Lebewesens akzeptiert. Zu wissen, dass der Mensch den Tod ‚verdient‘ hat, können TheologInnen nur behaupten, wenn sie sich in Gottes Willen versetzen. Das Bild von Gott gleitet schnell ab zum grausamen Tyrannen und der Mensch wird zum angstvollen Wurm. Diese negative Beziehung, die Religion aus Angst entstehen lässt, bestimmte lange Zeit und immer wieder die Haltung zu Religion. Als biologische Schiene (*track*, aus der man nicht ohne Unglück ausscheren kann) hat Walter Burkert das folgende Beispiel zum Muster erhoben: Wenn ein Raubvogel eine Eidechse packen will, dann wirft sie in Lebensgefahr ihren Schwanz ab. Der Raubvogel stürzt sich auf den sich ringelnden Schwanz, die Eidechse rettet ihr Leben. In der menschlichen Kultur stellt Burkert daneben die Beschneidung: statt den ganzen Menschen zu opfern, erhält Gott die abgeschnittene Vorhaut oder einen Finger oder einen Sündenbock.[1]

Dass Angst die Ursache und Grund von Religion sei, ist seit der Antike oft festgestellt worden. Bejahend findet sich die Angst vor Gott als die erste Form des Verhältnisses zu Gott, die Begnadigung nimmt der Sün-

---

[1] Burkert, *Tracks of Biology* 1996, 47–51: 41 lizard = *Kulte* 1998, 63–67: 57 Eidechse.

der zitternd und reuevoll entgegen, wenn er sich denn ihrer sicher sein kann. Erst dann kann sich die Beziehung zu Gott vom Seufzer der Erleichterung zur Gottesliebe wandeln in das Preisen, Hymnos, Jubel des unendlich entfernten Gottes. Rudolf Otto fand in seinem einflussreichen Buch *Das Heilige*, in den Schrecken des Ersten Weltkriegs 1917 geschrieben, darin eine Weltformel für alle Religionen: Die Begegnung mit dem Heiligen entfesselt Emotionen, immer zuerst die Angst vor dem *numen tremendum*, erst dann kann die Angst sich in Faszination wandeln, das *fascinosum*.[2] Negativ ist die Angst vor Gott ein Standardargument der Religionskritik: In der Antike war die These *primus in orbe deos fecit timor* ‚Die Angst erfand weltweit die Götter‘ ein geflügeltes Wort.[3] Um sich die Herrschaft zu sichern, bauten die Priester einen Popanz Gott auf, schrieben ihm alle grausamen Attribute zu. Da die Priester gleichzeitig den einfachen Menschen Mittel des Schutzes und der Bestechung Gottes boten, finanzierten diese den Priestern ihr faules und luxuriöses Leben. Wenn die Laien aber aufgeklärt werden, durchschauen sie den ‚Priestertrug‘.[4] Götter, Ihr „darbtet, wären / Nicht Kinder und Bettler / Hoffnungsvolle Toren“, lässt Goethe den Prometheus spöttisch den Götterglauben abtun.

Ein ganz anderes Gottesbild entsteht, wenn Gott und Mensch sich wechselseitig anerkennen und würdigen durch Geschenke.

Um diese anerkennende Beziehung zu verstehen, muss man sich etwas mit der Gabenökonomie beschäftigen, die sich von der uns gewohnten Geld- oder Marktökonomie prinzipiell unterscheidet.[5] Die Ware hat dort nicht einen vom Markt bestimmten ‚Wert‘, sondern Gaben sind Medien der Anerkennung der sozialen Stellung einer Person

---

2 Otto, *Das Heilige* 1917, 8–37. Für den Islam hat Navid Kermani seinem ersten Buch *Gott ist schön* 1999 an die Seite gestellt *Der Schrecken Gottes* 2005.

3 Petronius, *Fragment* 28,1 [Konrad Müller], Statius, *Thebais* 3, 661. Wahrscheinlich geht das auf Lukrez (Lucretius Carus) *De rerum natura* zurück. Nilsson, *Geschichte der griechischen Religion*, Band 2. München ^{2}1961, 251. Gladigow, *Konkrete Angst* 1979, 64–77.

4 Schüz, *mysterium tremendum* 2016, 42–90.

5 Frick, *die Gabe* 2021. Dort fehlt Weiner, *Inalienable Possessions* 1992. Angewendet auf Religion etwa Auffarth, *Pandora* 2016 und die Aufsätze im gleichen Band.

in der jeweiligen Gesellschaft. Einflussreiche Personen erhalten viele und große Geschenke. Wenn die Schenkenden einmal die Unterstützung der bedeutenderen Person benötigen, wird diese Beschenkte, so die Erwartung, ihr Sozialkapital einsetzen als Dank für die durch Gaben bewiesene Beziehung. Die sog. Reziprozität, das Geben und die Gegengabe, ist also nicht berechnend (wie der Schwabe als Gastgeschenk gerade so viel mitbringt, wie er am Abend zu verzehren gedenkt), sondern eher großzügig. Das kann bis zur Verausgabung führen, die der amerikanische Ethnologe Franz Boas 1897–1902 als Potlatch bei den Indianern der kanadische Pazifikküste beobachtete: Man übertrifft sich durch Geschenke, manchmal bis zum eigenen Ruin.[6] – Die einfachste Form der Gabenökonomie ist *‚tit for tat'*: Man begrüßt eine neu angekommene Familie (oder einen neu gekürten König) mit einem ersten Geschenk. Die Beschenkte muss das Geschenk annehmen. Und sie muss es mit einem Gegengeschenk erwidern. Marcel Mauss, der in einer berühmten Untersuchung 1925, seinem *essai sur le don,* die Gabenökonomie kulturvergleichend untersuchte, führte für die Pflicht zur Annahme und zur Gegengabe auf eine der Gabe innewohnende lebendige Kraft zurück: *l'ésprit.*[7] Den darf man nicht ignorieren; das bringt Unglück.[8] Einen Tausch-Ring über mehrere Stationen hatte Bronislaw Malinowski 1922 auf einer Pazifikinsel beobachtet, auf der er während des Krieges interniert war, den Kula-Tausch mit Mu-

---

[6] Franz Boas, 1859 in Minden geboren, wurde zum bedeutenden Ethnologen in den USA. King, *Rebellen* 2020. Der norwegisch-amerikanische Soziologe Thorstein Veblen beschrieb, von Boas ausgehend, so das Leben der reichen Amerikaner: *The theory of the leisure class. An economic study in the evolution of institutions*. New York: Macmillan, 1899, auf Deutsch: *Theorie der feinen Leute*, 1950.

[7] Mauss, *le don* 1924, 24–26. Bei den Maori heiße das *hau*. „Dieser gibt mir ein anderes *taonga* [Ding] dafür, weil er vom *hau* meines Geschenkes dazu getrieben wird."

[8] Mauss, *le don* 1924. Hénaff, *Preis der Wahrheit* 2002.

schelketten.[9] Gabe und Gegengabe in ihrer Reziprozität sind das Medium sozialer Beziehung, Form der Solidarität und gleichzeitig Anerkennung von sozialem Abstand. Und das ist nicht mit dem einmaligen Austausch abgeschlossen – hier die Ware, da das Geld –, sondern Glied einer über Generationen weg bewährten Beziehung. Das wöchentliche Geschenk von ein paar Eiern wird der Pate eines Tages vergelten mit einem goldenen Ring, wenn die Tochter heiratet, oder mit einem Job für den Sohn, wenn der nach Arbeit sucht, einem Gespräch mit dem befreundeten Richter, wenn der Geber vor Gericht steht. Das ist dann nicht mehr *‚tit for tat'*, sondern die sog. generalisierte Reziprozität, also eine asymmetrische Gegengabe, sowohl in zeitlicher Hinsicht als auch in dem Wert der Gabe. Ähnlich einer Versicherung gibt der Geber einen materiellen Wert, der sich vielleicht nie einlöst, aber im Vertrauen, dass der einflussreiche Beschenkte im Fall, dass man seine Hilfe benötigt, einem zur Seite steht, mit welchen Mitteln auch immer. Ein wichtiger Aspekt des Gabenmodells ist aber, dass es auch ‚toxische' Geschenke gibt, Gaben, die dem Beschenkten schaden sollen.

3.2 Nicht alles gehört zum Kreislauf der Gabe und Gegengabe

Das Problem des *ésprit*, des Geistes, der unvermeidlich ein Gegengeschenk verlangt, ist eine Grundannahme in Mauss' Theorie. Mauss vermeidet Wörter, die ausdrücken, dass die Pflicht zum Gegengeschenk für modernes Denken, in der materiellen Geld-Ökonomie, unverständlich ist. Andere Religionsforscher hätten die Pflicht zum Gegengeschenk wohl mit Magie oder prälogischem Denken erklärt, Mauss findet ein für Franzosen attraktives

[9] Malinowski, *Argonauten* 1922.

Wort.[10] Mit Marktökonomie hat die Gabenökonomie aber nur partiell etwas zu tun. Von Marx' *Kapital* herkommend hat Pierre Bourdieu folgende Formen von Kapital unterschieden: Neben dem (1) materiell-ökonomischen Kapital der Marktökonomie unterscheidet der Soziologe (2) kulturelles, (3) soziales und (4) symbolisches Kapital, die sich auch untereinander konvertieren lassen (und nicht immer leicht auseinander zu halten sind).[11] Die Götter der griechischen Polis standen an der Spitze der sozialen Skala, ohne die Konkurrenz zu der Königsfamilie wie im Israel der Königszeit. Die Bürger bauten ihnen Häuser, die auch ökonomisch herausragen. Sozial sind die Götter untereinander abgestuft, was sich auch in den ökonomischen Werten der Opfergaben und der Wahl des Bauplatzes ausdrücken kann, aber immer noch weit über jedem Menschen. Ein wenig kann man die Götter doch kritisieren, weil ihr symbolisches Kapital beeinträchtigt wird durch ihr soziales Fehlverhalten. Müssten sie Alimente bezahlen für die vielen von ihnen gezeugten Kinder, dann wären ihre Tempel ökonomisch am Boden, lässt Euripides einen Griechen sagen, der aber hernach eines Besseren belehrt wird.[12]

---

[10] Strenski, *First theory of sacrifice* 2003, 171–191: Die Religionswissenschaft, die in Frankreich für Katholiken mit einem Tabu versehen war (‚Modernismus'), war ein Bereich der liberalen Protestanten (Albert Réville). Die konnten aber nichts anfangen mit Ritualen als ‚Werke' (*ex opere operato*) und Gabe als Bestechung Gottes. Die jüdischen Forscher der Durkheim-Schule suchten den konfessionellen Konflikt zu vermeiden. Der exkommunizierte Priester Alfred Loisy folgte ab 1909 auf dem Lehrstuhl Révilles und baute methodisch die komparative Methode aus: Lannoy, *Loisy* 2020.

[11] Für die *Wirtschaftsgeschichte der Antike* hat Michael Sommer (München 2013) Bourdieus *Die feinen Unterschiede* (1982; französisches Original *la distinction* 1979) verwendet. Für Paulus hat Rydryck überzeugende Anwendungen der Kapital-Formen durchgeführt: *Paulus* 2017, 59–84.

[12] Euripides, *Ion* 436–451: „Freilich muss ich Apollon tadeln. Wenn Ihr [Götter ...] für Vergewaltigungen Buße an die Menschen zahlen solltet, ihr müsstet für die Zahlung eure Tempel räumen!" Dazu Auffarth: *Heiligkeit* 2012.

Zur Gabenökonomie gehört neben der Reziprozität, die Bronislaw Malinowski und Marcel Mauss beschrieben haben, eine weitere Form, die sie von der Geldökonomie unterscheidet: Denn nicht alle Güter werden in den Tauschring einbezogen. Manche Güter bleiben dauerhaft beim Geber oder beim Beschenkten ohne (direkte) Gegengabe.[13] Gehortet ergibt das einen Schatz, der dem Kreislauf der Gabe-Gegengabe entzogen ist. Hier gilt also das Prinzip von Mauss' *ésprit du don*, der Zwang zur Gegengabe nicht. Godelier bringt es auf den Punkt: „Dinge, die man gibt, Dinge, die man verkauft, und solche, die man weder geben noch verkaufen darf, sondern behalten muss". (*Rätsel* 1996, 9–19) Oder Annette Weiner spricht vom *„paradox of keeping-while-giving"*. Da ist das eben angesprochene Beispiel der Athener im Verhältnis zu ihrer Göttin Athene interessant. Als die Perser 480 BCE Griechenland überfielen, um es zur Kolonie ihres Reiches zu machen, zerstörten sie auch den Tempel der Athene. Die Athener, unerwartet Sieger, bauten ihrer Göttin den Tempel auf, größer, schöner, ein Schatz und ein Kunstwerk, das für alle anderen Städte einen Maßstab setzte. Ein Geschenk für die Göttin und gleichzeitig nicht zu erwidern. Gleichfalls das enorm wertvolle Bild der Göttin, das der Künstler Phidias schuf mit einem Kleid aus purem Gold.[14] Im Hinterzimmer (Opisthodom) des ‚Mädchenhauses' (Parthenon) der Athene lagerten die Athener ihre Geldreserven. Als der fast dreißigjährige Peloponnesische Krieg zwischen Athenern und Spartanern ausbrach, hielt der ungekrönte König der Athener, Perikles, eine Rede an seine Mitbürger und an Athene. Er schwor seine Mitbürger darauf ein, dass der Krieg Opfer kosten werde. Alle müssten etwas hergeben für den Krieg, auch die Reichste

---

13 Weiner, *Inalienable Possessions* 1992. Godelier, *Gabe* 1996. Burkart, *Blut der Märtyrer* 2009, 64–77. Kleine, *Heilige Ökonomie* 2020.

14 Zum Bild und der Anklage gegen den Künstler, er habe Gold unterschlagen *Der neue Overbeck* 2014, S. 119–133, 171–210, Nr. 843–857; 889–933.

in der Stadt, die Göttin. Nicht nur das bei ihr – gewissermaßen als Bank – untergebrachte ‚heilige' Geld, sondern auch das Goldkleid des Götterbildes, das aus abnehmbaren Goldbarren bestand. Wenn der Krieg dann vorüber sei und die Göttin ihren Athenern den Sieg geschenkt haben würde, dann würden die Athener ihr ein noch viel kostbareres Kleid schenken und den Kredit mehr als zurückzahlen.[15] Perikles bietet der Göttin also einen Kreditvertrag an, der sie am Risiko beteiligt bei gutem wie bei bösem Ausgang. Der Tempel steht nicht zur Disposition, wohl aber die beweglichen Teile des Schatzes.

Die Besonderheit des Schatzes liegt darin, dass sein Inhalt dem Kreislauf des Tauschens entzogen wird. Die Dinge, die Gott geschenkt werden, sind nicht veräußerbar. Sicher kann man sie verpachten, Tiere der Tempelherde werden geschlachtet und dann neue gemästet, aber sie dürfen keinen Pflug ziehen, Sklaven sparen bei Gott Geld an, um sich eines Tages freikaufen zu können. Die Dinge sind nun „heilig", indem sie in den Besitz Gottes übergehen. *Sacrificium,* das lateinische Wort für Opfer und seine romanischen und englischen Ableitungen, bedeutet zwar nicht das Gleiche wie *sacrare* „heiligen", sondern „Heiliges machen" *sacra facere,* Rituale ausführen, aber es bedeutet eben auch, etwas Gott übergeben und es menschlicher Verfügung entziehen.[16] Das dem Kreislauf entzogene Kapital nennt man den Schatz der Toten Hand. Doch am Ende muss eine Säkularisation erfolgen, um die Wirtschaft nicht völlig abzuschnüren.[17]

---

[15] Thukydides, *Der Peloponnesische Krieg* 1, 140–144; 2,13. Das Wort für die Bankreserve bei der Göttin wird mit einem anderen Wort für ‚heilig' bezeichnet (ὅσιος) als das übliche Wort für das, was Gott gehört (ἱερός, ἅγιος). Auffarth, *Heiligkeit* 2012.

[16] Bendlin, *Opfer* 2000, 1228.

[17] Zur Schatzbildung Burkart, *Blut der Märtyrer* 2009, 64–77. Auktion der durch die Reformation wertlos gewordenen Reliquien etc. Burkart 302–385.

3.3 Strafe als negative Gabe

Die generalisierte Reziprozität ist auch der Schlüssel, wenn man die Gabenökonomie auf die Beziehung von Menschen mit ihrem Gott überträgt. Die theologische Kritik geht in die Irre, wenn sie anderen unterstellt, sie erwarteten für jedes Gebet, jedes Opfer direkt eine Gabe von Gott: *do ut des* ‚Ich gebe, damit Du [Gott, mir meinen Wunsch] gibst!': Die Rechnung der schwäbischen Hausfrau?[18] Der schlecht vorbereitete Schüler wird bald wissen: Gott ist kein Wunscherfüllungsautomat. Das denkt aber auch kein noch so schlichter Polytheist. Die Kette von Gaben und generalisierter Reziprozität kann das Verhältnis der Menschen mit ihrem Kult und den Erwartungen an ihren Gott hingegen gut beschreiben. Dann bedeutet *do ut des*: Ich erbitte etwas von Dir, Gott, wie Du mir schon oft geholfen hast; meine Treue zu Dir habe ich in der Vergangenheit immer wieder durch Geschenke gezeigt.

Im Verhältnis zu Gott gibt es auch die negative Reziprozität. Der Fall der Pandora im griechischen Mythos ist ein Musterbeispiel dafür.[19]

Nachdem Prometheus die Götter im Opferritual betrogen (und danach alle Griechen die Götter regelmäßig im Opferritual betrogen), dazu noch den Göttern aus dem Olymp das Feuer gestohlen hatte, um das Opferfleisch lecker rösten und kochen zu können, erwartete er die negative Reziprozität: die Götter würden ihn bestrafen. In der Tat, er musste furchtbar leiden, aber es kam auch für andere schlimm. Prometheus warnte zwar seinen Bruder Epimetheus, aber der nahm dann doch freudig und erwartungsvoll das Geschenk der Götter entgegen:

[18] Karl Hoheisel: Do ut des. *HrwG* 2(1990), 228–230 nennt es „einen stillschweigenden Rechtsvertrag".

[19] Die Quellen s. folgende Anm. Eine Diskussion unter dem Gesichtspunkt der „Gabe" und die Literatur, v.a. auch zu der Interpretation der „Hoffnung" bei Auffarth, *Pandora* 2016. Becker, *Bedrohung der Polis* 2018, 94f; 139–141.

eine attraktive Frau und dazu ein Fass.[20] Pandoras Name deutet Hesiod, der frühgriechische Dichter, in seiner Abschätzigkeit gegenüber Frauen doppelt als All-Beschenkte und Alles-Verschenkerin: Sie ist zum einen von den Göttern ‚beschenkt' mit allen Reizen einer Frau; zum andern verschleudert sie alles, auch im Fall des Vorrats-Fasses, das die Götter ‚geschenkt' hatten. Sie öffnete neugierig den Deckel. Da entwichen alle Dinge, die das menschliche Leben mühsam machen: Krankheiten, Epidemien, Alter, Tod. Nur eines blieb hängen und entwich nicht: die Hoffnung (ἐλπίς *elpís*). Soll das heißen, dass die Hoffnung auch eine Strafe für die Menschheit ist („Die Hoffnung stirbt zuletzt"), die trügerische Hoffnung? Oder hat die (erste) Frau doch eine positive Eigenschaft, indem sie einen Rest Hoffnung im Vorrat lässt, der für das Überleben nötig ist? Eine Interpretation versteht die „Hoffnung" als ein materielles Gut, nämlich den Rest an Getreide, den man zum Überleben braucht, wenn man im nächsten Jahr Saatgut für das Aussäen braucht. Das Getreide, das die Athener bei der Göttin Demeter in Eleusis bunkern. Wenn man in einer Hungersnot auch das Saatgut verzehren würde, dann gäbe es keine Hoffnung mehr. Und Pandora schenkt Hoffnung, indem sie Kinder zur Welt bringt. Aber es bleibt festzuhalten: Die Götter entgelten den Menschen nicht nur mit freundlichen Geschenken, sondern ‚schenken' auch Strafen.

3.4 Die von Gott verschmähte Gabe

Wenn Menschen immer wieder etwas schenken, aber anscheinend nichts zurückbekommen, kann sich die Vorstellung ergeben, dass Gott das Opfer nicht angenommen

[20] Die „Büchse" der Pandora ist bei Hesiod, ἔργα καὶ ἡμέραι *Erga kai hemerai* 57–105 (Arbeit und Feste, meist übersetzt als „Werke und Tage") und in der *Theogonie* 570–591 ein Vorrats-Fass (πίθος) mit einem Deckel.

hat. Das kann an der falschen Einstellung der Opfernden liegen, an der falschen Opfermaterie, am falschen Zeitpunkt. Liegt es an rituellen Fehlern, kann man das Opfer so lange wiederholen, bis es richtig durchgeführt ist. Aber wie soll man erkennen, dass Gott das Opfer verschmäht? In der Literatur können die Dichter das Verhalten Gottes narrativ aufdecken, was in der Opferrealität nie offensichtlich ist. Beim Opfer des Kain (*Genesis* 4) ist nicht klar, warum Gott das Schafs-Opfer des Nomaden Abel anerkennt, das vegetabile Opfer des sesshaften Bauern und Städters aber nicht. Als Kain dann seinen Bruder erschlägt ob dieser Ungerechtigkeit, greift Gott ein, weil „das Blut zum Himmel schreit". In der *Odyssee* gibt es viele Opferszenen, die Gott nicht akzeptiert. Natürlich nimmt er nicht die täglichen Opfer der Freier an, die ja fremdes Eigentum opfern. Aber auch das Opfer der Gefährten des Odysseus, die aus Hunger von den Rindern das Sonnengottes Helios opfern und verspeisen (Od. 12,319–425), bestraft Gott mit dem Schiffbruch.[21] Schon im Proömium tadelt der Dichter ihren Frevel (ἀτασθαλίῃσιν Od. 1, 7).

Götter können Opfer auch verschmähen, aber nur Dichter können Gedanken und Absicht Gottes beschreiben. Die Ursache für die Ablehnung bleibt beim Opfervorgang sonst verborgen.[22]

Bei Platon findet sich eine Bestimmung des Opfers als Geschenk: οὐκοῦν θύειν δωρεῖσθαί ἐστιν τοῖς θεοῖς; „Heißt nun nicht Opfern: den Göttern etwas zu schenken?" Die Definition ist allerdings dazu da, von Sokrates zerpflückt zu werden. Er hat nämlich Euthyphron getroffen, der gerade seinen Vater wegen Religionsvergehen anklagt. Und nun will er wissen, wie er das begründen kann. Er schlägt immer neue Definitionen vor, um sie dann ad absurdum zu führen. Im Fall des Opfers als Geschenk muss Eythyphron wieder zugeben, dass das nicht passt: Von Sokrates weitergetrieben stimmt er zu, dass Opfern eine Art Han-

---

[21] Auffarth, *Der drohende Untergang* 1991, 320f. 370–380.

[22] Naiden, *smoke signals* 2013.

del ἐμπορικὴ τέχνη von Gabe und Gegengabe sei. Doch was haben die Menschen den Göttern zu schenken außer, was sie selbst von den Göttern erhalten haben. Also ist die Definition des Opfers als Geschenk wieder nicht zutreffend.[23] Das geht schon in die Richtung des folgenden christlichen Modells.

Eine Asymmetrie der Gaben gehört also zu dem Gott-Mensch-Verhältnis. Gilt das auch für den ‚einzigen' Gott? Gilt auch dort die Reziprozität von Gabe und Gegengabe? Oder gar, dass er den Menschen schlimme Strafen schickt? Zugespitzt wird das in der christlichen Theologie diskutiert.[24] Das Gaben-Modell gilt für den christlichen Gott in einem ganz eigentümlichen Sinne, indem die Reziprozität einseitig wird: Gott schenkt, die Menschen haben nichts als Gegengabe. Die Menschen haben Gott nichts zu bieten, weil sie Sünder sind. Gott hingegen: „So sehr hat Gott die Welt geliebt, dass er seinen einzigen Sohn *gab*, auf dass alle, die an ihn glauben, nicht verlorengehen, sondern das ewige Leben haben." (Johannes 3,16), oder offener Römer 8,32 „Gott schonte auch nicht seines eigenen Sohnes, sondern lieferte ihn für uns alle aus. Wie wird nicht auch mit ihm uns alles geschenkt werden?"[25] Dem Modell von Gabe und Gegengabe widerspricht diese Theologie. Sie unterstellt menschlichen Gaben, damit wolle man Gott bestechen, man bilde sich die Möglichkeit ein, den Himmel durch Ablass ‚kaufen' zu können. Der Tod Christi, Gottes Selbsthingabe sei die ‚reine' Gabe, ohne Hintergedanken, ohne Erwartung und ohne Verpflichtung, ja ohne die Befähigung zur Gegengabe. Aus der Auslieferung Christi durch Gott – ein Isaak-Opfer

---

23 Platon, *Euthyphron* 14c – 15a.

24 Die Beiträge in Hoffmann u. a., *Die Gabe* 2016, etwa Jürgen Werbick. Hénaff, *Preis der Wahrheit* 2002, 372–444. Hamm zu Luther und der puren Gabe ohne Gegengabe in: Janowski/Hamm, *Geben und Nehmen* 2013, 241–276.

25 Johannes: gab/schenkte ἔδωκεν. Paulus: Gott lieferte aus/übergab ὁ θεός … παρέδωκεν; wird geschenkt werden χαρίσεται. Das ‚uns alle' ist im folgenden Satz eingeschränkt: ἐκλεκτῶν der Auserwählten.

nicht als Fesselung, sondern als Erlaubnis, als Pflicht, als Notwendigkeit zum getötet Werden – wird entschärft gegenüber Anselms *satisfactio*, indem Gott selbst sich zum Opfer gibt, Täter und Opfer zugleich. Damit verliert das Gabenmodell seinen Sinn: Religion ist spiritualisiert ohne Handlung in der Welt, Gott der Schenkende des Heils – im Jenseits. Unheil schaffen die Menschen, bringen es mit und sind ohne das Geschenk Gottes verloren. Die Metapher vom *sacrum commercium* (γλυκεῖα ἀνταλλαγή, bei Luther ‚Fröhlicher Tausch‘) hat das Modell schon weit interessanter dargestellt als diese Behauptung der ‚reinen Gabe‘: Gott erniedrigt sich und schenkt sich als Mensch den Menschen, dafür ist der Mensch frei und steigt auf zu Gottes Herrlichkeit und Glück.[26]

3.5 Geben als Gewinn

Die Gabenökonomie hilft aber auch zum Verständnis von Religion in ihren diesseitigen Dimensionen wie auch den Vorstellungen der jenseitigen Vergeltung.[27] Gabenökonomie ist eine Form von Kommunikation, die mehr umfasst als den ‚Tausch‘ von Geschenken oder die Geberin und den Geber und den oder die Beschenkte als Individuen. Ablass, um das etwas auszuführen am Beispiel des vielgescholtenen Verfalls ins Ökonomische, ist ein Fundrai-

[26] Der Christushymnos im Philipperbrief 2,6–11. 2. Korinther 1,3–4. Diognetbrief 9,5. Martin Luther, *Von der Freiheit eines Christenmenschen* (1520), These 12 vergleicht den Gabentausch mit der Gütergemeinschaft in der Hochzeit: Die Braut (Mensch) wird mit der ewigen Gerechtigkeit ihres Bräutigams Christus beschenkt (und damit von der Sünde emanzipiert). Historisch Hamm, *Krafft* 2020. Systematisch: Joachim Negel: admirabile commercium. In: JN, *Ambivalentes Opfer* 2005, 138–148.

[27] Zu den Dimensionen von Religion als heuristisches Modell Auffarth/Mohr, *Religion* 2000. Krech, *Evolution* 2021, 15–26. Zur Religionsökonomie etwa Stolz, *Rationalität* 2004. Gladigow, *Religionsökonomie* 1995. Koch, *Religionsökonomie* 2021.

sing-Modell. Menschen schenken etwas von ihrem Vermögen, also so weit sie es je vermögen, der Kirche oder einer Bruderschaft von Handwerkern. Diese verwenden das Geld (oder Naturalien) sowohl für den Bau einer Kirche als auch für Versorgung der Armen, den Bau eines Hospitals. Beim Bau der Kirche profitieren andere Handwerker. Dass die Geber (und Käufer von Ablassbriefen) sich auch die Gnade Gottes erhoffen, ist unbenommen. Insofern ist sie eine Investition in eine unbekannte Form von Rückerstattung oder Gewinn. Dafür haben Theologen das Bild des *Thesaurus ecclesiae* ausgedacht, das ein plausibles Tauschverhältnis zwischen dem Blut Christi und der Märtyrer und der Sündenvergebung anbietet. Vergleichbar sind die Beiträge zu einer Versicherung, die im Fall der Not eine kluge Voraussicht war, aber vielleicht verfallen; hoffentlich sogar, wenn der Versicherungsfall nicht eintritt.[28] Aber diese fromme Gabenökonomie hat eben auch ihre diesseitige Bedeutung. Das Geld-Opfer ist einerseits Verzicht sowohl im ökonomisch-materiellen Sinne als auch in der eigenen Lebensweise (die einem nicht als Verzicht vorkommt, wenn sie starken Werten und Lebenszielen entspricht, beispielsweise der Erhaltung einer lebenswerten Erde für die Kinder und Enkel). Aber das ‚Opfer' zahlt sich auch auf der diesseitigen Ebene aus. Für die Glasfenster einer Kirche braucht es besondere Handwerker, Glaser, Designer, Gerüstbauer, Meister, Gesellen und Handwerker, die nach dem Großauftrag dann von den Bürgern der Stadt kleinere erhalten für deren Privathäuser. Die Handwerker müssen sich ernähren, werden heiraten, kriegen Kinder, lassen sich die Haare schneiden. Die Zunft der Handwerker oder die Familie des Stifters hat materiell einen Verlust, aber symbolisches Kapital angehäuft, vielleicht für die nächste Bürgermeisterwahl. Ihr Name ist mit dem Fenster verbunden, das die Gottesdienstbesucher jeden Sonntag bewundern. Und

[28] Auffarth, *Irdische Wege* 2002, 151–198 (Fegefeuer), bes. 193–196 (*Thesaurus ecclesiae*). Burkart, *Blut der Märtyrer* 2009, 55–63.

zugleich haben sie Gott etwas geschenkt und können in dem generalisierten Tauschverhältnis auf Gottes Wohlwollen vertrauen.

Im Islam (und im Judentum) gibt es ein ähnliches System in der Form des *waqf*, der Stiftung, die Gymnasien, Wasserbrunnen, Waisenhäuser mit dem gestifteten Geld einrichtet, für den Geber ein *jihad*, eine fromme Anstrengung.[29]

Das Modell der Gabenökonomie erweitert den Blick von dem persönlichen Opfer und Opfernden auf eine gesellschaftliche Ebene, in die mehr Menschen einbezogen sind als nur Geber und Empfänger. Es nimmt auch die Bedeutung für andere Menschen mit auf. Es berücksichtigt darüber hinaus auch andere Kapital-Arten als den materiellen Verlust der Hingabe des Opfers, nämlich den Gewinn von symbolischem Kapital. Damit gibt es nicht nur die Tauschebenen des materiellen Diesseits und des spirituellen, aber unsichtbaren und unkalkulierbaren Jenseits, sondern auch die kommunikative Ebene unter den Menschen in der irdischen Gesellschaft. (In dem Schema der Konfiguration des Opfergeschehens [oben S. 18] also die dritte Figur (3) ‚Gemeinde‘) Dass professionelle Mittler und Sinnstifter den irdischen ökonomischen und gesellschaftlichen Vorgang kleinreden oder kaschieren, weil sie ihrerseits davon profitieren, hat auch die andere Folge: Der Geber wird zum Bittsteller, der auf die große Gabe Gottes angewiesen ist, das Heil, und eigentlich nichts dafür mitbringt. Aus dem Opfer als Geschenk wird die pflichtgemäße Abgabe. Die Gabenökonomie hingegen erkennt die Bedeutung des Gebers an, ermächtigt das menschliche Subjekt.

---

29 Borgolte, *Stiftungsgeschichte* 2017, 74–86, 265–331, 551–565. Zu *jihad* als fromme Anstrengung, vor allem in der eigenen Lebensführung (großer *jihad*), erst dann als Einsatz für die Gemeinschaft in Form von Spenden, darunter selten auch Kampf mit Waffen gegen innere und äußere Feinde, s. Reinhard Schulze, ǧihad. In: Auffarth, *Wörterbuch der Religionen* 2006, 182f.

Dazu passt eine Erklärung des Vorgangs des Opfers, das in einem damals überzeugenden Modell aus den Naturwissenschaften der Religionswissenschaftler Gerardus von der Leeuw 1921 vorgestellt hat:[30] Plausibel machte er das mit einem Experiment, das jeder aus dem Physikunterricht kennt. Man schließt einen Stromkreis, indem man ein Lämpchen mit einer Kraftquelle verbindet. Und siehe da, das Lämpchen glüht. Unsichtbar ‚fließt' der elektrische Strom vom Akkumulator zum Verbraucher und wieder zurück.[31] „Es entsteht dann eine Art Wechselwirkung zwischen dem Mana des Gottes (in unserem Sinne) und dem Mana des göttlichen Opfers. Das zweite soll das erstere verstärken, damit der Gott in der Lage sei, seine Verehrer mit Mana zu versehen, und diese wiederum ihn usw." (Leeuw 1921, 244). Gott ist demnach ein Akku (Akkumulator), in den menschliche Kraftzufuhr immer neu einspeisen muss in Form von Opfern, damit der diese wieder abgeben kann an die Opfernden. Der Akku muss gar nicht Gott (mit all den theistischen Vorstellungen) heißen, es geht um die Lebenskraft des Universums. Der darin zum Ausdruck kommende ‚Dynamismus' und Mana/Orenda funktioniert wie ein Stromkreislauf, modern physikalisch gesagt: Kraft oder Macht. Das war zu van der Leeuws Zeiten verbunden mit der Erwartung der Rückkehr politischer Autorität,[32] die sich im Weltkrieg gerade selbst zerstört hatte, aber in den Diktaturen des 20. Jahrhunderts wiederkehrte, ohne ‚Gott', ins Säkulare übersetzt, ohne Recht, Moral, Empathie für andere Menschen. Negative Reziprozität traf viele aber dann doch.

---

[30] Leeuw, *do-ut-des Formel* 1921, 241–253. Van der Leeuw, *Phänomenologie* [2]1956, 293–406.

[31] Dass Strom fließt und unsichtbar ist, hat das Wort *Fluidum* geschaffen, das seit dem Mesmerismus um 1800 für die Esoterik einen zentralen Begriff des Wirkens von Religion bildet.

[32] Gladigow, *Naturwissenschaftliche Modellvorstellungen* 1991, 177–192. Gladigow, Macht. *HrwG* 4(1998), 68–77.

Viele Opferdefinitionen behaupten, das Essentielle am Opfervorgang sei das Zerstören eines materiellen Gutes und damit der Verzicht der Menschen auf einen ökonomischen Wert. So kamen Mauss/Hubert zu dem Ergebnis „Das Opfer ist ein religiöser Akt, der durch die Heiligung eines zerstörten Objekts den Zustand der moralischen Person, die es vollzieht, oder bestimmter sie betreffender Objekte verändert.“ (1899, 110). Die Einsicht, dass das Opfer auch für die Menschen einen Gewinn darstellt, nicht nur an symbolischem Kapital, sondern auch Anerkennung und Ermächtigung, ja sogar materiellen Profit bringt, eröffnet eine erhebliche Weitung der Bedeutung des Opfers.

4. Religionsgeschichte des Opfers in der Antike (1): Griechen und Römer, „Heiden“

In den beiden vorangegangenen Kapiteln 2 und 3 war das Opfer ‚Leitfossil‘ für die große Erzählung, wie sich Menschheit und Kultur entwickelt, höher entwickelt haben: Wie sich Menschen in der Evolution von Tieren unterscheiden, wie Zivilisierte sich von Primitiven abheben. Aber mitten in der Euphorie der Moderne, gegen Ende des 19. Jahrhunderts, drehte sich der Fortschrittsglaube in zwei Richtungen: Die Zeitgenossen sahen sich bedroht vom Ende der Welt. Aus dem Ende des 19. Jahrhunderts (*fin du siècle*), das gleichzeitig der Aufbruch in ein neues würde, war das Ende der Welt geworden (*fin de siècle*). Unter dem Firnis der Zivilisation brodelte das Chaos, das Tier im Menschen, das ‚Es‘ der Triebe, die auch mit Anstrengung kaum zu bändigen, zu sublimieren sind – und das misslingt dem Ich so oft! Und andere sahen ein Heilmittel: Man müsste zurück zu dem Ursprünglichen, Natürlichen, dem Völkischen, eine Lebensreform. Das werden wir wieder aufgreifen im Kapitel 8. – In der Gegenwart geht es um die Erhaltung der Welt. Dafür Opfer zu bringen, Verzicht zu üben führt zu einem ganz anderen Aspekt des Opfers, das Opfer als Gabe. Dabei wurde deutlich, dass die Gabe zwar einen materiellen Verlust für den bedeuten kann, der oder die das Opfer gibt, aber dafür anderes gewinnt: Anerkennung und Bestätigung der sozialen Stellung, Segen, symbolisches Kapital. Nimmt man die Gemeinschaft hinzu, so ist nicht nur das Verhältnis Geber – empfangender Gott von Bedeutung, sondern auch die Hirten, eingeladenen Gäste, Handwerker für Votivgaben, Architekten und Bauarbeiter des Tempels sind Nutznießer des Opfers. Die religiöse Gabe ist, selbst wenn es die empfangende Gottheit nicht geben sollte oder sie kein Geschenk erwidert, nicht nutzloser Verlust, sondern auch auf der zwischenmenschlichen Ebene ein Gewinn, von der der Geber spätestens beim nächsten Opfer einer anderen Familie einen Anteil erhalten wird.

Nach den beiden Kapiteln über die Kulturtheorien zum Opfer begeben wir uns in den beiden folgenden Kapiteln zu den historischen Zusammenhängen, den Realien des Opfers, als es noch im Kult rituell vollzogen wurde, zunächst in griechischen Konfigurationen, dann in die Fragen der Kontinuitäten und Brüche in der hebräisch-jüdisch-christlichen Antike.

4.1 Opfer in der Religion der Griechen

Was wir gewohnt sind als ‚die griechische Religion' zu bezeichnen, ist zunächst eine bunte Vielfalt von Kulten in jeweils einer Polis, von denen es 1034 rund um das Mittelmeer gab. Jede etwas anders, keine gleich. Wie sich die Gesellschaft ohne Monarchie selbst organisierte auf den verschiedenen Ebenen und die Macht begrenzte etwa durch Festlegung der Amtszeit auf ein Jahr, ermöglichte die Beteiligung aller an der Willensbildung in der Vollversammlung (ἐκκλησία *ekklesía*). ‚Aller' meint: der Männer mit Bürgerrecht. Also nicht der Frauen, Kinder, Fremden, vor allem nicht der Sklavinnen und Sklaven. Bei den Festen war das anders. Auch die politischen Feste, wie die Amtseinführung, brachte alle Einwohner auf die Beine, die einen als Akteure, die anderen als Zuschauer, gemeinsam beim Essen, das viele Feste abschloss. Da gab es im Jahreslauf Feste, bei denen Mädchen auftraten, Chorsingen der jungen Männer, sportliche Wettkämpfe, Konzerte, Theateraufführungen. Mal waren auch die Frauen ganz unter sich, mal standen die Kinder im Vordergrund, mal ging es um die gute Ernte. Auch Fremde und Sklaven hatten ihre eigenen Feste.[1] Wichtig war der Sprung,

[1] Auffarth, *Fremde* 2012.

wenn die Jugendlichen zu Erwachsenen wurden und eine eigene Familie gründen durften, die jungen Männer die Pflicht zur Verteidigung der Stadt übernehmen mussten. Einmal im Jahr als Fest der ganzen Stadt wurde ein ganze Jahrgang zu Bürgern. Zu den Festen im Jahreszyklus und denen im Lebenszyklus kamen die anlassbezogenen Feste der Trauer und Freude. Der Ungewissheit, etwa ob eine Schwangerschaft für Mutter und Kind gut ausgehen oder eine Seereise glücklich ans Ziel gelangen werde, konnte man in dem Augenblick durch im Ritual gespielte Routine begegnen. Nach der Geburt schenkten die Frauen ihre Kleidung, die sie bei der Geburt getragen hatten, der Artemis von Brauron, der Göttin ihrer Mädchenzeit. Auch wenn die Gebärende dabei gestorben war, bekam die Göttin die Kleider. Die Gaben der Dankbarkeit (Votive), wenn die Reisenden glücklich über das potentiell tödliche Meer ans Ziel gekommen waren, dokumentierten oft inschriftlich das Glück. Vom Unglück, so spotteten wenige, wenn die Reisenden ertrunken waren, gab kein Votiv Auskunft.[2] War es Zufall oder die rettende Hand der Götter? Die meisten glaubten, dass eine Göttin oder ein Gott die schützende Hand über einen gehalten habe. Erst wenn Routinen fehlschlugen, musste man sich einer anderen Gottheit anvertrauen. Als im Peloponnesischen Krieg (431–404 BCE) in Athen die Epidemie ausbrach, konnten sie sich nicht mehr an Apollon als den Pesthelfer wenden. Denn der hatte sich bei Kriegsbeginn auf die Seite der Feinde gestellt. Daher holten sich die Athener beim ersten Waffenstillstand die Hilfe des Heilgottes Asklepios aus Epidauros ein. Der Verein der Götter einer Stadt, das Pantheon, konnte aber nicht beliebig erweitert werden; es gab für jede Lebenslage eine zuständige Gottheit, ein Ritual, das an diese Gottheit gerichtet wurde.

[2] Klassischer Text zu diesem Einwand Cicero, *De natura deorum* 3,89. Das wird Diagoras, dem Atheisten, zugeschrieben, der um 400 wirkte.

Das passende Ritual erlernte man durch Zuschauen, wie das die Eltern machten, so wie man eine Sprache lernt. Und die Muttersprache der Religion war in vielen Dialekten unterschiedlich, nicht einfach Griechisch (so sprechen manche statt von ‚griechischer Religion' von den Religionen der Griechen). Das Gemeinsame der griechischen Sprache und der griechischen Religion erfuhren Abgesandte der Städte, wenn sie auf den panhellenischen Spielen in Olympia, Nemea, Isthmia, Delphi alle vier Jahre anderen Griechen begegneten und davon begeistert oder angewidert zu Hause berichteten und sie nachahmten. Eine Bibel gab es ebensowenig wie eine Ausbildung der Priester in einem religiösen Wissens- und Ritualbestand. Sicher waren die Epen von Homer und Hesiod überall bekannt, auf Festen vorgetragen, aber sie enthielten keine genauen Beschreibungen von Ritualen oder religiöses Wissen in Geboten, nur als Erzählungen.[3] In den Poleis gab es die ‚Erzählung vom ersten Mal' (Aitiologie), aber keine Ritualanweisungen. So eine normative Sammlung als Buch der Rituale für eine ausgebildete professionelle Priesterschaft wie in der Hebräischen Bibel das Buch *Levitikus* gibt es im Griechischen nicht. Die Inschriften mit Beschreibung der Rituale, die man als *leges sacrae* zusammenfasst, enthalten fast ausschließlich Besonderheiten, Ausnahmen, Regeln, was man an dem Heiligtum *nicht* tun darf (etwa Essen mit nach Hause nehmen), nicht aber das Ritual selbst.[4] Oder die ‚Kalender' halten den Zeitpunkt der Feste fest und, wer, welcher Stadtteil verpflichtet ist, ein Opfertier aufzuziehen und bis zum Fest bereitzuhalten. Mit anderen Worten, ‚das griechische Opfer' gibt es nicht. Mosaiksteinchen der lokalen Besonder-

[3] Herodot, *historiai* 2,53 hält die Epen Homers und Hesiods für die Quelle griechischer Religion; andererseits ist für ihn sehr viel an religiöser Sprache aus Ägypten übernommen, etwa 2,50.

[4] Die älteren Sammlungen von Sokolowski und Lupu sind/werden jetzt vollständig integriert, übersetzt und kommentiert in der CGRN, der online *Collection of Greek Ritual Norms*.

heiten, der Zuordnung zu Göttern, der zu wählenden Gaben sind zufällig bekannt, lassen sich aber nicht zu einem konsistenten Bild zusammensetzen. Die Regeln und Ausnahmen kannten die Freizeit-Priester nicht, eher noch ein Sklave, der im Heiligtum sauber machte.[5] Auch wenn es also kein Ritualhandbuch gibt, das ‚das griechische Opfer' normiert, so beobachtete Herodot bei seiner Weltreise, dass in anderen Ländern anders geopfert wurde. In einer neu gefundenen Inschrift in einem Heiligtum einer (nicht namentlich genannten) *orientalischen* Gottheit in hellenistischer Zeit wird es erlaubt, „auf griechische Art" (ἑλληνικῷ νόμῳ) zu opfern, allerdings kein Schwein, im Orient ein Tabu.[6]

Ganz anders dagegen das römische Opfer, bei dem es auf rituelle Genauigkeit ankam, und religiöse Spezialisten (nicht die Freizeit-Priester, die auch in Rom in der Regel keine Profis sind) das überprüften.

Die Feste der Gemeinschaft sind jeweils mit einer bestimmten Gottheit verbunden – und das macht ihren Charakter aus, ob staatstragend, militärisch, männlich, weiblich, karnevalesk, chaotisch, ob Rollenspiel, Theaterspiel, Chorgesang. Zu jedem Fest bringt eine Gruppe, die für das Fest verantwortlich ist, ein bestimmtes Geschenk für die Gottheit mit. So erhielt die Göttin Athene in Athen an ihrem Jahresfest alle vier Jahre ein riesiges neues Kleid, an dem die Gruppe monatelang gewebt, gestickt, genäht hatte. Dem Zeus von Olympia schenkte

---

[5] Auffarth, *how to sacrifice correctly?* 2005. Auffarth, *Heiligkeit* 2012.

[6] Kein Ritualhandbuch Auffarth, *How to sacrifice correctly?* 2005. Herodot angesichts des persischen und ägyptischen Nomos Schwab, *fremde Religion* 2020 und Pirenne-Delforge, *Le polythéisme grec* 2020, 139–159. Die umfangreiche Inschrift von Marmarini bei Larissa in Griechenland, 2002 gefunden, datiert ca. 225–150 BCE, ist ausgezeichnet ediert und kommentiert (online zugänglich) in der *CGRN* 225 von Vinciane Pirenne-Delforge und Jan-Mathieu Carbon. „Auf griechische Art" B 35. Mit θυσίαι *thysiai* sind auf dieser Inschrift alle Rituale bezeichnet, nicht nur die Tieropfer.

man einen Helm, den man im Krieg erbeutet hatte, wer von wem, war eingraviert und lasen die Besucher. Ob Zeus daran seine Freude hatte und etwas mit dem Helm anfangen konnte? Eher war das eine Mitteilung an andere Menschen, die aber als Eigentum des Zeus niemand wegnehmen durfte. – Zu jedem Fest gehört auch Essen und Trinken, von dem die Gottheit den Ehrenanteil erhält, einen Schluck vom Wein, Honig, Milch, Wasser, ein Stück vom Kuchen, Getreidekörner und am liebsten Fleisch.[7] Denn Fleisch gab es meist nur hier, auf der Wiese vor dem Tempel, gekocht und gegrillt auf dem Altar aus Anlass eines Festes. Halb-Profis wie der Schlachter und der Koch zerteilten und bereiteten das zu, der Priester, meist für ein Jahr im Amt, teilte die Portionen zu. Was die feiernde Gruppe nicht aufessen konnte, verschenkte man oder es kam über die Tempel-Metzgerei in den Verkauf. Die Haut und eine besondere Portion bekamen die Priester. Wie aber kann man die Opfergabe an die Gottheit übermitteln? Geschenke aus Ton, Blumenkränze, Ringe aus Edelmetall konnte man im Tempel ‚aufstellen'. Oder gar das Haus für die Gottheit bauen, auch das ein Geschenk der ganzen Polis, damit ein Abbild von ihr, ein schlichtes aus Holz, eines aus Stein oder ein ganz wertvolles aus Gold und Elfenbein, trocken und vor Diebstahl geschützt dort stehen konnte. Allerdings ist das Bild nicht die Gottheit selbst, sondern nur eine Repräsentation, wo die Gottheit anwesend gedacht werden kann. Über den Präsenz-Marker, das materielle Bild der immateriellen Göttin oder des Gottes, kann man zu ihr oder zu ihm beten, sie um etwas bitten, Hymnen singen. Man kann sie *in effigie* (über das Medium Bild) küssen, einsalben, pflegen, bekleiden. Die verbale Kommunikation ist problemlos. Um ihr Abbild herum Geschenke in ihrem Haus aufzu-

7 Rüpke, Herstellung von Selbst-Welt-Beziehungen in sozio-religiösen Praktiken. Essen mit Göttern. in: Rüpke, *Ritual* 2021, 87–102. 129–137 (mit Schwerpunkt auf römischen Opferritualen).

Abb. 4.1: Die Götter verlangen keineswegs immer nach Fleisch und Blut. Der Wohlgeruch des Weihrauchs und ein Schluck Wein sind willkommene Geschenke und Nahrung für Götter. Die Dame streut Weihrauchkörner auf eine kleine Flamme auf dem Altar, der Junge bringt eine Schale mit Früchten und einen Krater mit Wein. Spätantike Opferdarstellung „mit Wein und Weihrauch" *vino ac ture*. Elfenbeinrelief Ende des 4. Jahrhunderts.

stellen ist ebenfalls plausibel. Aber wie nehmen sie die Nahrung auf?
Das griechische Wort θύειν *thýein*, das man mit „opfern" übersetzt, hängt etymologisch zusammen mit „räuchern", heißt dann auch „schlachten".[8] Griechische Götter stillen ihren Appetit, wie im Alten Orient, über der Nase: wohlriechende Kräuter, Weihrauch, Grillduft, Fettdampf

[8] Beekes, *EDG* 2009 s.v. θύω 2, θύος, θυόσκοος. Beekes sieht keine Verbindung mit θύω 1 „Wirbel machen".

steigen dank des Feuers auf dem Altar in den Himmel. Getränke der Libation versickern im Boden ebenso wie das Blut.[9]

Das bedeutet für die Rede vom griechischen Opfer: Das Ritual des Schlachtens eines Tieres ist nur eine der Möglichkeiten, mit einer Gottheit Kontakt zu pflegen und Verehrung zu zeigen.[10] Verbale Kommunikation, das Aufstellen von Geschenken, ihr ein Haus bauen, etwas Duftendes verbrennen vor dem Haus sind vollgültige Rituale (nicht Vor-Opfer). Für gemeinschaftliches Feiern in Verbindung mit einem Gottesdienst geben Anlass die im Kalender festgelegten Feste, in die die der Gruppe entsprechende Gottheit eingebunden wird mit ihrem je besonderen Charakter. Die Feste sind choreographiert mit einer Abfolge von Ritualen (Ritualsequenz) von mehreren verschiedenen komplexen Ritualen. Rituelle Korrektheit ist in der griechischen Religion selten ein Thema, dazu fehlt es auch an Spezialisten mit religiösem Wissen. Feste enden oft mit einem gemeinsamen Essen. Das wurde bei der Prozession schon mitgeführt. Und davon wird etwas den Göttern hingestellt oder auf dem Altar verbrannt. All das kann schon mit Opfern θύειν bezeichnet werden. Da das Fest aber die relativ seltene Gelegenheit bietet, Fleisch zu essen, werden gerne dazu ein oder mehrere Tiere geschlachtet. Die Götter bekommen ihren Teil über den Duft und fettschwangeren Rauch, die Priester und dann alle Teilnehmerinnen und Teilnehmer, gerne auch solche, die nicht eigentlich zur Festgemeinschaft dazugehören wie ‚der um den Altar herumlungert' βωμολόχος. Das Töten des Tieres ist ein herausgehobener Moment, aber nicht der Höhepunkt der Ritualsequenz. Dazu muss man sich

[9] Griechisch σπένδειν/σπονδή ist allen indo-europäischen Sprachen gemein für dieses Ritual. Beekes *EDG*.

[10] Andreas Schwab hat das eindrücklich vorgeführt, was man alles nicht berücksichtigt, wenn man griechische Religion auf Opfer reduziert: Schwab, *fremde Religion* 2020.

die Ideologie und Theologie des Opfers, die Realien und die modernen Bewertungen genauer anschauen.

4.2 Bouphonia: ‚Ochsenmord' – oder Unschuldskomödie

4.2.1 Der heiligste Akt: Moderne Interpreten

Als Walter Burkert sein für die griechische Religionsgeschichte exzellentes Buch *Homo necans* schrieb, flossen auch Bewertungen ein, die nicht zwingend aus dem Material hervorgehen. „Gerade in der Mitte der Religion droht faszinierende blutige Gewalt." In Bezug auf das griechische Opfer stellt er als Zentrum der Religion fest: „[D]ies ist der Akt der Frömmigkeit: Blutvergießen, Schlachten – und Essen. [...] Nicht im frommen Lebenswandel, nicht in Gebet, Gesang und Tanz allein wird der Gott am mächtigsten erlebt, sondern im tödlichen Axthieb, im verrinnenden Blut und im Verbrennen der Schenkelstücke. [...] Grunderlebnis des ‚Heiligen' ist die Opfertötung. Der homo religiosus agiert und wird sich seiner selbst bewusst als homo necans."[11] Diese Bewertung hat Widerspruch provoziert.[12]

Am Beispiel eines ganz außergewöhnlichen Festes und des damit verbundenen Opfers hat Burkert das Problem der Emotionen bei der Tiertötung diskutiert, zugespitzt auf den ‚Ochsenmord'.

---

[11] Burkert, *Homo necans* 1972, 8f.

[12] Ausgeführt bei Kippenberg, von Stuckrad, *Einführung* 2003, 172–173 (Sündenbock und Tieropfer); Zur Korrektur vgl. Cancik-Lindemaier, *Opferphantasien;* 2006 dies.: *Tun und Geben* 2000.

4.2.2 Stiere als ‚Goldstandard': Opferideologie und -praxis

Doch zunächst zur Opferideologie der Stiere. Was verbal als wertvollste Gabe für Gott leicht auszusprechen ist, sogar eine ganze Hekatombe zu opfern versprochen wird, so kostspielig ist Aufzucht und Bereitstellung eines Stiers. Das männliche Tier gibt keine Milch, darf nicht zur Arbeit einem Pflug oder Ochsenkarren vorgespannt werden, verbraucht eine Unmenge des in der griechischen Sommerhitze schnell verdorrenden Grases. Für das Opfer sollte es etwa drei Jahre alt sein. Und davon eventuell auch noch hundert nutzlose Tiere! Das überfordert Ökologie und Ökonomie. Was die Zahl der Hekatombe betrifft, so ist das eine ideologische Zahl, vielleicht bedeutet sie sogar hundert Stiere *wert*, nicht dass hundert Tiere geschlachtet werden.[13] Zudem lieferten hundert Stiere so viel Fleisch, dass auch eine riesige Festgemeinschaft diese Menge nicht verzehren könnte. Da bieten die sonst genannten zwölf bis zwanzig Stiere schon für eine Festgemeinschaft von 6000 bis 10000 genug zu essen.[14]

Zur Überprüfung der Ideologie an der Realität stehen zwei archäologische Quellen zur Verfügung.[15] Das eine ist die Dokumentation des Opfers durch den Opfernden in Form von bildlichen Darstellungen. Das andere sind Überreste von Knochen, die bei Ausgrabungen rund um Altäre gefunden und von Biologen bestimmt werden. Das Ergebnis ist, dass Rinderknochen bei weitem in der Minderzahl sind. Die gewöhnlichen Opfertiere sind Ziege und Schaf, die auch im bergigen Gelände noch ihre Nahrung finden. Die Knochenreste sind vorwiegend von Schafen und Ziegen im Alter von knapp einem Jahr, und bei Schweinen sind es oft wenige Wochen alte Ferkel. Festzuhalten ist, dass es sich bei Opfertieren in aller Regel um Haustiere bzw. von Menschen aufgezogene Tiere handelt,

---

[13] Beekes, *EDG* 2009, s.v. ἑκατόμβη im Anschluss an Paul Thieme 1952.

[14] Bakchylides 11,104f: zwanzig Rinder für das Opfer; keine Arbeitstiere ἄζυγος. Auffarth, *Argos* 1995, 131–138.

[15] Dazu die ausgezeichneten Studien von Gunnel Ekroth.

Abb. 4.2: Am Heiligtum von Tsiskianá dokumentieren Stiermodelle aus Ton die zahlreichen Opfer (4./3. Jahrhundert BCE). Es ist aber nicht denkbar, dass man in der Bergwelt von Kreta Rinder aufziehen konnte, vielmehr wurden Ziegen und Schafe geopfert.

nicht um Jagdbeute.[16] Die Dokumentation von Opfern in Form von Opferdarstellungen zeigt ein ähnliches Ergebnis. Eine sorgfältige Auswertung ergab, dass auf attischen Vasen – die nicht Realität, sondern den Goldstandard Stier bevorzugen – etwa 55 % Rinder als Opfertier zeigen, während die näher an der Realität stehenden Votivreliefs die tatsächlich vollzogenen Opfer dokumentieren, nur 10 % Rinder, 33 % Schafe und 48 % Schweine darstellen.[17] Die Opferüberreste zeigen zudem, dass weitaus mehr Tierarten geopfert wurden. Und dass die in den Schriftquellen geäußerten Gebote oder Tabus, welches Tier welcher

16 Zu diesem Argument gegen die Kontinuität des *Homo necans* aus dem Steinzeit-Jäger Gladigow, *Ovids Rechtfertigung* 1971. Smith in: Hammerton-Kelly (ed.): *Violent Origins* 1987. Jameson, *Animal husbandery* 1988.
17 Straten, *Hierà kalá* 1995.

Gottheit geopfert oder nicht dargebracht werden durfte, in der Realität nicht immer zutreffen. Schließlich die Frage: Wozu dokumentieren die Opfernden noch einmal auf Stein, was sie doch schon vollzogen haben? Das verteuert doch das Opfer! Die billigste Form ist, den Schädel des geopferten Tieres an die Wand des eigenen Hauses zu nageln. Die Römer haben das Boukranion/Stierschädel abwechselnd mit Girlanden überall hin meißeln lassen. Auch wenn gerade aktuell niemand opfert, so werden doch die Opfer ‚immer' dargebracht. Die griechischen Votivreliefs im Heiligtum verewigen das Opfer für die Gottheit, auch wenn niemand gerade eines ausführt, nennen den Namen des Opfernden und seiner Familie. Und sie zeigen die Beliebtheit dieser Göttin oder dieses Gottes im Sinne der Gabenökonomie.

4.2.3 Ochsenmord vor dem Gericht

Das Fest zu Ehren des Zeus Polieus, also der Polis Athen, an den Buphonien entfaltet das Ritual und den Mythos vom Ochsenmord.[18] Das Ganze ist listig eingefädelt: Man lässt auf der Akropolis in einem behelfsmäßigen Stall mehrere Stiere ein paar Tage hungern. Dann am Festtag lässt man sie heraus, vorbei am Altar des Zeus, auf dem ein Opferkuchen aus Getreide liegt. Der Stier, der als erster davon frisst, wird getötet und geschlachtet, hat er sich doch an göttlichem Eigentum vergriffen.[19] Das Ganze findet im heißesten Monat des Jahres statt, etwa zu der Zeit, wenn das Getreide geerntet und gedroschen wird.

Im Mythos ist es der Bauer Sopatros, dem der Ochse den schon für die Götter bereitgelegten Opferkuchen vom Tisch frisst und auf dem Rest herumtrampelt. Bis dahin (sagt der Vegetarier Porphyrios) hätten die

---

[18] Burkert, *Homo necans* 1972, 153–181. Mauss/Hubert *Opfer* 141 mit Verweis auf Frazer, Pausanias 3, 54ff. Die Stelle hatten sie bei Frazer, *Pausanias* 2,303f gefunden. Parker, *Polytheism* 2005, 187–191.

[19] Die Quellen sind Pausanias 1,24,4. 1,28,10. Porphyrius, *de abstinentia* (sich von beseelten Tieren fernhalten) 2,29–30; vgl. 2,10. Paul Stengel: Buphonia. *RE* 3,1(1897), 1055–1057.

Götter ja ausschließlich vegetarische Opfer erhalten. Der Bauer sieht den Frevel, schnappt sich in seiner Wut ein in der Nähe stehendes Beil und hackt dem Ochsen den Kopf ab. Kaum hat er das getan, kommt er wieder zu sich und wird sich der Freveltat bewusst. Er bestattet den Ochsen und flieht ins Exil. Doch die Götter schicken eine Hungersnot; man fragt beim Orakel in Delphi nach der Ursache und einer Lösung. Das Orakel macht zur Auflage, sie sollten den Geflüchteten suchen, ihn als Mörder (φονέα) bestrafen, den toten Ochsen wieder hinstellen (‚auferstehen lassen') in eben dem Opferritual und dann sollten sie von seinem Fleisch essen ohne Skrupel. Man findet den Geflüchteten. Der sieht den Ausweg aus seiner kultischen Unreinheit, wenn alle gemeinsam das täten. Ein Ochse müsse getötet werden ‚von der Stadt'. (Empfänger ist Zeus ‚der Städtische' πολιεύς) Da sich aber keiner dazu bereit erklärt, übernimmt Sopatros die Aufgabe unter der Bedingung, dass er das Bürgerrecht erhält. Durch die Wiederholung ‚des ersten Mals' wird der Frevel zum religiösen Ritual, das bis heute durchgeführt wird.

Porphyrios ist ein Philosoph der Spätantike, der die Schule Platons leitete und – obwohl ‚Heide' – die blutigen Opfer strikt ablehnte (also ein Beispiel für die unten 6.4 besprochene Vermeidung der Opfer in der ‚heidnischen' Spätantike. Er starb kurz nach 300 CE). An der Stelle will er verstehen, warum Menschen Fleisch essen und das für ‚heilig' erklären. Dafür lässt er sich die paradoxe Geschichte vom „ersten Mal" erzählen. Im Mythos wird der Ochsenmord nämlich so gerechtfertigt, dass bei der erneuten Tötung die Schuld auf die ganze Polis verteilt wird. Da der Flüchtling aber kein Athener ist, muss er eingebürgert werden. Das Ritual geht aber weiter. Der frevelnde Ochse wird geschlachtet, zerteilt in Portionen, das Fleisch zubereitet. Derjenige aber, der das Beil geschwungen und den Ochsen getötet hatte, rennt weg. Ein Gerichtsverfahren wird eröffnet, aber der Täter fehlt: Das Beil ist der Täter, die jungen Frauen, die das Wasser hertrugen, um Beil und Messer zu schärfen, der Metzger, der das Tier zerlegte, sind der Beihilfe schuldig ebenso wie die ganze Stadt, die ja das Fleisch gegessen hat.[20] Alle sind irgendwie

[20] Knapp formuliert bei Ailianos, *Variae historiae* 8,3 „urteilen sie, jeder habe seinen Anteil am Mord." κρίνοντες ἕκαστον ἐν τῷ μέρει φόνου.

schuld in Gemeinschaftstat (wie bei Freuds Vatermord und bei der Aufarbeitung der Schuld von Verbrechen des Nationalsozialismus). Vor Gericht wegen Mordes und Frevels müssen sich alle verantworten, schieben aber die Schuld weiter: Die Wasserträgerinnen auf den Beilschwinger, der nicht zu greifen ist, der Metzger auf das Messer und das Beil. Da die nicht reden können, werden sie verurteilt zum Exil und werden ins Meer versenkt. Die ‚Auferstehung' (*Anástasis*) des Ochsen wird so realisiert:[21] Man näht die Haut des Ochsen wieder zusammen, stopft sie aus und spannt sie vor einen Pflug. Als wäre die Tat nicht geschehen, kann der Ochse nun wieder an seine Arbeit gehen,[22] vegetarische Lebensmittel zu erzeugen. Dieses Ritual und der Prozess vor Gericht wiederholten sich jedes Jahr, bestätigen die Quellen. Und auf der Akropolis kann man die Spuren des behelfsmäßigen Stalles noch finden.[23]

Hat Burkert nicht recht, dass die Geschichte vom Ochsenmord zeigt, wie sich die Griechen beim Opfern einer Schuld bewusst sind, wenn sie das Tier töten? Die Auferstehung des Ochsen und der Prozess vor dem Archon Basileus lassen sich aber auch anders lesen, nämlich als Unschuldskomödie, nicht als Schuldbewusstsein.[24] Der Prozess der Buphonien ist ganz außergewöhnlich, er kann nicht exemplarisch für jedes Opferritual gelten. Er führt ja gerade nicht zur Strafe bei den beteiligten Menschen. Schuld ist und bestraft wird das Werkzeug. Und: Man müsste eine ähnliche Reaktion bei allen Opfern erwarten; das ist aber nicht der Fall. Der „Ochsenmord" ist nicht

---

[21] Porphyrios 2,29,3 ἀναστησάντων sie stellten ihn wieder auf die Beine. Das Wort ἀνίστημι wird im NT auch transitiv gebraucht für die Auferstehung von den Toten neben ἐγείρειν. Porphyrios kannte den christlichen Sprachgebrauch der ἀνάστασις.

[22] Durand, *labour* 1986.

[23] McInerney, *Bouphonia* 2014, 113–124.

[24] Meuli, *Opferbräuche* 1946, 275–277 (1975, 1004f) mit den wenigen Belegen für eine ‚Flucht' des Opfernden. Henrichs, *Gott, Mensch, Tier* 1992. – Aus der Komödie wird bei Burkert Todernst.

typisch für griechische Opfer. Es ist also nicht erkennbar, dass die Festteilnehmer zerknirscht und mit schlechtem Gewissen auf den leckeren Steaks herumkauten. Die Pariser Forscher zur griechischen Religion, Jean-Pierre Vernant und Marcel Détienne, haben das griechische Opfer unter der Perspektive der Feinschmecker betrachtet, *La Cuisine du sacrifice en pays grec* (1979). Und dabei nur diese eine Gruppe von Opfern beachtet, die mit anschließendem Essen. Die großen Theorien spielen in der Forschung an konkreten Untersuchungsgegenständen kaum noch eine Rolle.[25] Und das Opfer ist zwar ein wichtiges Ritual in der Religion der Griechen und Römer, aber nicht das einzige und nicht reduziert auf das blutige Opfer. ‚Opfer' in all seinen Variationen zusammenzufassen ist eine Kategorie der modernen Betrachter.[26]

4.3 „Normal“: Praxis des Opferns

Vom ganz außergewöhnlichen Sonderfall zu typischen Abläufen von Opferritualen. In griechischen Tragödien und Komödien sind Opfer häufig thematisiert und in Einzelheiten beschrieben, aber dort dienen sie der Deutung eines dramatischen Geschehens, sind also mit Deutung aufgeladen. Die kann man aber nicht als typisch für *die* symbolische Handlung übertragen, die die Teilnehmenden aus Erfahrung kennen, wie man sich dabei verhält.[27]

---

[25] Vernant und Burkert trafen sich bei der Tagung Rudhardt/Reverdin, *Le sacrifice dans l'antiquité* 1981. Zur ‚Pariser Schule' um Vernant Ekroth, *Praising or Debasing* 2020. Graf, *theories* 2002. 2012.

[26] Parker, *Killing* 2011, 160.

[27] Walter Burkert hat nachgewiesen, dass Tragödie τραγῳδία „der Gesang, der bei (dem Opfer) des Bockes gesungen wurde“, das zu Beginn der Theateraufführung auf dem Altar in der Mitte der Orchestra vollzogen wurde. Mit den Nachweisen Auffarth, https://blogs.rpi-virtuell.de/buchempfehlungen/2021/03/17/euripides-kyklops/. (17.3.2021). Seaford, *sacrifice* 2017.

Weder den genauen Ablauf noch normative Deutungen kann man über den Einzelfall hinaus verallgemeinern zu ‚dem griechischen Opfer'.

Wie das Opfer normalerweise ablief, kann man aus verschiedenen Quellen rekonstruieren: (1) die literarischen Beschreibungen im Epos, in den Theaterstücken, in Geschichtserzählungen. Ganz selten gibt es eine Art von Ritualhandbuch. (2) Die Inschriften, von denen immer wieder auch neue gefunden werden: Opferkalender, die die öffentlichen Feste auf Monat und Tag genau festlegen, und Bestimmungen (*leges sacrae*) am Eingang eines Heiligtums, was dort speziell anders ist, meist sind es Verbote. (3) Die Abbildungen auf Vasen und auf Votivreliefs eröffnen die Bilder, die sich die Töpferwerkstätten mit ihren Malern davon machen, was sie als Moment (*kairós*) festhalten wollen in der Ritualsequenz. (4) Schließlich hat man in den letzten Jahren bei Ausgrabungen vermehrt Wert darauf gelegt, rund um den Altar die Reste von Opfern zu untersuchen mit Hilfe von Spezialisten und statistisch auszuwerten.[28]

4.3.1 Opfer ‚für die Götter' und eine Mahlzeit für die Menschen

Das Opfer ist Teil einer Ritualsequenz mit der Abfolge mehrerer komplexer Rituale. Anlass und Termin müssen festgelegt werden. Jährlich wiederkehrend oder anlassbezogen treffen sich die Verwandtschaft, die Nachbarschaft, nur die Frauen oder die ganze Polis. Sie stellen sich auf zu einer Prozession oder gehen weniger formal zum Heiligtum. Voraus läuft ein Mädchen, das den Opferkorb trägt. Die anderen tragen die Gaben für die Gottheit, die man ebenso vorbereitet hat wie das, was man dort gemeinsam

[28] Die neueren Arbeiten führen möglichst alle Quellen zusammen, aber natürlich mit unterschiedlichen Perspektiven und Kompetenzen. Schon Stengel, *Opferbräuche* 1910 kombinierte (1) und (2), auch (3). Der ausführlichste Handbuchartikel, der sowohl Texte (1) wie archäologische Objekte (3) berücksichtigt, ist Hermary, *les sacrifices* 2004, 59–134. Archäologisch (v.a. (3) und (4) die Aufsätze von Ekroth. Umfassend Parker, *Killing* 2011. Bremmer, *Normative sacrifice* 2019. Naiden, *sacrifice* 2015 [v.a. (1)]. Religionswissenschaftlich theoriebewusst Bendlin, *Opfer* 2015. Scullion, *Answers and questions* 2013 zeigt, dass die Analyse der Knochen an Altären den normativen Vorstellungen vom Opfer widersprechen.

essen will. Dafür kann man auf der Wiese im Heiligtum picknicken oder in einem der Räume sich niederlassen, die sich dort oft für diesen Zweck als Restaurants vorfinden. Am Altar vor dem Tempel wird die Mahlzeit später vorbereitet und eine Portion der Gottheit zusammen mit anderen Geschenken abgelegt. Im Heiligtum wartet der Priester oder auch nicht, denn er hat ja, da er nicht Profi ist, andere Termine. Ohne weiteres kann auch der Familienvater das Ritual leiten. Spezialisten wie der Schlachter und der Koch sind meist schon da,[29] aber auch das kann der Vater mit seinen Söhnen selbst machen. Da man bei Gott zu Gast ist, begrüßt die Gruppe den Hausherrn oder die Hausherrin mit Hymnen, Gebeten, Geschenken, entzündet Räucherduft, der ins Haus einziehen soll. Dann gebietet der Leiter (seltener die Leiterin) Schweigen. Das griechische Wort dafür, *Euphemia,* heißt eigentlich gutes Reden.[30] Die Gruppe hat sich nun zwischen Altar und Tempel gestellt, sie blickt also nicht Gott an, sondern schaut (wie die Gottheit als eine von ihnen) auf das Opfergeschehen. Dann „beginnt“ man mit dem Opfer als eigenem komplexen Ritual, gleichwohl eingefügt in die ganze Sequenz.[31] Der Opfernde wäscht sich die Hände mit Wasser aus einer Kanne. Das Opfertier wird herbeigeführt und von den Jugendlichen festgehalten. Dann reicht man dem Leiter den Opferkorb, aus dem er und andere Gerste auf den Altar und das Tier werfen. Unter der Gerste verborgen liegt das Messer. Mit dem schneidet der Opfernde dem Tier eine Stirnlocke ab und wirft sie ins Feuer. Wenn man dann noch etwas Wasser ins Ohr

[29] Berthiaume, *Mageiros* 1982. Der Mageiros μάγειρος kann die Funktion des Opfernden, des Schlachters, des Kochs (so wird er meist übersetzt) und des Metzgerei-Verkäufers einnehmen.

[30] Gödde, *Euphemia* 2011.

[31] Stengel, *Opferbräuche* 1910, 40–49 κατάρχεσθαι/ἐνάρχεσθαι. Das Beginnen bedeutet nicht, dass damit erst das ‚Eigentliche‘ beginnt. Das Schema (bei van Straten 1994 und Bremmer 2019) *pre-kill – kill – post-kill* birgt die Gefahr, dass man das Töten/Gewalt als Höhepunkt versteht, so besonders Burkert.

spritzt, dann schüttelt sich das Tier. Das wird als „Ja" gewertet: Das Tier geht freiwillig und will geopfert werden. Also die Unschuldskomödie. Am Beispiel der Iphigenie waren das anfängliche Sträuben und dann der Wille, geopfert zu werden, dramatisch gespielt.[32] Nur geht es nicht immer so harmonisch zu! Die Tiere werden meist gefesselt. Einem Stier haut einer mit einem ‚Baseballschläger' vor die Stirn, damit er – hoffentlich – betäubt zu Boden fällt. Vielleicht wird er aber nur noch wilder und die jungen Männer müssen ordentlich Kraft beweisen, ihn so festzuhalten, einer biegt den Kopf nach oben, dass der Opfernde mit dem Messer den Schnitt an der Halsschlagader ansetzen kann. Helden heben ihn sogar auf die Schulter.[33] Dann spritzt das Blut und wird in einer Schale aufgefangen, etwas davon an den Altar geschmiert. Das Tier brüllt und röchelt. In diesem Augenblick, fordert das Ritual, stoßen die Frauen spitze Schreie aus (die ὀλολυγή *ololygé*). Dann wird dem Tier die Haut abgezogen, die bekommen die Priester, die sie etwa an Schuhmacher verkaufen können. Das Tier wird zerlegt, die Oberschenkelknochen werden freigelegt und mit reichlich Fett eingewickelt auf dem Altar verbrannt „für Gott".[34] Vor allem, wie der Schwanz sich im Feuer noch einmal aufbäumt, wird mit Interesse beobachtet. Das essbare Fleisch wird portioniert, die Eingeweide und einiges Fleisch werden auf Spießen gegrillt über dem Altar, der mehrere Meter breit sein kann. Anderes Fleisch wird im Topf gekocht. Die zum Opfer gekommen sind, lagern sich nun auf der Wiese oder im Restaurant und genießen Fleischsuppe,

---

[32] Oben bei Kapitel 2, Anm. 50. – Die Freiwilligkeit als modernes Konstrukt Georgoudi, *L'occulation* 2005, 115–147. Naiden, *fallacy of the willing victim* 2007, 61–73.

[33] Bremmer, *Animal sacrifice* 2019, 314f. Stengel, *Opferbräuche* 115 „Auf dem Berliner Schlachthof lachte man mich aus, als ich nach der Möglichkeit, einen Ochsen so zu schlachten, mich erkundigte." Aber antike Rinder waren sehr viel kleiner. Milon von Kroton soll einen vierjährigen Stier auf der Schulter getragen haben, erzählt Athenaios 10,412.

[34] Ekroth, *Meat, man and god* 2008. Ekroth, *Thighs or tail* 2009.

Steaks, die Leber, Oliven, Brot und Wein, aber offenbar auch anderes Fleisch, das nicht auf dem Altar rituell geopfert wurde (Knochen ohne Brandspuren).[35] Ehrengäste erhalten größere Portionen und vor allen anderen, auch wenn man von gleichen Portionen δαὶς ἐίση spricht. Ein fröhliches Fest ohne formalen Abschluss schließt sich an.

Eine Menge Einzelheiten bleibt zu fragen: Einmal, mussten Griechinnen und Griechen, wenn sie Fleisch essen wollten, immer ein Opferfest besuchen oder veranstalten? Die für das Opfer üblichen und als besonders wohlschmeckend empfundenen Rind, Schwein, Schaf und Ziege gab es wohl nur als sakral geschlachtetes Fleisch entweder beim Fest selber oder im Verkauf der Tempelmetzgerei. Bei Einladungen wurde nur solches Fleisch angeboten. Darüber hinaus konnte man aber Fleisch essen, das nicht geopfert wurde, vom Wild aus der Jagd, Fische und Geflügel.[36]

Die Opfernden dokumentierten gerne, dass sie das teure Tier gekauft oder aufgezogen hatten, um es dann für das Fest zu spenden. So konnte man den Schädel des Stieres an sein Haus nageln und mit Girlanden noch hervorheben.[37] Oder ein Steinmetz machte dieses Boukranion unvergesslich. Eine interessante Beobachtung machte Gérard Seiterle an der berühmten Statue der Artemis von Ephesos. Was man beim ersten Blick für zahlreiche Brüste der Göttin halten kann, erweist sich bei genauerem Hinsehen als etwas anderes. Auch Zeus kann nämlich solche Attribute tragen. Der Archäologe machte Experimente und es erwies sich, dass – häufig – vor dem Opfer männliche Tiere kastriert wurden. Und diese 18 Stierhodensäcke hängte man dem Götterbild um

---

35 Ekroth, *Bones to tell* 2013, 22.

36 Parker, *Eating unsacrificed meat* 2010, 137–145. Bei den Ausgrabungen des Heiligtums der Demeter und Kore in Korinth fand man viele Gräten von Fischen.

37 Theophrast, *Charakteres* 21,7.

als Dokumentation der hohen Wertschätzung, dass ihr viele Stiere geopfert wurden.[38] Auf Kreta fand man an einem Ort, wo unmöglich Rinder grasen können, mindestens tausend Stiere aus Ton geformt und vor der heiligen Höhle zu einer Pyramide aufgestellt. Auch wenn dort im Bergland unmöglich Stiere weiden konnten und sicher nur Ziegen geopfert wurden, so verlangt die Ehre Gottes nach dem Wertvollsten, dem Stieropfer.[39]

4.3.2 Opfer für die Toten und andere Opferformen

Neben dem Opfer mit Mahlzeit für Gott und Menschen gibt es noch andere Formen der Opfer, von denen die Menschen nichts abbekommen. Zunächst komme ich auf das Opfer im Mänaden-Ritual zu sprechen. Alle zwei Jahre rennen Frauen auf einen Berg weit außerhalb der Stadt und ihrer Ordnung des Alltags und tanzen dort. Erschöpft und begeistert zugleich, jagen sie ein Rehkitz, zerreißen es (was auch bei kleinen Tieren äußerst schwer ist ohne Messer) und verspeisen es roh in Gemeinschaft mit dem Gott Dionysos. Dann fallen sie erschöpft zu Boden. Euripides hat das Ritual in seinem Drama *Die Bakchen* als Ausbruch der Frauen aus der Ordnung der Polis gestaltet, die der ‚fremde' Gott Dionysos angestiftet habe, aber am Ende verfällt der Tyrann, der mit allen Mitteln die Ordnung wiederherzustellen gewillt war, selbst der Raserei/Trance (*manía* der Mänaden). Der Jäger wird zum Gejagten und fällt schließlich den rasenden Frauen zum Opfer. In der Realität war es offenbar ein harmloses Ritual.[40] Imaginiert wird, dass die Frauen das Fleisch des

---

[38] Seiterle, *Artemis* 1979, 6–16. Am Kleid sind 15 kleine Stiere ausgebildet. Auffarth, *Ephesos* 2017, 77–101. – Kastration: Ekroth, *Castration, cult and agriculture* 2014.

[39] Oben Abb. 4.2. Auffarth, *kleine Opfer* 2008, 159f.

[40] Theodor Heinze: Mänaden. *DNP* 7(1999), 639–641. Die Kluft zwischen der Darstellung in den Bakchen und dem harmlosen Ritual haben Henrichs, *Maenadism* 1978 und Bremmer, *Greek Maenadism* 1984/2019 herausgestellt. Parker, *Killing* 2011, 165–170.

Tieres roh essen, in Realität haben sie wohl nichts davon gegessen, sondern nur herumgereicht und dann in einer Grube vergraben.

Weitere Opfer, ohne dass die Menschen etwas davon essen, sind Versenkungsopfer, Reinigungsopfer und vollständig verbrannte Opfer (griechisch Holokaust). Das können auch, müssen aber nicht Tiere sein. Gelegenheiten sind am Tag zu Beginn einer Schlacht im Krieg oder die Libation zur Bekräftigung eines Waffenstillstandes. Ein Vertrag wird „geschlachtet“, indem die Vertragschließenden zwischen den beiden Hälften eines geopferten Tieres hindurchgehen.[41] Ein Eid wird bekräftigt.[42] Für Reinigungsopfer werden billige Tiere gekauft und verbrannt, Ferkel aus dem großen Wurf. Viel häufiger aber werden Kuchen und Vegetabiles versenkt in fließendem Gewässer, bei den Adonien werden die Getreidesprossen ins Wasser untergetaucht, die man zuvor auf Tonscherben hatte keimen lassen.

Die folgenden Rituale werden unter dem Begriff der Chthonischen Opfer zusammengefasst – im Gegensatz zu den Olympischen Opfern, die für die Himmlischen Göttern bestimmt sind. Die viel selteneren chthonischen Opfer bringt man den Heroen und den chthonischen Gottheiten dar, die herrschen, wo die Toten dahindämmern, in der Unterwelt. Nicht der Altar, sondern die Grube ist der Ort, ihnen etwas hinzulegen. Die Abgrenzung ist freilich schwierig geworden.[43] Hat man früher gedacht, diese Art Opfer würden grundsätzlich gänzlich verbrannt, so erwies es sich, dass oft richtige Mahlzeiten am Ende

[41] Römisch *foedus icere*: Livius 1,24. Blut-Zeremonien Wellhausen, *Reste* 1897, 125–129. Spondai Σπονδαί Waffenstillstand, der mit einer gemeinsamen Libation (spondè) abgemacht wird: Odyssee 24. Auffarth, *Untergang* 1991, 493–501. Beekes EDG s.v. σπένδω.

[42] Schlacht: Thukydides 6,69,1–2. Parker, *sacrifice and battle* 2000, 299–314.

[43] MacKinnon, *Side matters* 2013, 129–147. Auffarth, *How to sacrifice correctly?* 2005.

standen.[44] Es ist durchaus fraglich, ob außer den beiden Kategorien die Griechen Kriterien zur Hand hatten, um die beiden Formen eindeutig voneinander zu unterscheiden.[45] Mischformen für Heroen, die dann zu Göttern aufstiegen, wie Herakles, sind bekannt. Immerhin haben die Griechen meist zwei Begriffe unterschieden, *thysía* θυσία und das Verb θύω ‚opfern', während *sphagion* σφάγιον und σφάζω das rituelle Schlachten bedeuten, etwa beim Eid, bei einer Reinigung, vor einer Schlacht oder vor einer Meerreise. Das Tier stirbt, so wird es auch dem Meineidigen gehen; so soll es den Reisenden nicht gehen. Abschlachten will man die Feinde.

4.4 Diskutieren über das Opfer: Sinn und Unsinn

Schon bei der ersten Reflexion über das Opfer, dem Mythos von seinem „ersten Mal", machte Hesiod deutlich, dass das Ritual eigentlich für die Götter unfair ausgestaltet ist. Aber Zeus akzeptierte es und seither feierten Griechen es so. Zeus hat es nicht wirklich akzeptiert, denn er bestrafte den Trickser Prometheus mit großer Grausamkeit und seinen Bruder Epimetheus mit dem „Geschenk" der Pandora. Aber seither war das Ritual des griechischen Opfers Brauch, Zeichen der Frömmigkeit, die Einbeziehung Gottes in die Welt der Menschen. Dieser zugleich undistanzierte Umgang mit dem Heiligen und der gering ausdifferenzierte Kulturbereich ‚Religion' erlaubten ein spielerisches Diskutieren über die Bedeutung des Rituals, das jede und jeder kannte aus vielfacher Beteiligung. Es fehlte die Institution Religion in dem Sinne, dass weder

[44] Ekroth, *Greek hero-cults* 2002.

[45] Auffarth, *How to sacrifice correctly?* 2005, sowie die weiteren Beiträge und Diskussionen auf der Tagung, zu der Robin Hägg, *Olympian and Chthionian* eingeladen hatte.

Tempel und Heiligtum verwaltungsmäßig klar abgetrennt waren von der Polis, es keine professionellen Priester und Theologen gab, kein gesondertes und behütetes Wissen mit den über alle Diskussion erhabenen Prinzipien „Offenbarung", „Schrift", „Wahrheit". Deutung und Bedeutung wurde in Rede und Gegenrede in der Öffentlichkeit experimentell auf dem Theater diskutiert und bei der nächsten Theateraufführung von einem anderen Theatermacher in der Konkurrenz der drei mal drei Dramen beim selben Fest oder im folgenden Jahr eindrücklich anders dargeboten. Und am Ende der drei Tragödien folgte noch ein Schwank in Form eines Satyrspiels. Die atemlose Spannung und das Hineinversetzen in die Charaktere der Tragödie lösten sich im Lachen. Die folgenden Tage und Monate diskutierten die Athener darüber. Es ging nicht um ‚die Botschaft' des Autors, sondern die dramatische Perspektive beider, des Agamemnon *und* der Iphigenie, ihre begrenzte und subjektiv begründbare Berechtigung für ihr Handeln. Und dazu kommentierte noch der Chor, was da gerade geschah. Das Eingreifen der Göttin folgte wieder ganz anderen Rationalitäten. Gerade Euripides ließ seine Stücke oft mit einem *happy end* schließen, das nicht zu den Konflikten passte, die er zuvor zugespitzt hatte. Wenn das nicht die Lösung sein konnte, dann forderte er die Zuschauer auf, andere Ausgänge zu suchen.

In einem großen chronologischen Sprung und ohne die Praxis des Theaters in einer Stadtgesellschaft begegnet man einem Autor, der hinter seinen Masken seine eigene Meinung gut zu verbergen weiß. Der aus Syrien stammende Lukian bereiste Mitte des 2. Jahrhunderts CE die ganze römische Welt und unterzog alles seinem satirischen Säurebad. Dabei spießte er auch das Opferritual auf.[46] In einem kurzen Essay *Über die Opfer*[47] schüttelte er

[46] Elm-von der Osten, *Masken des Lukian* 2018, 221–237.

[47] Griechischer Text ed. Matthew D. McLeod (ed.): *Luciani Opera*. Oxford: OUP 1974, Band II, 114–120. Die klassische deutsche Übersetzung ist die von Christoph Martin Wieland [neu hrsg.] Lukian: *dann in drei*

seinen Kopf nicht nur über das Ritual, sondern gegen die praktizierte Religion überhaupt. Die Götter verlangten, jedenfalls sehen das Göttergläubige törichterweise so, für alles, was sie den Menschen Gutes tun, einen hohen Preis. Gesundheit kostet ein Stierkalb, die Überfahrt von Aulis nach Troja kostet eine Braut, für anderes erwarteten sie hingegen nur ein paar Weihrauchkörner. Lukian kostet die Widersprüchlichkeit der literarischen Darstellungen aus. So ernähren sich die Götter, wenn sie unter sich sind, von Nektar und Ambrosia. Gleichzeitig scheinen Götter auf die Ernährung der Menschen angewiesen zu sein. Wenn sie sich versammeln, dann starrten vornüber gebeugt sie auf die Erde und öffneten Mund und Nase, um etwas von dem Opferduft zu erhaschen und zu genießen. Und wie die Fliegen schleckten sie das Blut vom Altar. Es gibt mehrere Beispiele, wie die Menschen etwas von den Göttern erzwingen, indem sie in einen Opferstreik treten.[48] Die Bilder und Metaphern, mit denen die Übermittlung der Opfer an die Götter vorgestellt wird, werden absurd, wenn man sie zu konkret denkt, hier der Unterschied zwischen der Götterspeise Ambrosia und dem Opferduft oder die Frage, wie Götter das Opferblut verzehren. Der Höhepunkt ist die Abscheu des Autors, dass zu Ehren der Götter Tiere abgeschlachtet, ermordet werden, ihre Todesschreie, Klage, Verröcheln (§ 12 f). Daran sollen Götter ihre Freude haben? Und hatte man zu Beginn verkündet, dass niemand teilnehmen dürfe, der nicht reine Hände habe, so sieht man jetzt die Priester blutbesudelt das Hackbeil schwingen, das Herz herausreißen, das Blut über den Altar schütten. Heilige Sauerei! Als scheußliche Barbarei schildert Lukian das Opfer auch sonst, etwa in der Widerlegung des Zeus (*Iupp. conf.* 7). – Sicher, Lukian

---

Bänden. Berlin, Weimar: Aufbau 1974, Band III, 129–137; 486 f. *Rhetorische Schriften*, ed. Peter von Möllendorff 2021, 374–387.

48 Homerischer *Demeterhymnos* 305–312; Aristophanes, *Vögel* 1515–1645; Vorbild ist ein altorientalisches Motiv, etwa im *Atrahasis*-Epos. Auffarth, *Opferstreik* 1994.

schreibt als Epikureer, der die Religion überhaupt distanziert und kritisch bewertet. Aber es ist auch schon zu sehen, dass in der Spätantike das blutige Opfer ästhetisch nicht mehr akzeptabel erscheint. Nicht nur für Juden und Christen, sondern auch für die Anhänger der traditionellen ‚heidnischen' Religion (unten 6.4).[49]

4.5 Blutlose Opfer

Die Christen, von Außenstehenden und neuen Mitgliedern kopfschüttelnd gefragt, was das denn für eine Religion sei, wenn sie keine Opfer und keine Götterbilder im Kult besäßen, antworteten mit einer Metapher: Ihr Abendmahl (Eucharistie) sei ein „blutloses Opfer" (ἀναίμακτος θυσία) oder ein „vernünftiges Opfer" (λογικὴ θυσία), also ein Opfer, nur ohne Blut.[50] Der Begriff blutloses Opfer findet sich auch schon bei Nicht-Christen, etwa bei Plutarch, einem Kenner der griechischen Religion etwa eine Generation nach Paulus. Numa, der dritte König Roms, habe dem Gott der Grenzsteine, Terminus, ein blutloses Opfer dargebracht. Denn der Gott wolle kein Blutvergießen, sondern friedliche Einhaltung der definierten Grenzen. Darüber hinaus betrachtete Plutarch den König als einen Schüler des Pythagoras (ungefähr 570–510 BCE), der mit seinen Anhängern vegetarisch lebte. Bei denen gab es die (seltene) Praxis des Kultes ohne Tieropfer schon seit 600 Jahren.[51] Zur Zeit des Paulus wurde vegetarisch zu leben gerade wieder modern. Ganz ähnlich der Grund, warum bald 500 Jahre

---

[49] Berdozzo, *Lukian und die griechischen Götter* 2019, 119–125. Belayche, *Entre deux éclats* 2011. Nuffelen, *Rethinking the Gods* 2011, 179–199. Graf, *A satyrist's sacrifice* 2011.

[50] Tagliaferro, *critica al sacrificio cruento* 1984 zu der Verwendung der Begriffe. Sfameni Gasparro, *Critica del sacrificio cruento* 2009. Zahlreiche Forschungsnachweise bei Eckhardt, *Bloodless sacrifice* 2014.

[51] Auffarth, *Asceticism* 2021.

vor Plutarch Aristophanes auf dem Theater ein Opfer spielt, das aber ohne den Tod des Opfertiers abläuft. Denn das Tier sollte der Göttin *Frieden* (Eirene Εἰρήνη) geopfert werden, aber das würde die Göttin nicht annehmen im Jahre 421 BCE, nach zehn Jahren Krieg und einem Friedensschluss, der absehbar in Kürze wieder in den Krieg münden würde.[52] Ganz selbstverständlich bringen der Protagonist Trygaios und sein Diener ein Schaf auf die Bühne, besinnen sich dann aber, dass die Friedin (griechisch ist der Friede weiblich) unmöglich Blut sehen will (1019 f). Der Diener bringt also das Tier wieder hinter die Szene und – das fügt Aristophanes verschmitzt an – so spart sich der Intendant ein Opfertier. Im Übrigen: Auf dem Theater werden Opfer nie auf der Bühne gezeigt, sondern von einem Augenzeugen wird dem Publikum davon berichtet.

Opfer ohne Blutvergießen sind in der kultischen Realität viel häufiger als die Tieropfer, doch sind sie oft kombiniert in einer Ritualsequenz mit dem Tieropfer. Blutloses Opfer im Sinne des Ausschlusses von Tieropfern ist demgegenüber selten, vollends die vegetarische Lebensweise. Als Idee aber ist es bedeutungsstark. Es steht im Gegensatz zum Krieg, dem Opfern und Abschlachten von Gegnern (Auch dafür verwenden Griechen oft die Opfertermini θύειν, σφάζειν). Die gewaltlose Einigung, der Friedensschluss, schließt das blutige Opfer aus, er wird mit Libationen (*Spondai* σπονδαί) begossen. Die Form des unblutigen, rauchlosen, rationalen und nüchternen Opfers war ein Konzept, das besonders gut auch zur philosophischen Theologie passte, von Platon bis erst recht zu den neuplatonisch denkenden christlichen Theologen der Spätantike – ohne einen Widerspruch zum ausgeübten kultischen Opfer ebenso wie nach dem Ende des Opferrituals.

[52] Olson, *Aristophanes Peace* 1998. Eine überarbeitete Version brachte Aristophanes wohl 412 auf die Bühne, als der Krieg sich für die Athener allmählich zur Niederlage neigte, aber noch einmal acht Jahre dauerte.

4.6 Römer und „Heiden“: Was macht den Unterschied?

Mit Lukian sind wir zeitlich und räumlich in die Welt des Römischen Reiches eingetaucht. Das erlaubt einen kurzen Blick auf das römische Opfer.[53] Auch hier gibt es viele Formen von Opfer, auch unblutige. Auf Darstellungen von Tieropferszenen vermeiden die Künstler wie ihre Auftraggeber die Darstellung des tödlichen Hiebes und des Blutes. Vielmehr blickt das Tier andächtig etwa auf das Entzünden des Weihrauchs. Die grundlegende Unterscheidung trennt zwischen dem Opfer der *religio Romana*, das als Auftakt zu Handlungen der *res publica* dient, und den von den Römern vollzogenen Opfern *ritu Graeco*, nach griechischem Ritual. Das erstere verlangt besondere Sorgfalt, um auch die anschließende offizielle Handlung gelingen zu lassen. Das Opfertier wird einer Prüfung unterzogen, gereinigt, geschmückt, mit gesalzenem Mehlschrot beworfen, das Tier unter strikter Beobachtung des Rituals geopfert, die Innereien von auswärtigen Profis interpretiert. Unterläuft ein Fehler, so wird das Opfer wiederholt (*instauratio*). Diese kostspielige und vor allem auch zeitaufwändige Prozedur, etwa wenn eine Schlacht zu einem günstigen Zeitpunkt begonnen werden sollte, konnte auch ignoriert werden und durch ein einfacheres Opfer überschrieben werden. Die römischen (und griechischen) Beobachter beschreiben meist die aufwändige und rituell penible Ausführung der Opfer

---

[53] Nachdem lange griechische und römische Opfer zusammen behandelt wurden, wird seit etwa einer Generation der Unterschied betont. Grundlegende Studien zum römischen Opfer von John Scheid, Jörg Rüpke (oben Kapitel 4 Anm. 7), Andreas Bendlin. Fless, *Opferdiener* 1995. Francesca Prescendi; Valérie Huet [u.a.], *ThesCRA* 1(2004), 183–235 [umfassende Bibliographie; Abbildungen 76–254]. C. Robert Phillips III, Opfer IV. Rom. *DNP* 8(2000), 1246–1250. Scheid, *sacrifices* 2007. Besonders interessante Quellen sind Livius 41,14f. Dionysius von Halikarnass, *antiquitates Romanae* 7,72,15–17. Die Inschriften zu den *ludi saeculares* ed. Schnegg-Köhler 2020, vgl. Kapitel 2, Anm. 58.

im Rahmen der *religio Romana*. Die Opfer nach dem griechischen Ritus an römische Götter unterlagen sicher nicht in dem Maße dem Druck der Korrektheit. Daneben gab es weitere Schichten der Religion der Römer, etwa den Mithras-Kult, der sich wieder erheblich unterschied von anderen Kultformen.[54]

Wenn man zusammenfassend von der ‚heidnischen' oder paganen Religion spricht, so entstand der Begriff ‚pagan' der römischen Sprache der Spätantike und meint *pagani* als ‚Dorftrottel', die im Unterschied zu den urbanisierten Religionen noch altmodische, ja barbarische Kulte pflegten. Anders der Begriff der Heiden. Dieser entspricht dem hebräischen und jüdischen Sprachgebrauch der *Gojim*, der anderen Völker mit ihren anderen Göttern und Religionen; später dann der Unreinheit und Heillosigkeit gegenüber dem zu ‚Gottes Volk' berufenen Volk, das sich aber auch seiner Berufung würdig erweisen muss – und nicht immer kann. Der Begriff ist dann ins Lateinische mit *gentes* übersetzt worden, daher das Englische *gentiles*. Obwohl die Christen selbst zu den *gojim* gehörten und das Christentum sich zu einer nicht ethnisch begrenzten Religion entwickelte, verwendeten sie als das ‚neue Israel' diese abgrenzende Kategorie als Differenz der Christen zu allen anderen Religionen. Den Begriff kann man nicht als religionshistorische Kategorie gebrauchen. Im 19. Jahrhundert bezeichneten die Europäer als Heiden zweierlei: zum einen die noch nicht missionierten Menschen der Dritten Welt als riesige Restkategorie der Nicht-Bekehrten; zum anderen die Abgekehrten, also die sich, zumeist christlich erzogen, vom Christentum abwandten und beispielsweise die keltische oder häufig die antike Religion (manchmal auch zusammenfassend als ‚Naturreligion' statt der Offenbarungsreligionen) als Gegenreligion zum Christentum eher theologisch meditierten als kultisch praktizierten. Von einem der einflussreichsten Theologen

---

[54] Gordon, *Religious options* 2007. Gordon, *Mithras* 2012, bes. 978–980 zur Stiertötung und Festbankett.

der antiken Religion, Walter F. Otto,[55] mit seiner paganen Theologie *Die Götter Griechenlands* (1929) und *Dionysos* (1933) geht die Anekdote, dass er gefragt worden sei, ob er an Zeus glaube, ob er ihn anbete. Als er dies bejahte, provozierte der Fragende, dann müsse er dem Zeus auch Stiere opfern, worauf der sich wortlos und angewidert abkehrte.[56] Der Paganismus des 19. Jahrhunderts war eine Gebildetenreligion eines Lesepublikums von Individuen ohne Kult. Die ‚heimlichen Flammen' waren reine Imagination.[57] – Einen Paganismus gab es in der Antike nicht. Der ‚Hellenismus' war zu einer überethnischen Kultur geworden, zu der Bildung und Religion gehörten. Christliche Theologen trennten griechisches Denken und die kultische Religion. Ihre Theologie von Gott als dem (einzigen) höchsten Guten hingegen teilten sie und wendeten sie auf ihren monotheistischen Gott an.

---

[55] Seine pagane Theologie als Antireligion im Sinne Nietzsches sprach er programmatisch aus in seinem Buch *Der Geist der Antike und die christliche Welt.* Bonn: Cohen 1923. Grundlegend religionswissenschaftlich Cancik, *Die Götter Griechenlands* 1984, bes. 86f.

[56] Erika Simon: *Die Götter der Griechen.* München: Hirmer [1969] ^{3}1985, 11. Der Fragende sei sein Frankfurter Kollege Karl Reinhardt gewesen. Die Aussage „Die [antiken] Götter sind" findet sich auch bei anderen Klassizisten. Dazu Henrichs, *Die Götter Griechenlands* 1987.

[57] Der Begriff des Neo-Paganismus ist also nicht zutreffend, es sei denn für eine fortgeschrittene Phase. Hubert Mohr: Paganismus. in: *DNP* 15/2 (2001), 13–30 (*Rezeptions- und Wissenschaftsgeschichte,* hrsg. v. Manfred Landfester). Ders.: Paganismus. *RGG*^{4} 6 (2003), 793–797. Ders.: Neopaganismus. *RGG*^{4} 6 (2003), 186–189.

5. Religionsgeschichte des Opfers in der Antike (2): Das alte Israel, die Juden und die Christen

Das ‚Alte' Testament war für die Europäische Religionsgeschichte der zentrale Text, an dem sie sowohl Normen aus Gottes Wort als auch kritische Distanz, ja Abscheu vor einem ‚fremden' Gott ableiten konnte. Da gab es zum einen die Kritik am Opfer, wie sie die Propheten im Namen Gottes mitten in die zum Fest versammelte Menge riefen, eine Provokation. Gerne nahmen die Reformatoren über zweitausend Jahre später die markigen Sprüche auf, um ihre evangelische Ablehnung der katholischen Messe als Opfer biblisch zu begründen. Mit den Worten „Ich hasse eure Feiern, geradezu widerwärtig sind sie mir, eure Opferfeste verabscheue ich" brach der Prophet *Amos* (5,21) mitten in die Festfreude ein und erklärte seine Provokation als „Spruch Gottes". Die Tempelreinigung Jesu (Markus 11,15–18) galt in dieser Lesart als die Fortsetzung dieser Kritik und die Verlagerung der Religion aus dem äußerlichen Ritual in das Innere der Menschen. Da findet sich in der Hebräischen Bibel andererseits eine reflektierte Ordnung der Opfertypen, die das professionelle Wissen der Priester zeigt. Darin wird eine institutionalisierte Priesterschaft erkennbar, für die man eine Ausbildung braucht, die aber auch freigestellt ist vom Alltäglichen, um die Gottesdienste professionell zu leiten, die Opfer insbesondere. Deshalb steht ihr auch der Zehnte der landwirtschaftlichen Erträge zu. Die Priester haben ein Anrecht auf Besoldung, von der Antike übers feudale Mittelalter bis hin zur Kirchensteuer: Sie dienen der Gemeinschaft als ein eigener, unentbehrlicher Beruf. Das priesterliche Wissen gipfelt in der Beschreibung des Festes des Versöhnungstages (Jom Kippur). Dort überträgt der Hohepriester die Sünden des Volkes und stemmt sie dem Sündenbock auf, der sie aus der Welt der Menschen fort in die Wüste trägt. Das Volk erfährt die Versöhnung mit Gott als Heilsgeschehen; befreit von den Sünden kann das neue Jahr beginnen. Daraus ergeben sich zwei Fragen: Ist dieses ganz besondere Opfer der Schlüssel für die Bedeutung auch aller anderen Opfer? Und: Kann man das Versöhnungsfest als Kontinuität verstehen mit der Stellvertretung Jesu, der am Kreuz starb, sich opferte für die Sünden aller Menschen? (Kapitel 6.1) Ist Christus der Sündenbock? Und ist das der Gott Abrahams, der von sich das Gleiche verlangt, was er diesem abverlangte: seinen einzigen Sohn opfern? Ein grausamer, sado-masochistischer Tyrann? Aus diesen Texten speist sich das Opferverständnis des Westens, das man als ‚alttestamentarisch' von sich weisen kann, der Vorwurf einer ‚Gottesvergiftung'. Die Hebräische Bibel freilich ist nicht auf diese Interpretationen des Opfers begrenzt. Sie hat viele Gelegenheiten für unterschiedliche Szenen von Opfern. Als es dann aber keine Opferrituale mehr gab, haben Juden sie mit anderen Augen und Ohren in ihren Alltag geholt, verkörpert und verinnerlicht. Das Opfer verliert Anschaulichkeit, Realitäten des Ortes, der Personen, der Werkzeuge, der Konfiguration im Fest. Die gewaltige, viele Sinne ansprechende und vielfältig gedeutete Handlung wird zur Metapher ohne Realbezug. Und das verlangt nach einer Mutation in eine andere Religion.

5.1 Opferfeste und die Opferkritik der Propheten

5.1.1 Gott will das Opfer

Opfer stehen am Anfang von Festen: Ob nun im lokalen Rahmen auf den Kulthöhen in der Nähe an den Festtagen oder noch größere Feste, wenn die Königsfamilie sich beteiligt: das Opfer ist Auftakt zu festlicher Freude. Man trifft sich mit Bekannten, lernt neue kennen, genießt gemeinsam und fröhlich das Festmahl, trinkt, tanzt, erfährt und gibt Liebe: Höhepunkte des Lebens, von denen man im Alltag zehrt. Man freut sich schon auf das nächste Fest, denkt sich Ideen für Überraschungen aus und trifft Vorbereitungen.[1] Anlässe gibt es in den großen Jahresfesten und in den Familienfesten zur Geburt, Hochzeit, Begräbnissen. Ob Ausgelassenheit oder Trauer, die Gemeinschaft findet zusammen, lädt Gäste ein, oft auch die Sklavinnen und Sklaven, man erlebt Solidarität. Das Einhalten von den Mühen des Alltags, das zur Ruhe Kommen, die Vorfreude auf die Gemeinschaft ist verbunden mit Erhabenheit. Der Dank an Gott, die Hymnen der Psalmen mit Jubel und Dank für gemeisterte Krisen, nicht aus eigener Kraft, Gebete, Bitten um Beistand und Hilfe, das Aufschauen auf Gott und das Teilen des Mahles im Opferritual mit ihm leiten das Fest ein. Wellhausen hat das fein gespürt; Durkheim betonte nur die Gemeinschaft; Smith, Frazer und dann Freud dagegen reduzierten das Fest auf das Töten für eine Illusion, wie sie ‚Gott' sahen. Viele Psalmen sind durchzogen von der Festfreude und dem Erheben der Herzen zu finden. Aber die Erzählungen der Hebräischen Bibel sind vielfach verbunden mit Krisen, die auch die Feste mit Opfern betreffen, ja sie unmöglich machen. Aber das Opfer bleibt ein zentrales Element des religiösen Lebens, manchmal nur noch in der Erinnerung und in der Hoffnung.

Gott will das Opfer, die Menschen freuen sich auf das Opfer. Als Noah mit seiner Familie aus der Sintflut gerettet war, da schloss er mit Gott einen Vertrag, „Bund" *b^{e}rit*. Gott verpflichtet sich selbst gegenüber den Menschen, *allen* Menschen und allen *Tieren*, dass er nie wieder im Zorn seine Schöpfung zerstören wird. Seinen Bogen setzt er in die Wolken (Gen 9,13). Der Bogen ist nicht nur der Regenbogen als Zeichen des Bundes, sondern auch die Waffe. Die hängt er nicht an den Nagel, sondern hält sie bereit, um Bedrohungen abwehren zu können. Obwohl

---

1 Auffarth, Fest, Festkultur. *Der Neue Pauly* 4(1998), 486–493. Auffarth, *kulturelle Identität* 2012.

er weiß, „das Trachten des Menschen ist böse von Jugend auf" (Gen 8,21 f), verpflichtet er sich, die Schöpfung zu bewahren: „Solange die Erde besteht, soll nicht aufhören Saat und Ernte, Kälte und Hitze, Sommer und Winter, Tag und Nacht." Gott bietet den Bund an. Noah akzeptiert und baut einen Altar, auf diesem brachte er ein Brandopfer dar: Von allen reinen Tieren, von allen reinen Vögeln nahm er und opferte sie Gott. Der Mensch darf jetzt auch Fleisch essen; Gott nimmt das Opfer entgegen, indem er den ‚beruhigenden' Opferduft riecht.[2]

Solche Erzählungen über ‚das erste Mal', an besonderem Ort, zu besonderer Gelegenheit begründen das Ritual, dass Menschen Gott etwas darbringen, obwohl man da etwas tut, das nicht der Logik sonstigen Handelns entspricht. Etwa die Frage, warum Menschen Tiere schlachten, wie Gott von dem geschlachteten Tier seinen Anteil bekommt, während die Opfergemeinschaft das Fleisch isst. Was bekommt man zurück? Oder wozu überhaupt Opfern gut sei. Das erste Mal macht vor und gibt die Anleitung für das ‚normale' Opfer, das Opfer als Norm. Das Noah-Opfer erlaubt, Tiere zu töten und zu essen (obwohl die gerade mittels der Arche vor der Vernichtung gerettet wurden) und übernimmt den Bund Gottes. Das Opfer als menschlicher Teil eines Vertrages hat sein Vorbild in einer Sintflutgeschichte, die viel früher schon im Alten Orient erzählt wurde. Im *Atramḫasis*-Epos kommt es zum Konflikt zwischen den Menschen und den Göttern. Die Götter beschließen, die Welt der Menschen, die ein Stockwerk unter ihnen leben, zu fluten, indem sie die Schleusen der Kanäle öffnen. Doch einer verrät das an den ‚Gerechten', rät ihm, ein Schiff zu bauen, sodass der überlebt und die Welt bald wieder bevölkert wird. Jetzt finden die Menschen ein Druckmittel: Sie opfern den Göttern im Oberstock nicht mehr. Die Götter aber sind auf Nahrung seitens der Menschen angewiesen. Sie sitzen hungrig an den

---

[2] Janowski, *Anthropologie* 2019, 413–415. Gertz, *Urgeschichte* 2018, 270–285.

Löchern im Himmel und warten auf den Opferdampf, der sie ernährt. Die Menschen aber streiken. Der Konflikt wird in Verhandlungen gelöst. In dem ausgehandelten Vertrag verpflichten sich die Götter, nie wieder die Erde zu überfluten, die Menschen verpflichten sich zum regelmäßigen Opfer und zu einer Geburtenbeschränkung, um den Lärm zu reduzieren, über den sich die Götter so furchtbar ärgerten.[3] Die Geschichte der Sintflut in der Hebräischen Bibel greift die Erzählung auf, muss aber nur mit *einem* Gott statt konkurrierender Göttergruppen auskommen, sodass der gleiche eine Gott die Menschen vernichtet, den einen Gerechten rettet und dann den Vertrag schließt, dass er die Erde nie wieder zerstören wird. Die Ungereimtheiten sind nun die Norm des Opfers. Orte wie Beth-El (Gen 28,10–22.35), Isaaks abgebrochene Opferung findet auf dem Berg Moria statt, den manche für den Ort des späteren Tempels ansehen, usf. sind geheiligte Orte. Sie füllen das Seltsame mit Sinn, dass an bestimmten Orten zu bestimmten Zeiten von Priestern das Opferritual regelmäßig dargebracht wird, und zeigen, wie Gott reagiert.

5.1.2 Gott will keine Opfer, sondern gutes Verhalten

Wie Gott reagiert: Wer kann das wissen? Nur in Erzählungen kann die ‚Unbekannte' als Person das Geschenk ablehnen und man erfährt den Grund für das fehlgeschlagene Opfer. Oder Gott selbst tritt auf und lässt einen Menschen sein Veto in die Menge rufen. Der ‚Mensch Gottes', der Prophet, qualifiziert seinen Ruf als „Spruch Gottes", nachdem er, der Mensch, ihn ausgesprochen hat. In einer Erzählung wird beispielsweise das Opfer der Baalspriester für falsch und unwirksam erklärt, während der Mensch Gottes, der *Nabi* Elia, kein Priester also, allein gegen die Übermacht von 3 000 Profis das gültige Opfer vollzieht, das dann von Gott auch beantwortet wird (1. Könige

---

[3] Zur Verbreitung dieser Erzählung Auffarth, *Opferstreik* 1994. Im *Atramḫasis*-Epos Tafel V 25 f (*TUAT* 8, 141).

18,20–45). Das Geschenk an Gott kann auch das falsche Signal senden. Der Prophet Micha 6,6–8 fragt: „Soll ich mich vorwagen zu JHWH mit Brandopfern, mit einjährigen Kälbern? Findet JHWH Gefallen an Tausenden von Widdern, an Zehntausenden von Bächen von Öl? Soll ich meinen Erstgeborenen hergeben […] für mein verfehltes Leben? – [Antwort] Es ist dir gesagt, Mensch, was gut ist, und was JHWH bei dir sucht: Nichts anderes als Recht üben, Freundlichkeit lieben und aufmerksam mitgehen mit deinem Gott." Die fast rhetorische Frage wird nicht mit weiterer Anklage beantwortet, etwa mit der Forderung, große Opfer darzubringen, ja selbst das Liebste zu opfern. Es genügt so zu leben, dass das Verhalten zu den Mitmenschen und zum Einhalten der Gebote Gottes stimmt.[4] Der Prophet Samuel teilt dem ersten König Israels, Saul, als Gottes Urteil mit, als der gerade in einer Schlacht gesiegt und Gott Opfer dargebracht hat, dass Gott ihn verworfen habe: „Siehe, Hören ist besser als Opfern!" (1.Samuel 15,22 הנה שׁמע מזבח טוב). Ebenso deutlich ist Psalm 50, wo Gott spricht: „Hätte ich Hunger, so brauchte ich es dir nicht zu sagen, denn mein ist die Welt und was auf ihr lebt. Soll ich denn das Fleisch von Stieren essen und das Blut von Böcken trinken? Bring Gott als Opfer dein Lob und erfülle dem Höchsten dein Gelübde! Rufe mich an in der Not, so will ich dich erretten und du wirst mich ehren. […] Wer Opfer des Dankes bringt, ehrt mich; wer rechtschaffen lebt, dem zeig' ich mein Heil."[5] Das klingt nach einer radikalen Opferkritik. Opfer sind sinnlos, weil Gott nicht menschlich Hunger verspürt. Und wenn, könnte er sich ein Tier holen, da er ja alle geschaffen hat. Opfer und

[4] Wolff, *Micha* 1982, 136–158, lehnt die Übersetzung ‚demütig' ab (156), ‚besonnen' oder ‚aufmerksam' sei treffend. Wie Hosea 12,7 sei der Vers die analoge Formulierung zum neutestamentlichen Doppelgebot als Quintessenz der Tora Markus 12,28–31: Höre Israel! Du wirst Gott lieben von ganzem Herzen, aus ganzer Seele und aus ganzem Gemüte. Und das zweite: Du wirst deinen Nächsten lieben wie dich selbst."

[5] Hossfeld/Zenger, *Psalm 1–50* 1993, 308–316. Brandt, *Sinn* 2000, 257–262.

Erfüllung der Gelübde, Ritual und Ethik sind an manchen Stellen radikale Gegensätze, manchmal können sie auch nebeneinander stehen,[6] denn Gott akzeptiert die Opfer, die ihm die Menschen bringen als Anerkennung als ihrem Gott: Vers 5,8 und was als „Opfer des Dankes" genannt wird, ist eine Form des Opferrituals, die Todah.

5.1.3 Hat Jesus eine neue Religion gegründet?

Aufgenommen ist der Vorrang des ethischen Verhaltens, nicht jedoch die Ablehnung des Opfers im Neuen Testament. Jesus bestätigt einem Schriftgelehrten, er sei nicht weit entfernt vom Reich Gottes, als dieser das Doppelgebot „Liebe Gott und liebe Deinen Nächsten!" für wichtiger erklärt als alle Ganzopfer und anderen Opfer.[7] Hat Jesus den Opferkult seiner jüdischen Mitbürger verdammt, wie das Christentum dann jedes Opferritual verbietet? Als Beleg wird gerne die ‚Tempelreinigung' angeführt (Markus 11,15–18).[8] Da wird erzählt, dass ihn beim Anblick der Geldwechsler und der Taubenverkäufer die Wut packte und er deren Tische umstieß oder gar mit einer Geißel die Verkäufer und die Opfertiere hinaustrieb. Das geht an die Wurzel des Opferrituals als eines zentralen Elements der jüdischen Religion (bevor der Tempel eine Generation später zerstört wurde). Die Evangelisten leiten daraus den Hass der Pharisäer ab, die ab da Jesus töten wollten. Aber mit dem Satz „Mein Haus soll ein Bethaus für alle Völker sein! Ihr aber habt eine Räuberhöhle daraus gemacht" zitiert Jesus einen Satz des Propheten Jesaja (56,7) bzw. des Jeremia (7,11). Er nimmt also prophetische Kritik seiner *jüdischen* Religion auf und fordert auf, die Heiligkeit des Tempels einschließlich des Opferrituals zu wahren. Und in einer Begegnung im folgenden Kapitel (12,13–17) be-

---

6 Krüger, *Kultkritik* 2006.

7 Markus 12,32–34 Περισσότερόν ἐστιν πάντων τῶν ὁλοκατωμάτων καὶ θυσιῶν.

8 Vgl. Stowasser, *Jesu Konfrontation mit dem Tempelbetrieb* 2007.

stätigt Jesus den Opferkult am Jerusalemer Tempel. Es sollte eine Fangfrage werden, ob es rechtens sei, dass man den Römern Steuern zahlen müsse. Jesu verlangte, man solle ihm einen Denar zeigen. Darauf ist der Kaiser abgebildet. Jesus rät: „Gebt dem Kaiser, was des Kaisers ist, Gott aber, was Gottes ist.“ Das ist zum einen also nicht der Aufruf zur Revolte gegen die verhasste Fremdherrschaft der Römer, zum anderen aber, da im Tempel mit Schekel bezahlt werden musste, wenn man die Tempelsteuer entrichtete und ein Opfertier kaufen wollte, nicht mit Denaren, man also Geldwechsler brauchte, die Bestätigung des im Tempel durchgeführten Gottesdienstes mit dem Opferritual. „Gebt Gott, was Gottes ist!“

Die historische Quintessenz des protestantischen Selbstbewusstseins fasste man früher in der Propheten-Anschluss-Theorie zusammen. Nachdem Julius Wellhausen entdeckt hatte, dass nicht – wie es die Reihenfolge des Kanons suggeriert – erst ‚das Gesetz‘ (die fünf Bücher Mose) auf dem Sinai verkündet wurde, dann die Propheten kamen, sondern erst die Propheten das lebendige Wort Gottes je aktuell verkündeten, dann das Wort Gottes konserviert wurde, indem es aufgeschrieben und so versteinert wurde. Aus dem babylonischen Exil heimgekehrt, schrieb Esra der Schreiber das Gesetz auf, die Schriftgelehrten überwachten das ‚Frühjudentum‘, das nun in Ritualen und 613 Geboten (*Mizwot*) erstarrt sei. Das Gleiche habe sich noch zwei Mal wiederholt. Einmal, als Jesus sich mit den Pharisäern und Schriftgelehrten (oder überhaupt „den Juden“ im Johannesevangelium) auseinandersetzte, und innerhalb der ersten Generation nach seinem Tod im ‚Frühkatholizismus‘, als das Charisma von Priesterämtern, Sakramenten und Gesetzlichkeit samt guter Werke überwuchert wurde. „Der Buchstabe tötet, der Geist schafft Leben.“ stellt Paulus gegen das Geschriebene.[9] 2. Korinther 3,6. Der Hohe Rat tötet den Propheten Jesus,

[9] 2Kor 3,6 τὸ γὰρ γράμμα ἀποκτείνει, τὸ δὲ πνεῦμα ζῳοποιεῖ. Steht auch als Motto im Foyer der Universitätsbibliothek Heidelberg.

der Gottes Wort verkündet. Die Zeitgenossen Jesu stürzen ab in, was man gehässig ‚Spätjudentum' nannte. Und verlieren dann auch noch das Haus ihres Gottesdienstes – als Strafe für den Gottesmord, wie manche Kirchenväter hinterher hetzten. – Und ein drittes Mal geschahen dieses Aufstehen eines neuen Propheten und der Absturz in die Gesetzlichkeit in der Reformation, als Martin Luther die Kirche aus ihrer babylonischen Gefangenschaft herausführte und ein Leben nach dem Evangelium freilegte wie einst in der Urkirche. Die Katholiken aber beharrten auf Zeremonien, die Wandlung, Wirksamkeit der Sakramente *ex opere operato,* neue Gesetzlichkeit und Ritualismus. Diese Geschichtsdeutung, antijüdisch im Grunde, ist zu Recht vergessen.

Prophetenanschlusstheorie (um 1900)

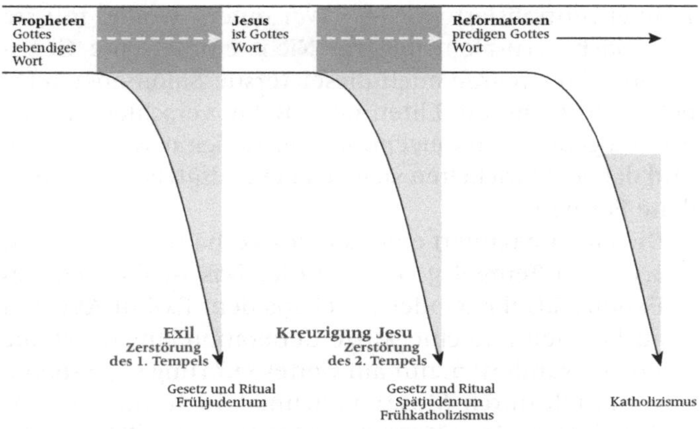

Grafik zur Prophetenanschlusstheorie: Jesus und später die evangelischen Reformatoren vertreten das lebendige Wort Gottes und kritisieren den Ritualismus, wie das früher bereits die Propheten im Alten Israel getan haben. Dagegen stürzen die Juden und Katholiken ab in Gesetzlichkeit und Ritualismus; die lebendige Religion wird zur Mumie.[10] Das gleiche widerholte sich in der Reformation.

[10] Die grundlegende Theorie hat Julius Wellhausen ab 1878 (*Prolegomena*) entwickelt.

Antijudaismus und Antikatholizismus waren Triebfedern des protestantischen Selbstbewusstseins. Eine – zum Glück – überwundene Selbstbestätigung auf Kosten der Schmähung anderer Religionen. Und doch hat sich in der wieder diskutierten Theorie von der ‚Achsenzeit' etwas davon erhalten (s. u. Kapitel 6.6).

5.2 Opfertypen, systematisch geordnet

Die Vielfalt von Opfern, die die Erzählungen in der Hebräischen Bibel erkennen lassen, wird mehr und mehr durch Priester normiert, besonders seitdem im Jahre 622 v. Chr. durch die Kultreform des Königs Joschija alle anderen Heiligtümer zerstört und der Kult im Jerusalemer Tempel zentralisiert wurde.[11] Wer opfern wollte, musste jetzt nach Jerusalem pilgern. Nicht einmal eine Generation später wurde auch dieser (erste, Salomons) Tempel zerstört und die Eliten nach Babel verschleppt. Eine grundlegende Neukonzeption von Religion wurde nötig und dabei entwickelten sich zwei grundsätzlich verschiedene Formen:

- Die eine imaginiert eine Zeit des Verhältnisses zu Gott, *bevor* ein Tempel gebaut wurde. Das ist die Zeit des Exodus, als die Kinder Israel aus dem Exil in Ägypten ausbrachen und eine ganze Generation lang durch die Wüste wanderten, nur auf Gottes Führung vertrauend, vermittelt durch Mose, manchmal auch mit Gott hadernd. Statt eines Tempels schlugen sie ein Zelt auf, wo Moses Bruder Aaron Gott diente und am Versöhnungs-

[11] Grundlegende Interpretation der Kapitel *2. Könige* 22–23 bei Pietsch, *Kultreform* 2013. Religionsgeschichtlich bietet die Archäologie wenig Beweise dafür. Knauf/Niemann, Geschichte 2021, 286 f. Frevel, *Geschichte* 2016, 267–269. Der Fund des (Ur-) *Deuteronomiums* 2 Kön 22,8–13 bei den Renovierungsarbeiten behauptet, dass die während des Exils in Babel normierte theologische Konzentration (Jhwh-Monotheismus und Monopol des Jerusalemer Tempels) schon vor dem Exil begann.

tag begegnete. Das Entscheidende aber war, dass Gott auf dem Berg Sinai dem Mose die Zehn Gebote übergab. Das Gottesverhältnis beruht auf deren Leitlinien Gottes für das Leben, eine ethische Religion, die man ohne Tempel leben kann.

- Die alternative Richtung stellt den Zion, also den Tempel auf dem Jerusalemer Hausberg in den Mittelpunkt. Dort und nur dort ist das sakrale Zentrum: Tempel und Altar, vermittelt durch die Priester (Kohen aus dem *Clan* Aarons und die Leviten, von Levi abstammend), die mit dem rituellen Wissen ausgebildet sind und professionell darüber verfügen. Ob auf dem Lande oder in den Städten der griechisch-römischen Mittelmeerwelt lebend, bleibt der Tempel der Ort der religiösen Imagination, den Jüdinnen und Juden zu den großen Ereignissen des Lebens auch realiter in einer Wallfahrt zu erleben ersehnten. Doch auch schon, als der Tempel stand, ist das restliche Land und die Menschen in der Diaspora nicht ohne Religion. Sie treffen sich in den Synagogen, wo ein Mann den Abschnitt aus der Tora vorträgt im nicht-sakralen, aber geheiligten Gebäude, dem schon auch mal eine Frau vorsteht.
- Sinai und Zion schließen sich nicht aus. Aber die zwei Epochen, als es keinen Tempel gab, sind das Vorbild für eine Veränderung der Bedeutung vom Tempel weg in die Familie (Haus), die Heiligung des Körpers jedes und jeder Einzelnen in Speise und Kleidung und in die Synagoge, vom Opfer zur Schrift/Tora (auch „Gesetz“) und zu den ‚Lehrern‘ der Schrift. (Dazu unten Abschnitt 4.4).

Das priesterliche Wissen findet mit einer genauen Systematik von Opfertypen im Buch *Levitikus* seinen Niederschlag. Es sei nicht willkürlich von Priestern erfunden, will das Buch sagen, sondern Gott selbst hat es Moses aufgetragen (daher auch *3. Buch Mose* genannt) und der hat es seinem Bruder Aaron aufgegeben. Aber das priesterliche Wissen wird veröffentlicht, wenigstens in Grundsätzen, denn das ganze Volk soll heilig und rein und soll Priester sein (Lev 11, 44f, vgl. Ex 19,5f). Und die Laien bringen das Tier (hier ist nur von den blutigen Opfern die Rede, in den folgenden Texten dagegen sind auch Getreide, Brote, Grieß genannt), lassen es von Gott begutachten und schlachten es. Die Priester kontrollieren und sind für das besonders Bedeutsame, das Blut, zuständig. In den Kapiteln 1–7 des Buches sind folgende Opferformen unterschieden:[12]

- Das Brandopfer: Bei der *ʿolah* עלה wird das Opfertier ganz verbrannt (Lev 1). Die Priester töten es erst, das Blut wird an den Altar gesprenkelt. Dann legen sie die Stücke auf den Altar, bis sie ganz verbrannt sind. Der Opferduft steigt in den Himmel und „beruhigt" Jhwh. Auf Griechisch heißt dieses Opfer *Holokaust*, ganz verbrannt.[13]
- Das Speiseopfer: Die *mincha* מנחה ist ein vegetabiles Opfer, bei dem kein Fleisch vorkommt (Lev 2). Getreide, Öl und Salz (kein Sauerteig) wird auf dem Altar verbrannt.
- Das Mahlopfer: *zebach schelamim* זבח שלמם ist die Form, in der das Tier geschlachtet wird, Gott seinen Anteil erhält, aber vor allem die Menschen sich zu einem Festessen zusammensetzen (Lev 3).
- Das Sünd- und Schuldopfer *chatta't* שׂהאת und *'āšām* אשׂם hat therapeutische Funktion. (Lev 4–5) Es wird dargebracht, wenn Priester unbewusst[14] einen Fehler machen. Oder wenn die ganze Gemeinde Israel ein Vergehen entdeckt, das sie begangen hat. In dem Fall wird das Blut verspritzt und unten an den Altar geschüttet. Das Fett und die Innereien werden auf dem

[12] Gerstenberger, *Leviticus* 1993, 20–87. Rendtorff, *Levitikus* 1(2004). Dahm, *Opfer im AT* 2006 unterscheidet 18 verschiedene Formen.

[13] Die Septuaginta als die griechische Übersetzung der Hebräischen Bibel erfindet das Wort *holokautoma*. Zu der griechischen Terminologie bei der Übersetzung Varenhorst 2011.

[14] Zur Diskussion vorsätzlicher Vergehen s. Gerstenberger, *Levitikus* 1993, 58–61.

Altar verbrannt, aber das übrige wertvolle Tier, ein Jungstier, wird außerhalb am Aschenplatz verbrannt.
- Das Dankopfer (*todah*) תּוֹדָה Psalm 107,22. Psalm 50,14. Wenn jemand ein Unglück unbeschadet überlebt oder sonst seinen Dank ausdrücken will, opfert er gemeinsam mit Freunden und Verwandten und erhebt einen Becher des Heils.

Dem Blut werden besondere Aufmerksamkeit und Bedeutung geschenkt. Es ist die Lebenskraft. Juden müssen strikt darauf achten, dass das Tier völlig ausgeblutet ist, was durch den Schächtschnitt durch die Halsschlagader geschieht. Die letzten Herzschläge drücken das Blut aus dem Körper. Auch das vergossene Blut enthält das Leben. Wird jemand ermordet, so schreit das Blut zu Gott nach Strafe. Das Blut der geopferten Tiere soll für das Leben der Menschen Sühne erwirken (Lev. 17,11. Dtn. 12,20–25). Es wird für Gott ausgesondert, die Priester spritzen ein paar Tropfen und streichen dann etwas an den Altar, am Versöhnungstag sogar an den Thron Gottes.

Denn das Leben נפש näphäsch des Fleisches/Körpers ist im Blut בדם b^e^dam – und ich habe es euch auf den Altar gegeben, um Versöhnung zu erwirken כפר kippär. [Lev 17,11]

Blut und *Näphäsch* werden gleichgesetzt (Lev 17,10–16).[15] Näphäsch, oft mit ‚Seele' übersetzt, bezeichnet zunächst ganz leibliche und materielle Dinge: Was macht das Leben aus und was fehlt, wenn ein Mensch oder Tier tot ist? Blut und Atem. Näphäsch נפש ist die Kehle und der Atem, der durch die Kehle ein- und ausströmt. Wenn es zum Atem- und zum Herzstillstand kommt, dann endet das Leben. An der Kehle strömt das Blut aus beim Opfer. Was dann in der Europäischen Religionsgeschichte unter „Seele" verstanden wird, ist ein ganz anderes Konzept: Vor allem Platon denkt die *eine* Seele (ψυχή *psyché*), die das Individuum und seine Taten repräsentiert, auch noch

15 Rendtorff, *Levitikus* 1 (2004), 165–170.

nach seinem Tod. Dabei setzt er an einer anderen Seele des Menschen an. Denn Menschen haben – vor Platon – mehr als eine Seele.[16] Die Seele, die sich vom Körper löst, auch schon während er lebt, ist die Seele, die man vom Traum kennt, die ‚Frei-' oder ‚Exkursionsseele'. Der Körper liegt im Bett, die Traumseele bewegt sich durch Raum und Zeit und ist nicht gebunden an die Bedingungen des Körpers: an Wegstrecken, Wände, Treppen, nicht an Finsternis, das Vergehen der Zeit. Aber die Vorstellung, dass diese Seele sich am Ende des physischen Lebens aus dem Körper löst und ein ‚Leben nach dem Tod' lebt, das ist eine fundamentale Veränderung in der Weltsicht mit einem ‚Jenseits'. Davon gibt es in der Hebräischen Bibel so gut wie keine Vorstellung. Auch im Neuen Testament ist noch keine Seelenvorstellung ausgebildet im Sinne eines (potentiell) göttlichen Elements im Menschen. Allerdings beginnt zu der Zeit die Diskussion über ein Leben nach dem Tod und mit welchem Auferstehungsleib. Die Sadduzäer lehnen das ab, die Pharisäer aber stellen sich das vor. Die von Passion und Auferstehung, Auferweckung, Erhöhung, Himmelfahrt Jesu schreiben, experimentieren noch. Bei Paulus stirbt der Mensch vollständig und Gott kann ihn neu erschaffen.[17] Erst mit Tertullian (*De Anima*, um 200 n. Chr.) wird Platons Seelenkonzept christlich. Auffällig, wie sich in der Europäischen Religionsgeschichte die Seele als unsterblicher Funke Gottes gehalten hat![18] Und damit die Zweiheit der Menschen mit einem nicht geachteten Körper, der zerfällt, und einer sorgsam zu hütenden Seele, die für ihr vergangenes Leben ewig

[16] Die Forschungen zu Indien von Ernst Arbman (1926–1927) hat Jan Bremmer, *The early Greek Concept of the Soul*. Princeton UP 1983 aufgegriffen und für die griechische Psyche vor Platon fruchtbar gemacht.

[17] Die protestantische ‚Ganztod'-Vorstellung hat eindrucksvoll Eberhard Jüngel, *Tod*. Stuttgart: Kreuz 1971 erklärt.

[18] Ausgezeichnete Religionsgeschichte des Aufstiegs und Untergangs des ‚Lebens nach dem Tod' bei Bremmer, *Afterlife* 2002. Bremmer, *Seele* 2009. Gladigow, Seele. *MLR* 3 (2000), 275–277. Zander, *Seelenwanderung* 1999.

wird büßen müssen, denn nur ganz wenige werden nach dem Tod Glück im Himmel erfahren. Und wie haben sich die christlichen zölibatären Theologen darüber ereifert, dass Muslime sich ein Paradies vorstellen mit kristallklarem Wasser, Bächen von Wein und Vergnügen an Sex, in das gar alle Gläubigen aufgenommen werden![19]

Nun wieder zurück zu dem Vers in Lev 17,11, dessen Deutung zentral für die Theologie des blutigen Opfers ist. Die griechische Übersetzung (älter als die erhaltenen hebräischen Versionen des Textes) versteht den Text so: „Das Leben (ψυχή) des Menschen ist ja sein Blut und ich habe es Euch auf die Opferstätte gegeben, um für eure Leben Sühne zu schaffen (ἐξιλάσκεσθαι). Sein Blut wird ja anstelle (ἀντὶ) des Lebens Sühne bewirken." Sie identifiziert also Blut und die Person, aber es liegt näher, bei „sein Blut" an das Leben der Opfernden zu denken als an das Leben des Opfertiers.[20]

Die Kategorisierung der jüdischen Opfersystematik in Lev 11 gilt als ein anthropologisches Muster für die Rationalität der Semantik von Reinheit und Unreinheit bzw. Speisetabus. So hat sie die berühmte Anthropologin Mary Douglas in einem Buch verstanden, *Purity and Danger* (1966).[21] Die Reinheit und der Schutz vor Verschmutzung lägen in der Ordnung der Dinge. Tabu ist, was aus der Ordnung herausfällt. Geopfert werden paarhufige Säugetiere. Im Vorwort zur „Classics"-Ausgabe von 2003 schreibt Mary Douglas allerdings über dieses berühmte und viel zitierte Kapitel: „This is the place to confess to a greater mistake" (XIII). Das Tabu-Modell funktioniere hier nicht. Gott schuf keine abscheulichen Tiere. Die Spei-

---

[19] Roling, *Paradysus carnalis* 2005, 74–125.

[20] LXX-K 1 (2011), 387 (Varenhorst) Die Septuaginta glättet die Spannung, die im hebräischen masoretischen Text zu Vers 14 besteht. Anders Eberhart, *Opfer* 2018, 48 „Gemeint ist nicht das Leben des Opfergebers, davon steht in Lev 17,11 einfach nichts. Gemeint ist vielmehr das Leben des Opfertiers."

[21] Im Untertitel *An Analysis of Concepts of Pollution and Taboo*. London 2003 ([1]1966). Das Kapitel zu *Levitikus* 42–58.

seregeln folgten den Regeln für Opfertiere: „The dietary laws intricately model the body and the altar upon one another.“ (XVI)

5.3 Der Sündenbock und die Versöhnung für alle

Der Versöhnungstag ist „das konzeptionelle und theologische Zentrum des Buches *Levitikus*, damit aber zugleich der Tora“.[22] Und da Paulus in *Römer* 3,25 Christus als den Deckel auf der Bundeslade ansieht, in der die Gesetzestafeln der Zehn Gebote aufbewahrt sind und die zugleich als Schemel dient für Gottes Herrlichkeit, wenn er im Begegnungszelt zeltet, ist Christus das Bindeglied zwischen der Tora und dem lebendigen Gott. Damit steht die Versöhnung für alle Menschen offen. Der Bogen der ‚Biblischen Theologie‘ versteht das als eine Zusage für alle und für immer.[23]

Das Buch *Levitikus* bündelt das priesterliche Wissen zu den Opferritualen und zur gebotenen Reinheit als Auftrag, den Moses an seinen Bruder Aaron weitergeben soll, der mit seinen Nachkommen den Dienst am Tempel versieht. Moses als der, der als Einziger mit Gott Jhwh sprechen konnte, erhielt all die komplexen Anweisungen auf der Wüstenwanderung im Exodus aus Ägypten, ehe noch die ‚Kinder Israel‘ das gelobte Land erreichten, lange bevor der Tempel in Jerusalem gebaut wurde. Die für Priester, Reinheit und Opferrituale gültigen Regeln des Umgangs mit Gott, die nach der zweiten Wüstenwanderung gelten, der Zwangsumsiedelung in die Steppe von Babel (‚die babylonische Gefangenschaft‘), sind hier in die Zeit rückprojiziert, als Israel ganz auf Gott angewiesen

[22] Hieke, *Levitikus* 2 (2014), 559.

[23] Schon in *Levitikus* 16,29 ist der und die Fremde (*ger*) einbezogen, auch sie nehmen Anteil an der Arbeitsruhe.

war: kein Land besaß, keine Lebensmittel aus eigenem Garten ernten konnte, kein Haus hatte für Generationen, nichts Eigenes für Gegenwart und Zukunft. Die Regeln der Reinheit werden aber auch ausgeweitet auf das Volk insgesamt (Kapitel 23–27) und „sie gelten für ewig".[24] Denn in Babel entschieden sich schon viele dazu, dort zu bleiben, Unternehmen zu gründen, zu heiraten, Immigranten zu werden.[25] Das Buch Daniel entwarf – bald 400 Jahre später – Möglichkeiten, Israelit zu bleiben mit einer religiösen Identität in einer neuen, kulturell und religiös anderen Umgebung, in der Diaspora.

Zurück zu den Ritualen des Versöhnungstages[26] in *Levitikus* 16–17! Einmal im Jahr, jeweils am 10. Tag des 7. Monats, soll der (oberste) Priester ein Doppelopfer vollziehen. Um sich selbst zu reinigen, bringt er einen Stier dar (die Aufzucht des ansonsten unbrauchbaren männlichen Tieres ohne Milch und ohne Nachwuchs ist viel kostspieliger als die eines Ziegenbocks);[27] für das versammelte Volk stellt er zwei Ziegenböcke vor das Heiligtum und lost aus: einer ist für Jhwh bestimmt, der andere für Asasel (7–10). Der erstere wird später geopfert und etwas Blut auf die *Kapporet* gespritzt, den Deckel der Bundeslade. Auf den anderen, den ‚Sündenbock', stemmt der Priester seine beiden Hände, spricht für das ganze Volk ein Bekenntnis aller Sünden und überträgt sie so auf den Bock.

---

24 Lev. 16, 31. 34. Typisch für Ritualanweisungen: das ‚erste Mal' und ‚gültig für immer'.

25 Zum Exil in Babel Albertz, *Die Exilszeit* 2001. Frevel, *Geschichte Israels* 2016, 270–327, bes. 284. 304 („keine kollektive Massenrückkehr"). Knauf/Niemann, *Altertum* 2021, 311–334. Das Buch *Nehemia* fordert strenge Abgrenzung sowohl von der Bevölkerung, die im Land geblieben ist (*ʿam ha-arez*. Samaritaner) und ihre eigenen Traditionen lebte, als auch von allen Nicht-Israeliten. Eine kleine Minderheit bestimmt die Normen für alle.

26 *Jom ha-kippurim* יום הכפרים in Lev 23,27–32.

27 Zum Stier als ‚Goldstandard' der Opfertiere s. 4.2.2. Josephus, *antiquitates* 3,10,3 (242) hebt hervor, dass der Hohepriester den Stier selbst bezahlen musste.

Den geleitet einer (ein Krimineller?)[28] den kurzen Weg in die Wüste, um die Sünden wegzutragen hinaus aus dem Zeltplatz der Gemeinde.

Wer Asasel (Azazel) ist, hat viel Spekulation herausgefordert. Diskutiert wird, ob es sich um einen alten Wüsten-Dämon handelt (vgl. Lev 17,7), einen Ort, an dem das Tier in eine Schlucht gestürzt wird (so die *Mischna bYoma* 67b: ein צוק, Jerusalemer Talmud 43d). Oder nennt man den Bock einfach – wie die alte griechische Übersetzung, die *Septuaginta*, meint – den ‚Weggeschickten' (ἀποπομπαῖος).[29] – Dass der Priester mitten in der Wüste Wasser zum Duschen hat, zeigt an, dass die rituelle Norm in das ‚erste Mal' bei der Wüstenwanderung des Exodus zurückverlegt wird. Die Schilderung des Opfers am Versöhnungstag bei Josephus für ein römisches Publikum lässt erahnen, dass das reale Opfer-Ritual nach dem Wiederaufbau des Tempels nach dem Exil (515 v. Chr. geweiht) bis zur Zerstörung des Tempels durch die Römer 70 n. Chr. teilweise schon anders vollzogen wurde.

Auch die beiden geschlachteten Tiere werden vors Lager getragen und dort verbrannt. In der jetzigen Gestalt verknüpft das Kapitel die Anweisungen für das Ritual (in den vorigen Kapiteln) mit der Ethik der Solidarität (wie Geschwister[30]) der Exodus-Gemeinschaft in den folgenden Kapiteln. Herausragend dabei ist das Jubeljahr. Jedes sieben Mal siebte Jahr, also alle 50 Jahre werden alle Gewinne und Verluste wieder zur ursprünglichen Gleichheit rückgängig gemacht, *Levitikus* 25).[31] Diese Gleichheit der

---

[28] Zur Diskussion des Wortes איש עתי *'iš ʿitti* s. Hieke, *Levitikus* 2014, 564 zu V. 21 aufgrund vergleichbarer Rituale.

[29] Varenhorst, *Levitikon* 2011, 383 zur Stelle. Janowski, Azazel. *Dictionary of -Deities and Demons* (1995), 240–48.

[30] Max Weber hat die ‚Brüderlichkeitsethik' als die grundlegende Alternative zum Kapitalismus erkannt: *Die Wirtschaftsethik der Weltreligionen (3): Das antike Judentum* [1920, hrsg. Eckart Otto] *MWS* I/21, 63 u. ö.

[31] Hieke, *Levitikus* 2 (2014), 975–1046. In der Utopie des Verfassungsentwurfs für die Rückkehr aus dem Exil (im Prophetenbuch *Ezechiel* 40–48) erhalten die Rückkehrer alle ein gleich großes Stück zum Bebauen. Einen König und Adel wird es nicht mehr geben, das Land muss grundlegend gereinigt werden, damit die Herrlichkeit/Anwesenheit/*schechina* Gottes einziehen kann.

durch die Wüste Wandernden ist übertragen auf die Welt des Landbesitzes, der Verschuldung der Kleinen und den Reichtum der immer Reicheren. Ob das je Realität war, ist eher unwahrscheinlich. Die Ankündigung: „Die Ersten werden die Letzten sein und die Letzten die Ersten" nicht als jenseitige Vertröstung, sondern als machbare Lösung zu verstehen hat ein ganz anderes Gewicht als Reformprogramm. Das Grundgesetz der Bundesrepublik – nach den Erfahrungen des Nationalsozialismus, u. a. der Ausraubung jüdischen Besitzes und dem Verlust vieler sogar Habseligkeiten nach Bomben und Flucht – legte im Artikel 14 fest, dass privates Eigentum der Gesellschaft verpflichtet ist. Ein zu wenig beachtetes Grundrecht, aber Grundlage des Sozialstaates. Und im globalen Maßstab forderte das „Erlassjahr 2000" zum Millennium den Schuldenerlass als Anfang globaler Gerechtigkeit. Die Verteilung des Impfstoffes in der weltweiten Pandemie ist sowohl sachlich notwendig als auch ethisch verpflichtend. Und die Migration durch Klima und Kriege lässt sich durch Kriegswaffen nicht aufhalten, vielmehr haben diese die Flucht auch verursacht. Der Versöhnungstag und das Opfer sind ein Symbol für ‚Gottes' Gerechtigkeit. Was die Hebräische Bibel unter dem Namen Jhwh mit einer symbolischen Handlung in Erinnerung ruft, das ist – auch wenn man andere Namen und Grundlagen anstelle ‚Gott' dafür einsetzt – eine Notwendigkeit: Fehler zu erkennen, zu beseitigen und an das glauben, was individuell, in der eigenen Gesellschaft und global für alle Menschen falsche Entwicklungen verändert. *Levitikus* 19,18 fasst das zusammen: „An den Kindern deines Volkes sollst du dich nicht rächen und ihnen nichts nachtragen. Du sollst deinen Nächsten lieben wie dich selbst. Ich bin Jhwh." Die Einbeziehung des Nächsten, also auch der Fremden, macht deutlich, dass das nicht national auf die Mitglieder des ‚eigenen' Volkes begrenzt, sondern für die Menschen auf der Welt gilt. Das Opfer ist kein Almosen aus dem Überfluss, sondern eine Notwendigkeit von allen für alle zum Leben.

5.4 Stellvertretung

Über eine Verknüpfung wird gestritten, weil sie folgenreich ist für das Verständnis einer zentralen Aussage der christlichen Bibel, indem sie eine Metapher aus der Hebräischen Bibel als Schlüssel für das Begreifen des Todes Jesu aufgreift. Für den schockierenden und unbegreiflichen Tod des Messias, bevor er sein Ziel erreicht hatte, fanden die Jünger und Anhänger allmählich Erklärungen, die sie mit Metaphern aus ihrer jüdischen Tradition begreifbar machten und adaptierten. Jesu Tod sei nicht als Scheitern, sondern als bedeutungsvoller Tod *für andere* zu verstehen: für uns Jünger, für viele, für alle, an ihrer Stelle. In der modernen Opfermetapher: Jesus ‚opfert' sich für andere (Selbstopfer und Martyrium ist später wieder mit dem Opferritual in Beziehung gesetzt oder auseinander gehalten worden). Die Stellvertretung muss nun aber gefüllt werden mit einer Antwort auf die Frage: Wer hätte denn eigentlich sterben müssen, und warum? Und wer opfert da wem? Die später in der Liturgie der Messe bzw. des Abendmahls verbundenen Traditionen der Bibel sind dort nicht miteinander verbunden. Also sind die Texte je für sich zu untersuchen.

Die Stellvertretung haben Hartmut Gese und Bernd Janowski unter das Modell ‚Sühne' gestellt, das die Opfer in der Hebräischen Bibel und im Neuen Testament in einer Einheit, mit gleicher Bedeutung ansieht.[32] Wenn der Hohepriester beide Hände auf den Sündenbock stemmt, dann legt er, so Gese, nicht nur die Sünden als Materie auf das Tier, sondern er, als Repräsentant und im Angesicht des Volkes, identifiziere sich mit dem Tier. Er bzw. es hätte den Tod verdient, das (unschuldige?) Tier trägt die Sünden fort und verendet in der Wüste. Der andere

---

32 Gese, *Sühne* 1977. Janowski, *Sühne als Heilsgeschehen* 1982. Zurückhaltender Janowski, Sündenbock. *RGG*[4] 7 (2004), 1902f. Janowski, *Anthropologie* 2019, 396–403.

Bock wird dann geopfert.[33] Allerdings findet sich in der Beschreibung des Versöhnungstags kein klarer Hinweis darauf, dass eigentlich der Opfernde, der Priester oder das Volk, den Tod verdient hätte und an ihrer Stelle der Sündenbock stirbt.[34] Andere betonen die Reinigung von Volk und Heiligtum. (Was wir eher als Verschmutzung ansehen, wenn man Blut auf den Altar schmiert, gilt als die wertvollste Form der Reinigung. Reinigung ist nicht das Gleiche wie Säuberung). *Kippär* Befreiung von Sünde ist das Ziel und ein Angebot Gottes an sein Volk. ‚Versöhnung' ist demgegenüber eine zwischenmenschliche Vereinbarung, die die Anerkennung eigener Fehler voraussetzt.[35] Stellvertretung gibt es allerdings auch in der Hebräischen Bibel, im Lämmlein (*agnus Dei*), das für andere geopfert wird in Jesaja 53, einem Schlüsseltext für die Passion Jesu. Auch das Passah-Lamm am Beginn des Exodus aus Ägypten (Ex. 12) muss uns noch beschäftigen. Andere sehen in der Blutgabe an Gott ein Lösegeld für den ‚Tiermord', also die Entschuldigung für die Fleischmahlzeit.[36] Diese Erklärung bleibt jedoch unter der Gewichtigkeit, die das Kapitel aufmacht.

Jedenfalls ist die Schilderung des Versöhnungstages mit Bedeutungen überladen, indem es die pure Beziehung zwischen Gott und seinem Volk in die Exodus-Situation in der Wüste verlegt. Diese imaginierte Extremsituation ist nicht der Normalfall, nicht das, was man bei einem ‚nor-

---

[33] Gese, *Sühne* 1977, 98 behauptete, das Aufstemmen beider Hände bedeute „Die Identifizierung der *näpäš* des Opferherren mit dem Opfertier vorausgesetzt [… bedeutet], dass diese Lebenshingabe nicht eine ins Nichts ist, sondern durch den Blutkontakt eine zum Ausdruck gebrachte Inkorporation in das Heilige". Aufgegriffen bei Janowski, *Sühne als Heilsgeschehen* 1982, 247. Vorsichtiger Janowski: Handauflegung. *RGG*[4] 3 (2000), 1408f.

[34] Die Diskussion übersichtlich bei Hieke, *Levitikus* 2014, 634.

[35] Breytenbach, *Versöhnung* 1989.

[36] Das Wort *kopär* ‚Lösegeld' stammt aus der gleichen Wortwurzel *kpr* wie *kippär*, das hier mit ‚Versöhnung' übersetzt wurde. Exodus 30, 11–16.-Zur Diskussion dieser Lösung Hieke, *Levitikus* 2 (2014), 635f.

malen' Opfer im Kopf hat. Auch die angedrohten Strafen sind extrem: in der Wüste aus dem Volk ausgestoßen zu werden bedeutet den sicheren Tod. Im vorausgehenden Kapitel hat uns ein vergleichbarer Fall der Bedeutungsüberladung in den griechischen *Bouphonia* beschäftigt.

Das Ritual, einen Bock beladen mit negativer Materie außer Landes zu schicken, ist außerhalb Israels sowohl im nordsyrischen Bereich (Ebla) als auch in Kleinasien bekannt. Dazu auch in Griechenland als *Pharmakos*, mit dem die Reinigung einer Gemeinschaft, etwa von einer Seuche, vollzogen wird.[37] Dann handelt es sich allerdings nicht um ein regelmäßig (jährlich) durchgeführtes Ritual, sondern um einen Krisenkult, der im Notfall helfen soll, die Gemeinschaft zu retten. Im äußersten Ausnahmefall kann das auch einmal ein Mensch sein, der die negative Materie wegträgt. So ist das auch in Rom bezeugt als Vergraben oder Verbrennen von Fremden.[38]

Die Verwendung in der Theorie zum Sündenbock als Ableitung innergesellschaftlicher Gewalt auf einen Dritten, wie sie René Girard entwickelte, hat aber weder die literarische Quelle noch eine religionsgeschichtliche Untersuchung zum Ausgangspunkt genommen. Darauf komme ich später noch zu sprechen (8.1.2).

5.5 Das Ritual als Text: Was bedeutet Opfer für Jüdinnen und Juden nach dem Ende des Opferrituals im Tempel?

Der Traktat *Joma* (‚Versöhnungstag') in der Mischna entstand, als der Tempel in Jerusalem seit 70 CE zerstört und nicht mehr für den jüdischen Kult benutzt werden

---

[37] Bremmer, *Scapegoat* 1992/2008. Andreas Bendlin: Sündenbockrituale. *DNP* 11 (2001), 1081–1082.

[38] Bendlin 2001, 1082: Quellen sind Cassius Dio 12,50. Livius 22,57,6. Orosius 4,13,3.

konnte.[39] Ist das also eine genaue Beschreibung des Rituals im Tempel, damit er, wenn der Tempel wieder aufgebaut sein würde, genau so ‚weiter' gefeiert werden kann wie vor der Zerstörung? Oder ist damit ein idealer Kult gemeint, der als Norm zu verstehen ist, allein auf dem biblischen Text im Levitikus beruhend ohne Bezug und Kenntnis des damaligen Kultes, aber auch ohne Bezug zum Synagogen-Gottesdienst? Im Ergebnis zeigt sich, dass der Traktat in erster Linie auf der Interpretation des Textes in Levitikus 16 beruht, nicht Erinnerung des priesterlichen Tuns in der Kultpraxis des Zweiten Tempels ist. Allerdings gibt es auch Unterschiede zum Bibeltext: Wie sich der Hohepriester auf den Tag vorbereitet, ist polemisch geschildert. Die präzisen Formulierungen des Sündenbekenntnisses und die Antworten der anwesenden Gemeinde. Die ‚Wort-Liturgie' mit den zu rezitierenden Textstellen und den Segenssprüchen erinnert zwar an das Ritual, reduziert die Handlung aber fast vollständig auf das Entzünden des Weihrauchs im Allerheiligsten. Die Wegleitung des Sündenbocks in die Wüste etwa würde eine lange Unterbrechung des Rituals bedeuten, wenn man das vom Jerusalemer Tempel aus machen müsste. Das ist nicht das Ritual, wie es praktisch im Zweiten Tempel ausgeführt wurde. Umgekehrt wird der Text zum Ritual, wenn das Fest heute gefeiert wird: In der Synagoge ist das Zentrum die Tora, die als Rolle aus ihrem Schrank geholt, Samtmantel und Krone ausgezogen, auf dem Lesepult zum Lesen geöffnet, den Text zu Gehör bringt durch einen der männlichen Teilnehmer. Darauf ist später (Kapitel 6.3) wieder zurückzukommen.

---

[39] Stemberger, *Yom Kippur* 2012. Stökl ben Ezra, *Impact* Band 2, 2003 (resümiert bei Hielke, *Levitikus* 2 [2014], 606–611).

6. Das Ende des Opferrituals und der Anfang der Opfermetapher

Das Ende des blutigen Opferrituals ist Teil der antiken Religionsgeschichte, nicht ihr Ende. Lange vor dem Aufstieg des Christentums beginnt eine Transformation von Religion, die in allen religiösen Traditionen zu erkennen ist: Im Judentum nicht erst nach der Zerstörung des Tempels, in den klassischen griechisch-römischen Kulten nicht erst mit den Verboten der christlichen Kaiser, im Christentum findet man Ersatzformen von Ritualen anstelle des Opfers-Ritual. Eine fundamentale Transformation von innen heraus lässt das Opfer als Ritual in der Spätantike langsam verschwinden und die opferlosen Religionen entstehen, in denen das Opfer nunmehr als Metapher dennoch eine bedeutende Rolle erfüllt.

6.1 Hat das Christentum das Ritual des Opfers beendet?

Der Tod Jesu hat die Anhängerinnen und Anhänger der jüdischen Reformbewegung schockiert. Um seinen schrecklichen Tod ‚am Galgen' nicht als Scheitern ihres Meisters und des ganzen Projektes hinzunehmen, begannen sie Bedeutungen zu finden, die die äußere Katastrophe in einen Erfolg uminterpretieren; darunter die Deutung als Opfer.[1] Da aber die Reformbewegung distanziert zum routinierten Kult am Jerusalemer Tempel stand, konnte sie nicht das dort ausgeübte Opferritual zum Modell nehmen. Wohl aber gab es aus der religiösen Tradition rituelle Muster, die man für die Interpretation plausibel machen konnte. Vor allem das Passah-Fest mit

---

[1] Frey/Schröter, *Deutungen des Todes Jesu* 2005.

der Befreiung aus der Gefangenschaft bot sich an, wurde doch Jesu Folter, Verurteilung und Hinrichtung in der Woche vor dem Fest durchgeführt. Und das zweite Fest, das zentral für die jüdische Religion steht, ist der Versöhnungstag, Jom Kippur. In die Nähe gehört auch das Bild vom ‚Lamm Gottes' nach Jesaja 53. Daneben stehen noch andere Deutungen:

– Jesus als Sohn Gottes hatte einen Auftrag, den er erfüllte, und Gott hat ihn ‚aufgeweckt' und in den Himmel aufgenommen. Das Johannesevangelium geht sogar so weit, die Zurschaustellung des mit dem Tode ringenden Jesus als ‚Erhöhung' und Vollendung des Auftrags zu stilisieren; es überliefert als letztes Wort: „Es ist vollbracht". Daraus entstehen die unterschiedlichen Entwürfe zur Christologie, die (noch nicht im Kanon des Neuen Testaments) den Menschen Jesus zum göttlichen Christus machen. Nach dem Tod zeigt sich der Christus als Epiphanie („wurde gesehen" 1Kor 15,5.6.7.8. Joh 21,1.12), wie sonst antike Götter. Die dabei entstehenden Widersprüche verlangen nach immer neuen Lösungen, etwa: Kann Gott leiden? Wie können der sterbliche Mensch und der unsterbliche Gott zusammen gedacht werden. Der *eine* Gott als Vater *und* Sohn?
– Der Auftrag wird zum „Muss", wenn Gott für die Erlösung der Welt und der Menschen den Tod eines unschuldigen Gerechten verlangt. Diese Interpretation ist nur in Ansätzen in den frühen christlichen Schriften zu finden, wird dann aber zur paradoxen Notwendigkeit stilisiert. Gott verlangt das Opfer und findet Satisfaktion nur im Tod des einzig sündlosen Gerechten. Besonders Anselm von Canterbury hat das im 12. Jahrhundert so scharf formuliert. Damit verbunden ist das Problem der Stellvertretung.
– Freikauf aus der Sklaverei (ἀπολύτρωσις), Römer 8,23. Lukas 21,28 usf. Die Metapher der Gefangenschaft gehört auch zu Pesach (in Ägypten) und zum Babylonischen Exil.

- Die Früchte der ersten Ernte übergibt man als Erntedankgabe ἀπαρχή an Gott (1Kor 15,20), Christus war die erste Gabe.

Jesus predigte und lebte mit seinen Jüngerinnen und Jüngern einen Lebensentwurf der ‚Herrschaft Gottes' und arbeitete aktiv darauf hin. Was als aktive Heiligung des Lebens und der Gesellschaft gedacht war, wurde von der Deutung des Todes verdrängt, und schließlich wird daraus das ‚Himmelreich' im Jenseits und die Rettung der Seele nach dem Tod: Passivität und individuelle Rettung. Die Welt sei nicht zu retten, da sie ohnehin untergeht. – Diese völlige Umdeutung des ursprünglichen Ziels beginnt früh mit der Deutung des Todes Jesu nach religiösen Mustern aus der jüdischen Tradition, doch waren da Alternativen offen. Entsprechend dem Thema des Buches konzentriere ich mich auf die Umdeutung als Opfer.

6.1.1 Passah-Lamm und Lamm Gottes (agnus Dei)

Jedes Jahr im Frühling feierten und feiern Jüdinnen und Juden das Passah-Fest (hebräisch פסח Päsach, griechisch πάσχα pas-cha). Dabei spielen sie gewissermaßen nach, wie es ihren Vorfahren gelang, sich aus der Sklaverei zu befreien durch den Exodus, den Aufbruch aus dem Arbeitslager in Ägypten. Dazu bedurfte es des Mutes, alles Gewohnte hinter sich zu lassen und in eine unsichere Zukunft aufzubrechen. Das abendliche Essen in der Familie mit der kargen Speise spielt und erzählt das letzte Essen damals, mit gepacktem Rucksack, abmarschbereit. Das Brot Mazzen wird nicht mit Hefe oder Sauerteig gebacken; für das Aufgehen des Teigs ist keine Zeit. Dazu gibt es eine Soße aus bitteren Kräutern (‚grüne Soße' gibt es in Frankfurt an Gründonnerstag, wo so viele jüdische Familie wohnten). Becher mit Wein rahmen das Essen. Die Kinder erzählen oder man liest aus einem Büchlein die Geschichte vom Auszug aus Ägypten. Aber zu den kargen Beilagen gibt es Lammbraten. Dazu erzählt das Buch Exodus in der Bibel einen außerordentlichen Grund: Denn der mutige Anführer Mose hatte mit dem ägyptischen König (Pharao) immer wieder verhandelt, dass er die Israeliten ziehen lassen müsse („let my people go!" sangen die schwarzen Sklaven in den USA). Seine Forderung autorisierte er mit Wundern, die Gott als die zehn Plagen über Ägypten schickte. Der Pharao sagte immer erst zu, brach aber danach sein Versprechen. Schließlich war er selbst ein Gott! Die schlimmste Plage, die dann schließlich den Durchbruch brachte, war: Der Gott Israels würde seine Engel durch die Siedlungen schicken und in jedem Haus den Erstgeborenen töten. Um aber die Häuser der Israeliten zu schonen, sollten diese ein Lämmlein schlachten und das Blut an die Türpfosten streichen. Statt des Erstgeborenen stirbt das Lamm, sein Blut rettet das Kind, sein Fleisch stärkt die zum Wandern Gerüsteten. Das Seder-Mahl am Päsach führt den Exodus auf, macht ihn Jahr für Jahr lebendig gegenwärtig – und nächstes Jahr feiern wir es in Jerusalem.[2] Aus dem Hamsterrad herausspringen, die Lebenslügen durchbrechen braucht Mut. Aber nicht um einen individuellen Traum zu erfüllen, sondern die Gesellschaft, die Welt umzugestalten mit gerechter Verteilung der vorhandenen Güter. Einige der Wanderer beim Exodus in der Wüste romantisierten die „Fleischtöpfe Ägyptens" und wünschten sich zurück statt nach vorne und wollten lieber schuften ohne Verantwortung anstelle des Aufbaus einer selbstbestimmten Gesellschaft im gelobten Land. – Unter den Jesus-Anhängern hat das Johannes-Evangelium die Verbindung des Passah-Festes mit dem Tod Jesu am stärksten gemacht:[3] Jesus stirbt am Kreuz genau zu dem Zeitpunkt, als in Jerusalem die Lämmer für das Fest geschlachtet werden (Joh 19,14.31. Pau-

---

[2] Für die USA erzählte Michael Walzer den Exodus als Alternative zu Revolution oder Apokalypse als einen nationalen Mythos, der an den Aufbruch und Flucht der Pilgrim Fathers und an die Bürgerrechtsbewegung der Schwarzen anknüpft. Dazu Michael Walzer: *Exodus und Revolution.* (amerikanisch New York: Basic 1985; dt. Berlin: Rotbuch 1988).

[3] Theißen/Merz, *Der historische Jesus* 1997, 358–386, bes. 373–376.

lus bewertet 1Kor 5,7 „als unser Paschalamm ist Christus geopfert worden“).[4] Davon unterschieden ist das Abendmahl, das Jesus mit seinen Jüngern *zu Beginn* von Pä-sach (Mt 26,17–19) feierte – entsprechend den anderen Evangelisten –, und der Verrat, Prozess, Folter und Hinrichtung fand dann am Fest selber statt (das ist historisch kaum möglich). Wenn Jesus am Kreuz den Psalm 22 sang, der mit „Mein Gott, mein Gott, warum hast Du mich verlassen“ einsetzt, aber mit dem Dank für die Errettung endet, dann könnte das Abendmahl das dort am Schluss zum Dank gefeierte Festessen sein (ein Todah-Mahl, s. o. 5.2). Das hat enorme Konsequenzen für die Deutung, etwa wenn Jesus die Passion auf sich nahm im Bewusstsein, dass Gott ihn erretten wird.[5] Und wenn Jesus als das ‚wahre‘ Passah-Lamm „geopfert“ wird, dann entsteht – oder gar „setzte er ein“ – ein neues Ritual, das dem Pä-sach eine neue, andere Deutung verleiht.[6] Nur ist für das Ritual und den Bezug auf das Lamm etwas zusammengezogen, das so nicht in der Bibel steht.[7] Die Aussage Jesu, dass er keinen Wein mehr trinken wird, bis dass Gott die Herrschaft antritt (‚Reich Gottes‘, Mk 14,25), führt eine

---

4 Beide aber ohne Verbindung zum Abendmahl. Johannes hat Abschiedsreden ohne Mahl, dafür 6,25–48 das „Brot des Lebens“ und 15,5 das „Ich bin der Weinstock, ihr seid die Reben“, aber kein rituelles Mahl. Sehr präzise Interpretation von Rusam, *Lamm Gottes* 2005. Petersen, *Das Lamm* 2012.

5 Gese, *Psalm 22* 1968. Stuhlmacher, *Biblische Theologie 1* 1992, 130–142. Das Todah-Mahl nach Levitikus 7,12–15 enthält Brot und Wein, aber auch Fleisch.

6 Jesus als Pascha(-lamm) in 1 Kor. 5 steht aber in Bezug auf Reinheit und hat keinen Zusammenhang mit der Einsetzung des Abendmahls in 1.Kor. 11,17–34. – Neues Ritual: Theißen, *Religion der ersten Christen* 2000, 195–222 sieht im Blutgenuss und der Prädikation als Sohn Gottes ein „Überscheiten von [jüdischen] Tabuschwellen in den urchristlichen Sakramenten“ 186–194. Präzise gesagt, deutet Paulus auf den Kelch, nicht auf den Wein.

7 Der Epheserbrief, der eine Generation nach Paulus dessen Theologie weiterschreibt, stellt mehrere Traditionslinien nebeneinander, verbindet sie aber nicht zu einem konsistenten Bild. Gerber, *Epheser* 2019.

eschatologische Deutung ein, die die Jünger (für Euch), das Volk Israel und alle Menschen einlädt, an dem Projekt der Herrschaft Gottes mitzuarbeiten.

Das jüdische Fest ist fix nach dem Sonnenkalender auf dem 15. Nisan. Er ist also nicht an einen Sabbat gebunden. Hingegen sind christlich Karfreitag und der Ostersonntag nach dem Mondkalender zu berechnen: Frühlingsanfang, der erste Vollmond danach, der erste Sonntag danach. Ostern ist also beweglich und fällt immer auf den ‚ersten Tag der Woche', der die Auferstehung mit der Metapher der aufgehenden Sonne beschreibt. Die Kirche feiert entsprechend Johannes an Gründonnerstag das Abendmahl, Karfreitag stirbt Jesus, abends beginnt Sabbat-Pesach, am ersten Tag der Woche ist Jesus auferstanden. Sonntag aber fügt er sich in den antiken Kalender ein. Der benennt die Wochentage nach den Planeten, hier also der Tag der Sonne. Kaiser Konstantin harmonisierte seine Wahl des Siegeszeichens Christi, das ihm in der Mittagssonne erschien, mit dem Bild der ‚unbesiegbaren Sonne', die auch seine Vorgänger als Kaiser schon lange für sich in Anspruch nahmen: der Kaiser als Sonne. Es gab aber eine christliche Gruppe, die Karfreitag ebenfalls fix, einen Tag vor dem jüdischen Fest feierten (also am 14. Nisan, lateinisch 14 = Quartodecimaner). Dafür wurden sie von anderen Christen angefeindet und schließlich verboten.

Eine andere Tradition, die im Neuen Testament intensiv aufgegriffen wird, ist das Bild von dem „Lamm Gottes" beim Propheten (Deutero-) Jesaja. Mehrfach wird das Leben und Leiden Jesu verstanden als Realisierung des „Knechtes Gottes", von dem der Prophet Jesaja sprach. Stand in Jesaja 40–48 die Frage im Mittelpunkt, wie sich aus dem blinden und tauben Jakob-Israel der sehende und JHWHS Einzigkeit bezeugende Knecht entwickelt, so geht es in Jesaja 49–55 darum, wie dieser Knecht seiner prophetischen Berufung, Bund für das (Gottes-) Volk und Licht für die Völker zu sein (Jes 42,6), nach Beendigung des Exils gerecht wird."[8] Auf dem Zweiten Vatikanischen Konzil hat die Kirche das Bild aufgegriffen, *lumen gentium* (Licht für die Völker) zu sein, noch auf dem Weg, nicht schon angekommen. Unter den vier Liedern auf

8 Berges, *Prophet* 2010, 115–132, hier 115. Berges, *Kommentar 49–54* 2015. Hermisson, *Kommentar* 2019.

den Knecht Gottes (עבד יהוה ᶜäbed JHWH) ist das vierte verstörend (Jes 53). Im Gegensatz zum einleitenden Satz (52,13) „Mein Knecht wird sich erheben und erhaben und sehr hoch sein" stellt ihn die folgende Schilderung als einen vor, dessen „Aussehen unmenschlich entstellt ist". „Verachtet und menschenverlassen steht er da, ein Mensch der Schmerzen". Das sieht eine Gruppe „Wir", die aber erkennt, dass in Wirklichkeit nicht er von Gott bestraft wird, sondern „er die Schuld von uns allen trägt" (6b). Er beugte sich und tat seinen Mund nicht auf. Wie ein Lamm zur Schlachtung gebracht, verstummte er. Er wird begraben. „Er hatte keine Gewalttat verübt und kein Betrug war in seinem Mund (9b)." „So schafft er Gerechtigkeit, er der Gerechte, mein Knecht, für die Vielen, Ihre Verschuldungen lädt er auf sich. Er trug die Sünde der Vielen (11. 12b)." „Wenn Du sein Leben als Schuldtilgung einsetzt, dann werden seine Nachkommen" (also die „Wir") aufstehen und sein Projekt weiterführen. Die Deutung im Neuen Testament als Prophetie auf den leidenden Christus, der am Ende zu Gottes Thron erhöht wird, kann zu einer „antijüdischen Enteignung durch christologische Überbietung" führen.[9] Wenn man das Lied im Zusammenhang des Jesajabuches interpretiert, ist mit dem leidenden Gottesknecht eher eine kollektive Personifikation des Teils des Volkes im Exil gemeint, die Frommen, die in Distanz stehen zu der nach dem Exil die Macht übernehmenden Priesterschaft. Gegen die Deutung als Opfer sprechen jedoch folgende Argumente: (1) Das Wort schlachten טבח ist hier nicht das kultische Schlachten/Schächten זבח. (2) Der entstellte Gottesknecht entspricht nicht dem ‚vollkommenen' Tier, wie es für ein Opfertier vorausgesetzt wird. Betont wird vielmehr die leidende stumme Akzeptanz des Leidens.[10] Nach Lukas 22,37 deutet Jesus selbst sein Leiden als Erfüllung der Prophetie mit dem Zitat aus Jesaja 53,12 „Und

[9] Berges, *Kommentar 49–54* 2015, 228.

[10] Berges, *Kommentar 49–54* 2015, 259f. „Kultmetaphorik" 268f.

zu den Gesetzlosen wurde er gerechnet". In der Apostelgeschichte 8,26–40 liest der Minister aus Äthiopien diese Stelle in der von ihm erworbenen Jesaja-Rolle. Philippus erklärt ihm, dass das gerade realisiert sei mit Passion und Auferstehung Jesu.[11] Der christliche Theologe Justin im 2. Jahrhundert versteht erstmals im *Dialog mit Tryphon* 13,2–9 das zur Schlachtung geführte Lamm als Prophetie auf den Tod Christi als stellvertretendes Opfer.[12] Im Johannes-Evangelium 1,29 begrüßt Johannes der Täufer Jesus als ‚das Lamm Gottes', interpretiert aber Jesaja insofern weiter, als der schon vor der Schöpfung existierenden Christus nicht – wie der Sündenbock am Versöhnungstag – die Sünden (weg)trägt, sondern er hebt die Sünde der Welt auf. Die Sünde besteht darin, dass die Welt Jesus nicht als den Sohn Gottes glaubt.[13]

Erst in der Vermischung der verschiedenen Traditionen wurde das Lamm Gottes *agnus Dei* das Symbol für das ‚Opfer' Jesu und wird in jeder Messe zur Eucharistie gesungen.[14] Das hängt auch damit zusammen, dass in der *Apokalypse* das Bild vom Lamm intensiv verwendet wird bis hin zur Anbetung auf dem Altar.[15] Dort ist das ungewöhnliche Wort kleiner Widder (ἀρνίον) gewählt und schafft

---

[11] Noch bedeutender und öfter in den Evangelien zitiert ist das Prophetenwort Jesaja 61 „Gott hat mich gesalbt, den Armen das Evangelium zu verkündigen. Er hat mich gesandt, Gefangenen Freiheit und Blinden das Augenlicht zu verkündigen ... und das Jubeljahr." Im Zusammenhang Berges, *Prophet* 2010, 174–193.

[12] Ebenso überträgt schon der um 130 datierte *Barnabas-Brief* 5,1–2 (Horacio E. Lona, *FC* 2018, 56) Jesaja 53 „wie ein Schaf wurde er zur Schlachtung geführt" in Verbindung mit dem Versöhnungstag auf Jesus. „Durch Besprengung mit seinem Blut" würden die Sünden getilgt. In 7,7 wird auch der Azazel-Bock auf Jesus übertragen.

[13] Mit dem Singular ist die Verbindung zum Versöhnungstag und zu Pesach aufgeweitet ins Universale. Rusam, *Lamm Gottes* 2005.

[14] Zur Kritik Petersen, *Das Lamm* 2012.

[15] Übersichtlich zusammengestellt bei Lerdon, *Agnus Dei* 2020, 93–96. Karrer, *Offenbarung* 2017, 451–463. Zur Frage der Datierung der Apk Lerdon 7–56. Karrer, *Offenbarung* 2017, 50–64. Frenschkowski, *Lamm Gottes* 2008.

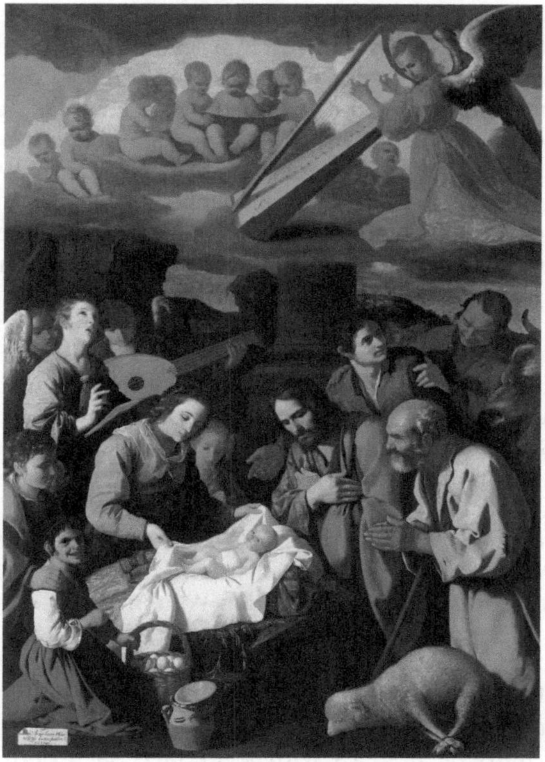

Abb. 6.1: Das Lamm auf der Schlachtbank mit zusammengebundenen Läufen, manchmal mit Heiligenschein, hat der spanische Maler Francisco de Zurbarán (1598–1664) viele Male gemalt. Auf diesem großformatigen Bild „Die Anbetung der Hirten" kommt das Motiv wieder vor als Hinweis: Das eben geborene unschuldige Baby, dem die Engel ein himmlisches Konzert aufführen, wird wie das Lamm rechts unten unschuldig sterben, aber doch Herr der Welt werden. Das Leiden, nicht die Auferstehung stellt der Barockmaler in den Vordergrund.[16]

[16] Im Katalog Kunstpalast Düsseldorf: *Zurbarán. Meister der Details*. Hrsg. von Beat Wismer; Odile Delenda; Mar Borobia. München: Hirmer 2015, 184–191 sind einige Exemplare aus der Serie des agnus Dei abgebildet. Lerdon, *Agnus Dei* 2020, 188f deutet das Bild als Zusammenführung der biblischen Typologie Jesaja 53 mit Exodus 12 Passah, Johannes 19, auch Joh 1,29 und 19,30, vgl. 1Kor 5,7, auch Gen 22 Isaaks Bindung.

mit diesem Bild die Hauptfigur, die mit den Gegnern, dem Drachen, einen kosmischen Kampf kämpft, unterliegt, aber am Ende doch siegt. Schon in der Einführung sollen sich die Leser ihn vorstellen „wie geschlachtet" ὡς ἐσφαγμένον (Apk 5,6). Das Bild wird ambivalent ausgemalt, auf der einen Seite der kraftstrotzende junge Widder und auf der anderen Seite das Opfertier, das leidet und aus dessen Todeswunde das Blut strömt. Am Ende aber ist der kleine Widder doch siegreich. Und so wird ihm im Gottesdienst gehuldigt, kämpft er gegen den Drachen, wird zum Weltenrichter, heiratet und zieht ein in das Neue Jerusalem. Bedeutungen, die Leser aus dem griechisch-römischen Bilderraum kennen können, verschlüsseln und entschlüsseln den Christus der Apokalypse in der Gestalt des kleinen Widders. Dazu gehört auch die ägyptisch-hellenistische Bekanntheit des apokalyptischen Orakels des Widders Bokchoris, entsprechend dem Buch mit den sieben Siegeln, das der kleine Widder empfängt. Die Präsentation als Opfertier spielt eine wichtige Rolle, aber tritt dann zurück hinter den Weltenrichter.

6.1.2 Versöhnungstag Jom Kippur

Neben dem Päsach-Fest ist der Versöhnungstag das wichtigste jüdische Fest. Es wird zehn Tage nach dem Neujahrsfest (Rosch ha-schana) gefeiert. Die Erinnerung an das Fest, das man in der Diaspora nur noch aus Erzählungen kannte, spiegelt sich darin, dass zahlreiche Texte sich darauf beziehen. Auch als das Fest nicht mehr im Tempel vom Hohenpriester realisiert werden konnte, blieb es präsent (siehe unten 6.3).[17]

Der Rabbiner Paulus nimmt im Römerbrief 3,25 das Versöhnungsfest auf, um die Sühne-Leistung zu bestimmen: Jesus sei zum verbindenden Element geworden, das die Zehn Gebote in der Bundeslade als goldener Deckel schützt und gleichzeitig den Thron bildet, auf dem Gott

[17] Stökl ben Ezra, *Yom Kippur* 2003.

thront, wenn er in den Tempel einzieht. An diesem Deckel vollzieht der Hohepriester das Ritual, indem er Blut darauf spritzt. Das Wort für „Deckel" nimmt das Wort für das „Zudecken" der Sünde auf, so dass der Gegenstand zugleich Gottes Handeln der Entsühnung bezeichnet, dass er die Sünden des Volkes wegnimmt. Das griechische Wort für den Deckel, das Paulus verwendet, *hilastérion* ἱλαστήριον, benennt ganz explizit das Ritual der Sühne und Entsühnung am Versöhnungstag, etwa mit „Sühne-Ort" zu übersetzen.[18]

Der Befund führte zur ‚Tübinger Sühnetheologie'[19] bzw. zur Biblischen Theologie, die eine Einheit im Offenbarungsprozess erkennen will. Die Selbstoffenbarung Gottes in Christus sei dabei das Ziel und Abschluss, dem sich aber das Judentum verschließe. Bezogen auf das Opfer sei dies nach dem Exil nur noch als Sühne durch Blut verstanden worden. Eberhart 2018 stellt dagegen: Das berücksichtige aber nicht (1) die vegetabilen Mahlopfer. Und die von Gese behauptete (2) Identifizierung des das Opfer in Auftrag Gebenden mit dem Tier durch Handaufstemmen, dass das Tier also (3) stellvertretend für den Menschen stirbt, ist im Text nicht zu finden. (4) Nicht das Blut, sondern das Verbrennen, der Duft von gegrilltem Fleisch oder Gemüse, sei das, was allen Opferarten gemeinsam ist.

Ebenfalls auf den Versöhnungstag verweist, dass beim Tod Jesu der Vorhang im Tempel zerreißt (Matthäus 27,51). Gott antwortet auf den Tod Jesu mit Erdbeben, Sonnenfinsternis; Felsen spalten sich und die Toten stehen aus ihren Gräbern auf. Was bedeutet das, dass der Zugang zum Allerheiligsten, das doch nur der Hohepriester nur an dem Tag betreten darf, um dort den Blutritus auszuführen, nun offen ist?[20] In der Rezeption der christlichen Theologen hat sich eine anti-jüdische Deutung festge-

[18] Eberhart, *Kult* 2020, 180–182.

[19] So Eberhart, *Opfer* 2018, 42–47. Er formuliert Anfragen, die im Folgenden genannt sind. Beginnend mit Gese, *Sühne* 1977. Peter Stuhlmacher 1992, nuanciert Janowski, *Sühne* 1982. Bernd Janowski, Biblische Theologie. *RGG*[4] 1. Gründung des *Jahrbuchs für Biblische Theologie* 1 (1986).

[20] Luz, *Kommentar*, 2002, 354–371 mit vielen Kirchenväterzitaten. Konradt, *Kommentar* 2015, 439–449.

setzt: Das nehme die Zerstörung des Tempels, die realiter die Römer vierzig Jahre später im Jahre 70 CE vollzogen, vorweg und stilisiere sie als Strafe Gottes und als kosmische Zeitenwende weg vom Judentum hin zum Christentum.[21] Diese judenfeindliche Deutung der Kirchenväter ist aber nicht nötig. Reformbewegungen innerhalb des Judentums (darunter die Jesus-Bewegung) sind distanziert zum Tempel als Machtinstrument, nicht aber zum Kult, jedenfalls nicht zur Religion. Der zerrissene Vorhang kann auch gedeutet werden, dass der Zugang zu Gott, nicht erst durch den Priester vermittelt werden muss, der – nur er und nur einmal im Jahr – in Gottes Thronraum eintreten durfte, sondern ab jetzt hat jeder Gläubige direkten Zugang.

6.1.3 Brot und Wein

Die Deuteworte am Beginn des Rituals sind zuerst bei Paulus im 1. Korintherbrief (etwa im Jahr 53) aufgeschrieben, Paulus erklärt aber, dass er sie schon von anderen übernommen hat.[22] „Dies ist mein Leib", indem Jesus auf das Brot zeigt und es zerbricht;[23] „Dies ist mein Blut", indem er den Becher mit Wein hebt und ihn bezeichnet als sein Blut, gibt den Zeichen eine Bedeutung. Also das Brot, das ich zerbreche, versteht es, als wäre es mein Körper, der gefoltert, gekreuzigt und ins Grab gelegt wird, aber dann wieder aufgeweckt wird! Ein Gleichnis. Das Ritual als symbolische Handlung ist so eine Gleichsetzung eines aus dem täglichen Leben bekannten Vorgangs

---

21 So um 200 n. Chr. Tertullian, *adversus Iudaeos* 13,15.

22 1Kor 11,23. Die Deuteworte sind dann später in den Evangelien aufgenommen Matthäus 16,26–29 und die Parallelen Mk 14,22–25. Lk 22,19–20.

23 Die deiktische (zeigende) Rede (dieser, jener, hier, dort) setzt voraus, dass Sprechende und Hörende etwas gemeinsam vor Augen haben, auf das der oder die Sprechende mit dem Finger hinweisen kann. Allerdings ist das Wort „dies" τοῦτο im Griechischen Neutrum, während das Brot ὁ ἄρτος Maskulinum ist. ‚Dies' kann sich also nicht auf das Brot beziehen.

mit einem anderen Vorgang. Brechen und Verzehren des Brotes mit einem Schluck Wein aus dem Becher, das Realbild, wird auf das imaginierte Schlachten eines Opfertiers auf dem Altar übertragen. Das nennt man ‚übertragene Bedeutung', griechisch *Metapher* μεταφορά, etwas von einem (Gegenstand) auf einen anderen ‚übertragen'. Die Kopula „ist" ‚verkuppelt' zwei Dinge entweder als identisch (a=b), gleichwertig (a~b) oder in Beziehung stehend im Sinne von „bedeutet" (a → b). Die Metapher hat eine Realebene und eine Bildebene.

Das Johannes-Evangelium spielt zwar auf das Ritual an, wenn Jesus sich als das Brot des Lebens bezeichnet. Aber statt des Päsach-Abendessens spricht er seine Abschiedsrede und wird selbst zum Osterlamm. Jan Heilmann erklärt das Wort „Das Brot, das ich geben werde, ist mein Fleisch; ich gebe es hin für das Leben der Welt." (Joh 6,51) als spätere Einfügung: „Vor dem Hintergrund der Ergebnisse dieser Studie erscheint der Bezug auf Joh 6 in der Abendmahlsdebatte aus exegetischer Perspektive insgesamt unbegründet und sachlich problematisch. Die Studie hat gezeigt, dass ein solcher Bezug auf Joh 6,51–58 überhaupt erst durch die spätere Übernahme insb. der Metaphorik vom Bluttrinken in den Mahldiskurs und im Zuge der ritualgeschichtlichen Transformationsprozesse im dritten/vierten Jh. möglich geworden ist."[24]

Sündenvergebung ist noch nicht das zentrale Ziel des Abendmahl-Rituals in der Tradition des Päsach-Festes, sondern Aufbruch, Befreiung aus der Sklaverei, Selbstbewusstsein eines selbstbestimmten Volkes, das sich mit dem Blut des Lammes schützt und konstituiert.

6.1.4 Das letzte Opfer: Der Hebräerbrief

Dass die Christen das jüdische Opferritual und das der klassischen Kulte entschieden ablehnten, gilt als *das* Unterscheidungsmerkmal der Religionen in der Antike – neben der Verachtung der Götterbilder. Und daraus schöpft das Selbstbewusstsein, die bessere oder einzig gute Religion zu sein. Das ist zu relativieren, insofern sich

[24] Heilmann, *Wein und Blut* 2014, 321.

(1) diese Ablehnung nur auf das Opfer als Tieropfer bezieht, während andere Opferformen weiterbestehen, und (2) die Opfersprache im christlichen Kult übernommen wird. An die Stelle des blutigen Opfers tritt in der Selbstwahrnehmung das „unblutige" oder das „verstandesmäßige Opfer". Der *Barnabasbrief* (16,3 f) setzt die Zerstörung des Jerusalemer Tempels und den Neubau eines Iupiter-Tempels an seiner Stelle voraus, also etwa 140 n. Chr., ist damit eines der frühesten außerbiblischen Zeugnisse.[25] Er lehnt das Schlachtopfer ab mit Zitaten aus Jesaja 1; Jeremia 7, Gott wolle stattdessen mit Lev 1,9 und Psalm 50 ein ‚zerknirschtes Herz' als Opfer. Der Tempel ist zu dem Zeitpunkt schon länger nicht notwendig, um jüdische Religion zu praktizieren. Doch die Hebräische Bibel und innerjüdische Opferkritik dienen als antijüdisches Argument. Wie sich noch zeigen wird (6.4), schwindet auch in den klassischen Kulten das Opferritual; Kritik am Opfer ist ein Zug, der quer durch alle Religionen der späteren Kaiserzeit geht.

Wie ein Paukenschlag nimmt da der Hebräerbrief das volle Argument der Opfertheologie der Hebräischen Bibel auf und übertrumpft sie mit dem Argument, dass Christus das wahre Opferlamm sei und zugleich der Hohepriester, der das Opfer vollzieht: das vollkommene und endgültige Opfer ist zugleich das letzte Opfer.[26] Leidend stirbt das Opfertier, doch kippt das Passive in die Aktivität des Priesters, der Gott das Opfer übergibt, es heilig macht. Das Opferritual wird überführt in das Selbstopfer. Das ist als Ritual unmöglich, ein Widerspruch in sich, aber ein mächtiges Bild, das im christlichen Gottesdienst den Priester heiligt und das Leben der Gläubigen wesentlich als Leiden bestimmt (Kapitel 7).

---

[25] *Barnabas-Brief* 2 (Horacio E. Lona, *FC* 2018, 56). 5,1–2 überträgt er Jesaja 53 „wie ein Schaf wurde er zur Schlachtung geführt" in Verbindung mit dem Versöhnungstag auf Jesus „durch Besprengung mit seinem Blut".

[26] Karrer, *Hebräer* 2002–2008. Gräßer, *Hebräer* 1990–1997. Weiß, *Hebräer* 1991.

Der Hebräerbrief schöpft die Traditionen der Hebräischen Bibel aus, konterkariert sie christlich und ordnet sie unter als das *Alte* Testament. Im 11. Kapitel werden maßgebliche, typologische Beispiele aus der Hebräischen Bibel angeführt, darunter Hebräer 11,17–19: Abraham brachte Isaak dar (als Opfer), obwohl der einzige Sohn doch die Verheißung trug. Er vertraute darauf, so der Autor des Briefes, dass Gott Menschen aus dem Tode aufwecken kann. Das sei eine *parabolé*, ein ‚Gleichnis' für Jesu Tod und Auferstehung und für alle Menschen, die nach dem Tod auferstehen werden. Aus der jüdischen ‚Bindung Isaaks' ist Tod und Auferstehung des Opferlebewesens geworden, damit es zum schwächeren Vorbild für Jesu Tod genutzt werden kann. Im Hebräerbrief ist der Opfernde zugleich das Opfertier. Die angesprochenen ‚Hebräer' (im Text nicht so genannt) hätten zwar schon Nachteile von ihrem Glauben einstecken müssen, aber sie müssten noch leiden, wie Christus litt, ja mit ihrem Tod rechnen. Er zitiert Psalm 110,4 „Du bist Priester auf ewig nach der Ordnung des Melchisedek". Der Psalm jubelt über die Niederschlagung der Feinde durch Jhwh und die Einsetzung des Königs zu seinem Throngenossen und Priester. Der Psalm dürfte nachexilisch sein, wie auch die Figur des Melchisedek.[27] Der König ‚David' wird gewissermaßen geadelt durch den Priesterkönig von (Jeru-)Salem Melchisedek, dessen Name das Programm des Königs (*mäläk*) mit dem des Priesters (*zadiq* Gerechter) vereinigt. Ihm weihte Abraham den Zehnten seiner im Krieg erworbenen Beute (Genesis 14,18–20). Anders als die Königspsalmen 2 und 18 ist aber nicht der irdische König der Kämpfer und Sieger, sondern Jhwh. Nach dem Ende der Monarchie und dem Exil in Babel (597/587–539 v. Chr.) setzen Propheten an die Stelle der alten Herrschaft, die in die Katastrophe des Exils geführt hatte, nun eine Theokratie: Gott ist Herrscher. Wenn Hebräer 11,17 von Abraham sagt, er habe seinen Sohn dargebracht, und den

[27] Hossfeld/Zenger, *Die Psalmen* III, 2012, 643–649.

Gehorsam des Vaters, seinen ‚einzigen' Sohn zu opfern, davon ableitet, dass Gott ja Tote auferwecken könne, ist das ‚Opfer Isaaks' umgestaltet zum typologischen Vorbild zu Jesu Tod: Die Hinrichtung am Kreuz durch die Römer gilt nun als Opfer, das Gott dargebracht wird; der (potentielle) Tod Isaaks wird gemildert durch die Fähigkeit Gottes, Tote wieder aufzuerwecken. Der ‚einzige' Sohn, statt in *Genesis* der ‚geliebte' Sohn, wird später gestaltet als Einsetzung Christi zum Mit-Gott: „Sitzen zur Rechten Gottes" (im Neuen Testament zwölfmal, allein im Hebräerbrief viermal 1,3. 8,1. 10,12. 12,2. Im Neuen Testament freilich noch untergeordnet, subordinationisch. In der Hebräischen Bibel ist das Motiv der zwei Götter einmal vorgestellt, in Daniel 7,9–14, wo der ‚Menschensohn' vom alten Gott die Herrschaft über die Erde und das All übertragen bekommt).[28]

Obwohl also die Christen das Tieropfer als symbolische Handlung ablehnten, eigneten sie sich die Opfersprache an und deuteten den Tod Jesu in dieser Sprache von Gewalt, Blut, Folter und Passion. Die Predigt Jesu, dass seine Nachfolger Gottes Gerechtigkeit in der Gesellschaft gewaltlos durchsetzen sollten und wollten, geriet in den Hintergrund, ja die Sprache der passiv erlittenen Gewalt ersetzte sie vollständig. Als die Christen in der Verfolgung des Kaisers Decius (die erste reichsweite Verfolgung in den Jahren 249–251) zum blutigen Opfer verpflichtet wurden und einige lieber den eigenen Tod erlitten, als den Namen Christi zu verleugnen, und dies als blutiges Selbst-Opfer stilisierten, war die Opfersprache zu einer Realität geworden.[29] Cyprian von Karthago (gestorben

---

[28] Grässer, *Hebräer 1* 1990, 65. Boyarin, *Die jüdischen Evangelien* 2015. Schäfer, *Zwei Götter im Himmel* 2017.

[29] So in dem *Martyrium des Pionios* in Kleinasien. Zum Wandel der Forderung nach einem Opfer mit Wein und Weihrauch *vino ac ture* zur aktiven Teilnahme am blutigen Tieropfer im Zusammenhang mit der reichsweiten Christenverfolgung des Decius, in der auch Pionios und seine FreundInnen im Jahre 250 starben, s. Rives, *Animal sacrifice and the Roman persecution of Christians* 2020.

258) beschreibt die Verfolgung und das Selbstopfer der Märtyrer so *ep* 57,3

Wenn sie [die Christen in der Verfolgung] nun, wie wir von ihnen hören und wie wir wünschen und glauben, tapfer standhalten und mit uns vereint den Widersacher im Kampfe niederringen, dann bereuen wir nicht, solchen Helden den Frieden zugestanden zu haben. Vielmehr ist es für uns Bischöfe eine hohe Ehre und ein gewaltiger Ruhm, Märtyrern den Frieden gewährt zu haben, indem wir als Priester, die wir täglich Gottes Opfer feiern, sie für Gott zum Opferritual als Opfertiere zurüsten.[30]

6.2 Die kleinen Opfer bleiben, auch bei den Christen

Mit der Konzentration auf das blutige Tieropfer als den scheinbaren Kern der Gegen-Religion, wie die Christen sie empfanden, kommen die anderen Opferformen aus dem Blick, die auch die Christen weiterhin praktizierten. Und dies in wachsendem Maße, weil immer neue Römer, Griechen, Sklaven und Freigelassene, zunehmend auch aus der Oberschicht zu den Christen kamen und mit der Taufe zu Mitgliedern wurden. Diese waren es gewohnt, etwas zu tun, Religion als Handlung, nicht als Lesung und Hören zu erfahren. Mit der folgenden Grafik will ich deutlich machen, dass Christen viele Elemente der religiösen Praxis nicht nur auf der verbalen Ebene (wie Gebet, Hymnus, Wundererzählungen), sondern auch auf der Handlungsebene teilten und ausführten. Ausgespart sind nur die zum Gegensatz stilisierten Elemente Opfer,

[30] Die Übersetzung des letzten Kolons in BKV „Gott wirkliche Opfer zuführen" trifft nicht den paradoxen Sinn: Cyprian als Priester bereitet sie vor, die Opfertiere (das sind die Christen, die zum Martyrium bereit sind!), indem sie gemeinsam („wir") täglich die Opfer Gottes feiern! *ut sacerdotes, qui sacrificia Dei cotidie celebramus hostias Deo et vicitimas praeparemus.*

Götterbild, eingeschränkt auch Weihungen.[31] Aber etwa das Geldopfer war und blieb im Mittelalter und bleibt bis zur Gegenwart ein Brauch der Gabe, dass Gott etwas Geld geopfert wird, das dann den Armen und Bedürftigen zugute kommt.

Eine absolute Ausnahme dürfte ein christliches Tieropfer-Ritual sein, das bei der Einweihung der Hagia Sophia durchgeführt wurde.[32] Aber es ist klar, dass die Norm des Christentums nicht alle traditionellen Bräuche wie hier ein Gründungsopfer verhindert hat.

Ein wichtiger Aspekt für die Rede vom Opfer ist zum Schluss dieses Abschnitts festzuhalten. „Opfer" kann nicht nur bedeuten, dass ein Leben auf dem Spiel steht und potentiell geopfert wird; sondern auch die kleine Gabe, das ‚Scherflein der Witwe' (Markus 12,41–44), ist von Bedeutung. Die Gabe ist ‚für Gott' (also bis heute oft in der Treuhänderschaft der Kirchen), aber soll den in Armut Geratenen helfen. Die kleinen Gaben, von vielen gegeben, ergeben auch eine Menge. Die Spenden-Sammlung nach einer Naturkatastrophe oder für den Wiederaufbau nach einem Bürgerkrieg sendet doppeltes Zeichen: Sie drückt Empathie und Hilfsbereitschaft aus und Dankbarkeit für das eigene Wohlergehen. Opfer in diesem Sinne muss nicht wehtun, verlangt nicht einen echten Verlust oder Leiden, wie das aus dem christlichen Opferverständnis herausgelesen werden kann (Kapitel 7), sondern ergibt in der Gabenökonomie ein Geschenk, das altruistisch anderen zugute kommt und zugleich das eigene symbolische Kapital aufwertet.

---

31 Auffarth, *Die kleinen Opfer* 2008.

32 Ekaterina Kovaltchuk: The encaenia of St. Sophia: animal sacrifice in a Christian context. In: *Scrinium* 4 (2008). Patrologia Pacifica, 161–203.

Handlung	**Mit welcher Materie**	**Klassische Kulte**	**Antike Christen**	**Weitere Entwicklung jüdischer/christlicher Gottesdienste**
Tiere schlachten	Rinder Schafe/Ziegen Ferkel/Schweine Tauben	Im Heiligtum: Geschlachtet und verspeist: (Olympisches O.) Oder ganz verbrannt oder versenkt. (Chthonisches O.)		Keine kultischen O. auf dem Altar. [Chr. profane Schlachtung. – Jüdisch, geschlachtet nach religiösen Regeln („kosher")]
Weihungen/ Gaben	Etwas zu essen. Tier-Modelle und Beter aus Ton Menschl. Glieder	Im Haus Gottes niedergelegt.		Menschliche Glieder aus Wachs
Votive aufstellen	Haus Gottes. Götterbilder (Holz, Metall) Edelsteine Münzen	Tempel. Götterbilder Edelsteine Geld	Geld „für die Armen"	Ikonen, Apsisgemälde, Mosaiken ex votos. Geld
Libation (Flüssiges) vergossen/ Getrunken	Wein Milch Honig	Wein Milch Honig	Wein [metaphorisch: Blut] Brot [metaphorisch: Fleisch] + Agape-Essen	Wein und Brot
Gemeinsames Essen	Brot, Fleisch, Oliven, Feigen	Brot, Fleisch, Oliven, Feigen		
Kerzen anzünden	Lampen mit Öl, Fackeln	Lampen mit Öl, Fackeln	Lampen mit Öl, Kerzen	Lampen mit Öl, Kerzen
Wohlgeruch räuchern	Duftrauch Fettdampf des Opfertiers	Weihrauch vor den Bildern, bes. des Kaisers	Weihrauch	Weihrauch vor den Ikonen der Heiligen

Abb. 6.2 Die Grafik soll zeigen, wie das (frühe) Christentum einerseits aus dem Opferritual herausfällt mit der Ablehnung des blutigen Opfers, andrerseits andere, die kleinen Opfer weiter praktizierte.

6.3 Das Ritual als Text auf den Körper geschrieben: Die Zerstörung des jüdischen Tempels als Ende des Opfers?

6.3.1 Die Mutation der spätantiken Religion quer durch alle Traditionen

Was geschieht mit Religion, wenn sie nicht mehr am heiligen Ort praktiziert wird? Wenn sie nicht mehr in der Selbstgewissheit der Gewohnheit, mit dem Erfahrungswissen der Alten oder dem Ausbildungswissen der religiösen Spezialisten gelebt wird? Eine völlige Transformation oder gar Neuerfindung wird nötig. Das ist ein Vorgang der antiken Religionsgeschichte, die in jeder Religion in unterschiedlicher Intensität erforderlich wurde. Nachdem Guy Stroumsa für „Das Ende des Opfers" zunächst vor allem auf die Entwicklung im Judentum hingewiesen hatte und den Rabbi als neue zentrale Figur gezeichnet hatte, ist er in seinem Aufsatz 2021 breiter auf alle drei Traditionen, dazu die neuen Religionen der Spätantike, wie Gnosis, Manichäismus und Islam, eingegangen. Er nennt folgende vier *Mutationen* (ein Wort aus der Biologie, das in der Corona-Pandemie zu einer präzisen Vorstellung geworden ist), die alle religiösen Traditionen der Spätantike durchmachten:

- Die Sorge um sich selbst. Während die Wüstenväter geradezu die Vernachlässigung des Körpers forderten, um damit das Leben nach dem Tod zu gewinnen, ändern sich die benediktinischen Klöster zu Orten gemeinsamen Lebens und Pflege der Bildungstradition der Antike.[33]
- Der Aufstieg der Religion des Buches. Religion wird eine Sache der Bildung, die im lauten Rezitieren Heiliger Schriften, im Schreiben interpretierender Texte, in der Fortschreibung von Heiligen Texten in Qumran,

[33] Stroumsa, *La fin du sacrifice* 2005. Stroumsa, *revisited* 2012. Etwas anderen Akzent zu Punkt 1 setzt Auffarth, *Asceticism* 2022.

der Mischna und ‚Neuem' Testament, im Interpretieren platonischer Dialoge in kosmischer Dimension die rituelle Dimension zurücktreten lässt. Im Islam sammelt die monotheistische Gemeinde Offenbarungsrufe und Gemeindelieder der Psalmen, um sie dann in einem schriftlichen Corpus zusammenzustellen, das für die Rezitation bestimmt ist. Parallel dazu aber entwickelt sich das leise Lesen und gibt dem Einzelnen eine Würde der Frömmigkeit.[34]

- An die Stelle des öffentlichen Opfers tritt das Opfer des zerknirschten Herzens. Die Heiden gestalten Opfer als kunstvolle Beschreibung in der Literatur (*rituals in ink*). Opfersprache wird verwendet für gottesdienstliches Handeln in Räumen ohne Altar. Eine Tendenz zur Innerlichkeit der Religion entwickelt sich.
- Und das vierte Element der Mutation der spätantiken Religion ist der Wandel vom Kult, der öffentlich an zentralen Plätzen der Stadt vollzogen wurde, zu den Gottesdiensten im Innern eines Gebäudes, Synagoge und Kirche, Mithras-Höhle, die mit verschlossenen Türen nur den Mitgliedern offen stehen. Während Juden auch Gäste willkommen hießen als „Gottesfürchtige" oder „Fromme aus den Völkern", grenzten Christen deutlich ab gegenüber Ungetauften, selbst gegenüber Getauften, wenn sie sie für Ketzer hielten. Das Opfer in der Stadtöffentlichkeit wird dem Kaiser vorbehalten und bildet für ihn zunehmend ein Risiko. Christen und Juden feiern in der geschlossenen Gemeinde.

6.3.2 Die Mutation der jüdischen Religion

Für Jüdinnen und Juden hat diese Transformation schon lange begonnen, seit der Zentralisation auf den Jerusalemer Tempel in der Joschianischen Kultreform[35] und dem

[34] Neuwirth, *Koran als Text der Spätantike* 2010. Heilmann: *Lesen in Antike und frühem Christentum* 2021.

[35] Siehe oben 5.2 und Kapitel 2, Anm. 60.

babylonischen Exil. Die Desakralisierung des Landes, das sakrale Monopol des Jerusalemer Tempels (Zion) entwickelt sich parallel zu einer Alternative: der Religion der Wüste (Sinai) mit der Einhaltung der Gebote im Leben einer jeden und eines jeden statt des Opferrituals. Beides schließt sich nicht aus. Aber die Zerstörung des Tempels im Jahre 70 n. Chr. macht die eine Alternative der Praktizierung von Religion unmöglich. Die andere Möglichkeit (Sinai) wird nun die einzige. Dabei ergeben sich folgende Transformationen:

- Der normative Text der rituellen Opferanweisungen wird nicht mehr praktiziert, muss jetzt aber von den Rabbis neu interpretiert werden. Eine lebhafte Diskussion entfaltet sich, weil jedes noch so kleine Detail Bedeutung haben kann. Der Text bleibt normativ. Die Rabbis, nicht mehr die Priester, sind die charismatischen Führer. Aber dabei gibt es keine Hierarchie, keine Diktatur der einzigen Wahrheit, wie sie im Christentum ständig zu erbittertem Streit führt.
- Anstelle der großen Institution des Tempels mit seinem Personal, Viehwirtschaft für die Opfertiere, Geldwirtschaft für die Sonderwährung (Schekel statt Denaren) sind der Bau und die Erhaltung einer Synagoge wenig aufwändig. Ohne jede Hierarchie trägt jede und jeder in der Gemeinde bei. Die Tora ist der Anführer der Gemeinde und wird abschnittsweise von jedem erwachsenen Mann am Sabbat ausgelegt.
- Die Familie je in ihrem Haus praktiziert alltäglich und an den Festzeiten die Religion: Erinnerung an die Heilsgeschichte Israels, Gebet der Psalmen, Memorieren, Rezitieren und Erzählen der Tora. Ganz früh beginnen die Väter ihren Kindern das Lesen von Texten beizubringen in einer Sprache, die sehr verschieden ist von der gesprochenen Alltagssprache. Damit erweitert sich die kulturelle Kompetenz, es entwickelt sich ein Bewusstsein von Anders-Sein.
- Die Identität wird auf den Körper geschrieben: Die Beschneidung ist von außen nicht sichtbar, aber von

Abb. 6.3: In der Tora-Nische in der Synagoge von Dura Europos (Mitte 3. Jahrhundert) ist der Tempel von Jerusalem als Gebäude und mit seinen Kultsymbolen gemalt, rechts daneben die Bindung Isaaks. In der Synagoge aber steht kein Altar für ein Opferritual, sondern es wird aus der Tora vorgelesen.

innen fühlbar; die Glatze der verheirateten Frau ist unter einer Perücke verdeckt. Aber jeden Tag die Wahl der Kleidungsstücke und, was es heute zu essen gibt, erfordert Aufmerksamkeit besonders der Mütter, sich jüdisch, „rein" zu halten. Fleisch ist nicht mehr sakral geschlachtet, aber erfordert doch das Einhalten religiö-

> ser Regeln. Die Reinheitsgebote aus Levitikus 11 und Deuteronomium 14 werden zur jüdischen Identität.[36] Viele Regeln sind besonders inmitten religiös anders lebender Nachbarn in der jeweiligen kulturellen Lebenswelt zu bestimmen; in Zweifelsfällen findet der Rabbi eine Lösung.

Einen besonderen Einblick in die Vorstellungswelt von Jüdinnen und Juden in der Diaspora erlauben die Fresken in der Synagoge von Dura Europos am Euphrat, Stadt an der östlichen Grenze des Römischen Reiches. Sie bewahrt den Zustand um 250 CE, weil damals der Vorposten aufgegeben werden musste.[37] In der Mitte der Wand, auf die die Gemeinde während des Gottesdienstes blickt, befindet sich die Nische, in der die Tora-Rolle während der Woche ruht, das Wort Gottes. Das Fresko um die Nische herum bezieht sich auf den Tempel von Jerusalem mit den Kultgeräten wie dem Siebenarmigen Leuchter. Es bezieht sich auch auf die Geschichte von Abraham mit Isaak, als das sakrale Tieropfer eingerichtet wurde. Der Vater mit dem Messer in der Hand, der ‚einzige' Sohn gebunden auf dem Altar, das Schaf, noch hinter einem Busch verborgen, ganz hinten im Zelt wohl Sarah. Und ganz oben die Hand Gottes, die das Menschenopfer verhindern wird. Die Bindung Isaaks erhält hier eine doppelte Bedeutung: Einerseits bedeutet sie das „erste Mal", als Abraham das erste Tieropfer darbrachte, also die Aitiologie für das sakrale Opfer auf dem Berg Morija, gleichgesetzt mit dem Tempelberg Zion. Andrerseits existiert der Tempel zu der Zeit ja schon lange nicht mehr. Die Geschichte muss nun existenziell ausgelegt werden: Jeder Jude ist Isaak, jede Jüdin Sarah, die ahnt, was geschieht. Sie sind gefesselt, aber Gott rettet sie; sie werden in tiefste Verzweiflung ge-

[36] Achenbach, *Torot* 2020, 62–64: vorwiegend Wiederkäuer, also Tiere, die sich vegetarisch ernähren.

[37] Thomas Leisten, *DNP* 3(1997), 846f. Zur Synagoge Stähli, *Synagogenkunst* 1988, 69–99.

stürzt, aber auch befreit. Dafür steht jetzt die Lesung aus dem Wort Gottes. Dem blassen Verweis auf den Tempel stehen die anderen Bilder im Synagogenraum zur Seite: Moses wird als Baby gerettet, die ägyptischen Truppen ertrinken beim Versuch, den Exodus zu verhindern, Esra als neuer Moses nach dem babylonischen Exil mit der Tora, die Entführung der Bundeslade, Davids Salbung zum König, die Auferstehung der Toten aus Ezechiel 37, aber auch die mutige Esther, der als Gattin des Königs Ahasver (Xerxes) die Vernichtung aller Juden zu verhindern gelingt. Viele Bilder spiegeln Leben von Juden in der Diaspora. Die Tora-Rolle in der Tora-Nische verbindet Zion und Sinai nebeneinander als Symbole für die Religion, die jetzt ohne sakrales Zentrum, ohne den sakralen Altar praktiziert wird.

6.4 Vermeidung des Opfers in der ‚heidnischen' Spätantike

Wie wenig man in der Spätantike vom Tieropfer hielt, zeigt ein interessanter Text des Rhetorikprofessors aus Nordafrika Arnobius von Sicca. Obwohl er noch in der Verfolgungszeit um 300 CE zum Christentum wechselte, verwendete er die Bibel kaum; seine Quellen sind die römischen Klassiker. Skeptisch wie die Epikureer kritisierte er die Rituale der klassischen Religion. So ließ er in seinem Buch *Adversus nationes*, „gegen die Heiden" (7,9) ein Rind eine Verteidigungsrede halten, wenn es denn eine artikulierte Stimme bekäme.[38] Es richtet sich an Iupiter, den Gott der Römer, es könnte aber auch welcher Gott auch immer sein. Es ruft nicht den Allmächtigen an, christliche Religion gegen ‚Heiden'. Vielmehr bleibt die Rede ganz innerhalb der klassischen griechisch-römi-

[38] Arnobius von Sicca, *adversus nationes* 7, 9. Albrecht, *römische Literatur* 1994, 1255–1262. Breuer, *Rhetorik* 2021, 375–391.

schen Wertewelt. Ihr Kläger kritisiert das Opfer also aus seiner inneren Logik heraus. Es sei ‚unmenschlich', ein unschuldiges Tier zu töten, um die erzürnte Gottheit zu besänftigen. Was dagegen täten die Menschen alles, was die Götter erzürnt. Aber nicht sie, sondern am Ende das Blut eines Unschuldigen soll die Entsühnung erreichen. So kommt der Opferstier am Ende zu der Einsicht des Verstandes (*ratio*): „Es steht fest, dass es sinnlos ist, dass Opfer dargebracht werden, während doch unser Verstand lehrt, dass weder Götter jemals erzürnen noch dass es ihr Wunsch ist, dass einer für einen anderen erledigt, geschlachtet wird, und man mit dem Blut des Unschuldigen Entschuldigung für Fehlverhalten erwirbt." Das ist ganz in klassischem Denkrahmen argumentiert; kein christliches Argument wird benötigt, um die Opferlogik für absurd zu erklären. Auch Kaiser Konstantin, der das Ende der Christenverfolgungen erklärte, lehnte das blutige Opfer ab, nicht aus christlichen Gründen, sondern er argumentierte neuplatonisch.[39]

Kaiser Julian, der zweite Kaiser nach Konstantin, erfuhr eine klassische Bildung unter christlichen Vorzeichen, wendete sich aber ab vom Christentum[40] und führte während seiner Zeit als tatkräftiger Kaiser die alten Kulte wieder ein, ließ Tempel wieder aufbauen, unter anderem den jüdischen Tempel in Jerusalem. Doch der frühe Tod des 32-Jährigen im Krieg gegen die Sassaniden (Perser) im Jahre 363, nach nicht einmal 20 Monaten als Kaiser, stoppte jäh das Begonnene. Dennoch wurde er zu einer historischen Größe: Von den Christen gehasst als der ‚Abtrünnige' *apostata*, von den ‚Heiden' verehrt – bis

---

[39] Bleckmann, *Konstantin und die Kritik des blutigen Opfers* 2012.

[40] Seine Schrift *Contra Galilaeos* Gegen die Christen (Galiläer) ist nicht vollständig erhalten: Loeb I, 311–433. Im Rhetoren-Edikt verbietet er christlichen Lehrern, klassische Autoren zu unterrichten, was einem Berufsverbot gleichkommt. *Brief* 61 (Bidez/Cumont; 36 Loeb). *Codex Theodosianus* 13,3,5.

heute.[41] Aber als er auch blutige Opfer wieder durchzuführen befahl, waren selbst glühende Anhänger entsetzt. Ammianus Marcellinus, sein treuer Historiker, konnte nur mit Abscheu berichten von den Strömen von Blut, dem abstoßenden Gemetzel, sogar eine Hekatombe, hundert Rinder, ließ der Kaiser schlachten, bevor er in den Krieg zog.[42] Von den Theologen-Philosophen aus seinem Umkreis sprach sich Sallutios für Tieropfer aus, Jamblich zögerte, Porphyrios war strikt dagegen.[43] Nach der kurzen Episode der Wiedereinführung von Opfern kehrte man zurück zur opferlosen Religion. Als Kaiser Theodosius dreißig Jahre später die Opfer per Gesetz verbot,[44] besiegelte das nur, was schon lange Praxis war. Denn schon lange hatte es nur noch in Ausnahmefällen Opfer gegeben. Zwei Gründe waren ausschlaggebend: Zum einen empfanden die Menschen im Römischen Reich das blutige Opfer als ein barbarisches Ritual, das man nicht mit ansehen konnte und wollte. Stattdessen beschrieben Dichter und Redner lieber das Ritual in poetischer Sprache, das nicht mehr in Realität ausgeführt wurde: *rituals in ink*, gedichtete Tinten-Rituale. Der andere Grund war ein Wandel der Öffentlichkeit. Die Kaiser verdrängten die anderen Adelsfamilien aus der Öffentlichkeit und besetzten sie mit eigenen Aktionen: *Panem et circenses*, Lebensmittelzuteilung und Sensation in Gladiatorenspielen. Die großen Opfer der *religio Romana* waren immer staatliche Spektakel mit den obersten Repräsentanten der *res publica* gewesen. Warum reduzierten die Kaiser sie drastisch? Konnten Sie sich doch so in der Öffentlichkeit zeigen, gesund und tatkräftig, ihren Reichtum und gleichzeitig ihr gutes Verhältnis zu den staatstragenden Göttern beweisen. Doch die Opfer bargen eine unkontrollierbare Ge-

41 Rosen, Fl. Claudius Iulianus, der Kaiser Iulian Apostata. *DNP* 6 (1999), 11–14. Rosen, *Julian* 2006.

42 Ammianus Marcellinus, *historiae* 22,12. 14.

43 Daly, *Opfer* 2015, 155–161.

44 Vorausgegangen war ein solches Verbot im Jahre 356 durch Constantius II. *Codex Theodosianus* 16,10,4 und 6.

fahr. War das Tier geschlachtet, so wurden die Innereien geprüft, die ‚Leber gelesen'. Dafür gab es Spezialisten, die über eigenes professionelles Wissen verfügten, was die Leber eines Opfertieres aussagt. Das war ein gefährlicher Moment. Denn wenn der Wahrsager den baldigen Tod des Kaisers voraussagte, welcher Befehlsempfänger würde dann noch gehorchen? Alles würde sich auf mögliche Nachfolger hin orientieren. Die Macht war mit einem Schlag dahin. Deshalb trieben die Kaiser die Enteignung der Wahrsager immer weiter und reduzierten die Opfer auf das Allernötigste.[45] Das gilt vor allem für die Zentren der Macht, und die Angst der Machthaber war krankhaft.

In dem Streit um den Altar der Victoria im Senatsgebäude (also im Parlament), den der Präfekt von Rom, Symmachus, wieder aufbauen wollte, aber damit Widerspruch der christlichen Herrscher hervorrief, argumentiert Prudentius „Wascht den von verspritztem Blut verfärbten Marmor ab, Ihr Männer von Adel! Erlaubt den Statuen, Werken großer Künstler, unbefleckt dazustehen! Schönster Schmuck unserer Vaterstadt mögen sie werden und Missbrauch möge nicht mehr die Denkmäler einer Kunst besudeln, die man zur Sünde gemacht hat." Römer und obwohl Christ plädiert er für die Erhaltung der Statuen als Kunstwerke aus ästhetischen Gründen. Sie sollen Schmuck sein. Nicht dagegen sollen sie Repräsentation von Göttern sein, deshalb darf man nicht mehr vor ihnen opfern. Und erneut ist es das Argument der Schönheit: Blut der Opfertiere besudele das Kunstwerk. Opfer sind abscheulich, ästhetisch widerlich.[46]

Warum überlebte das Christentum, während das Heidentum mit dem Römischen Reich unterging? So wird die Frage gerne gestellt; aber so gefragt, will man nur die Überlegenheit der christlichen Religion, die dem Christentum wesenhaften besseren Eigenschaften herausstel-

---

45 Fögen, *Enteignung der Wahrsager* 1993.

46 Prudentius, *contra Symmachum* 1,501–505 [CCL 126, 203. Übersetzung Hermann Tränkle]. Dazu *RAC* 25, 2013, 500.

len (unter der Prämisse, dass sich immer das Bessere durchsetzen würde). Diese Fragestellung vergisst, 1. dass Juden weiter ihre Religion ausüben (also nicht nur das Christentum ‚überlebte'), 2. das Christentum als römische Religion sich völlig veränderte zum römischen Christentum; 3. das Heidentum keine Religion in allen Dimensionen darstellt, wohl aber einzelne Kulte unter neuen Namen weiter gefeiert wurden.[47] In der Verkleidung des Heiligenkultes konnten viele Traditionen weitergeführt werden; in monotheistischer Rahmung lebte ein sekundärer Polytheismus. Das Ende der griechisch-römischen Religion wurde zuletzt vielfach erklärt mit der von Christen angewendeten Gewalt. Die christlichen Kaiser seit Konstantin hätten die Infrastruktur der traditionellen Religion abgebrochen, Mönche hätten Götterstatuen zerschlagen, wie die in Alexandria.[48] Das stimmt in manchen Fällen, aber das allein ist noch keine Erklärung für das eher schleichende Verschwinden der griechisch-römischen Religion. Jan Bremmer hat Formen der Entwicklung der Religion herausgestellt in den ersten beiden Jahrhunderten des Römischen Reiches, die der christlichen Religion zugute kamen:[49] Dazu gehören dank der Urbanisierung größere Wahlmöglichkeiten und individuelle Religionsausübung, ohne das aufwändige Tieropfer, eine Literalisierung (‚Buchreligion') und Intellektualisierung, im Osten als Mysterisierung die emotionale Identifi-

---

[47] Romanisierung des Christentums Cancik, *Schmuck* 1986. Cancik, *Römisches Christentum* 2005. Dimensionen von Religion Auffarth/Mohr, *Religion* 2000. Graf, *Festivals* 2015. Markschies, *Warum?* 2004. Zu der umgekehrten These, dass das Christentum das römische Reich zerstört habe (Eduard Gibbon), s. Bremmer, *Rise* 2010.

[48] Leppin, *Die frühen Christen* 2018 zeigt eher eine graduelle Entwicklung der Veränderung des religiösen Feldes vor Constantius statt einer plötzlich gewaltsam erzwungenen Christianisierung unter den christlichen Kaisern (die es dann auch gab). Ähnlich argumentiert Bremmer, *demise* 2021.

[49] Bremmer, *demise* 2021 setzt sich auseinander mit Rüpke (zur römischen Hälfte) und Rives (zum griechischen Osten).

kation mit der Gottheit und ihrem Geheimnis,[50] also auch Änderungen in der Einstellung zu der gewählten Gottheit. Dazu gehört auch das Ende des Opfers. Stroumsa, dessen Mutation der spätantiken Religion oben vorzustellen war, beobachtet das an allen Traditionen, und was sich am Ende entwickelte, war das, was wir Christentum nennen, und neben dem Judentum der Islam. Alle religiösen Traditionen also mutierten in ähnlicher Weise, so dass wir auch von einer Einheit der Entwicklung sprechen können, der Römischen Reichsreligion. Dann ist Religion nicht mehr der objektsprachliche Plural von verschiedenen Religionen Christentum, Judentum und Islam, sondern metasprachlich die Gemeinsamkeit von Erwartungen an Religion in sprachlicher, metaphorischer, ästhetischer wie ritueller Hinsicht. Mit dem Ende der Antike, insbesondere mit dem Ende der Stadtkultur, mutierten die Religionen erneut – dann zur mittelalterlichen Religion der feudalen Kultur.

6.5 Islam

Eine auffällige Entwicklung unterscheidet das christliche Verhalten zum Fleischgenuss von dem der Juden und Muslime. Während Christen das Schlachten fast völlig aus der religiösen Sphäre ausgegliedert haben,[51] es profan wird, halten sich Juden (vor allem die Frauen in der Küche müssen die Regeln einhalten) und Muslime an religiöse Regeln der Reinheit, auch wenn es kein sakrales Schlachten am Altar mehr gibt. Muslime haben offenbar

---

[50] Auffarth, *Mysterien* 2016, bes. 451–453, 467 (Mysterisierung).

[51] Trotz solcher Anweisungen wie „Darum halte ich es für richtig, den Heiden, die sich zu Gott bekehren, keine Lasten aufzubürden; man weise sie nur an, Verunreinigung durch Götzen(opferfleisch) und Unzucht zu meiden und weder Ersticktes noch Blut zu essen" (Apg. 15,19f). Staubach, *Speisegebote* 2019. Im Zusammenhang einer Tierethik Hafner, *Blut* 2021.

aus dem Judentum Regeln aufgegriffen. Der Koran übernimmt die dreigliedrige Liste (Aas, Blut, Götzenopferfleisch) und fügt hinzu das Verbot von „Schweinefleisch" (Q 5,3; 6,145).

Angelika Neuwirth weist darauf hin, dass sowohl im familiären Vollzug der Religion als auch bei der Wallfahrt Tiere geschlachtet werden im Rahmen des ‚Opferfestes' (*Īdu l-Aḍḥā*) im Monat der Wallfahrt. Dabei bezieht sich die Schlachtung auf die ‚Opferung' des Sohnes durch Abraham/Ibrahim. Aber die Metapher, dass das Tieropfer eine entsühnende, heilsbedeutende Wirkung trage, fehlt völlig. Die im Koran vorgeschriebenen Opfer (Q 22,36f) „folgen nicht biblischen Vorbildern, sondern stehen in der Tradition des paganen mekkanischen Wallfahrtskultes".[52] Nicht (nur) Ibrahim, vielmehr willigt sein Sohn Ismael ein in das geforderte Opfer und zeigt sich so, vorbildlich für alle Muslime, gehorsam gegenüber Gott. Einen sakralen Altar im Heiligtum in Mekka oder in der Moschee dafür gibt es nicht. Gott hat nichts davon: „Weder ihr (sc. der Opfertiere) Fleisch noch ihr Blut wird zu Gott gelangen, wohl aber die Gottesfurcht von euch. So hat er sie euch zum Dienst gemacht, damit ihr Gott dafür preist, dass er euch rechtgeleitet hat." (Q 22,37). Statt Gott aber soll man Nachbarn und Arme beschenken. – Das führt zu einem umfassenderen Blick auf die Religionen.

6.6 Die Achsenzeit: Für und Wider eines globalen Wendepunktes

Mitte des 18. Jahrhunderts widersprach der Orientalist Abraham-Hyacinthe Anquetil-Duperon dem Stolz, das Christentum und Europa seien einzigartig und die Spitze der kulturellen Entwicklung. Er äußerte 1771 die These,

---

52 Neuwirth, *Der Koran als Text der Spätantike* 2010, 554–557.

dass nicht die Geburt Jesu der Wendepunkt der Weltgeschichte gewesen sei, sondern in vielen Kulturen eine ‚Achse' zu erkennen sei, in der sich die Weltgeschichte fundamental gedreht habe. Wenn man die Weltgeschichte in die Zeit vor und nach Christi Geburt (v. Chr. und n. Chr. oder *anno Domini* AD) einteile,[53] mache man eine eurozentrische Sicht auch für alle anderen nichtchristlichen Nationen zur Norm. In der englischsprachigen Wissenschaft hat sich mittlerweile der Begriff CE Common Era durchgesetzt, während in der deutschen nicht etwa das in der DDR übliche „vor unserer Zeit (v. u. Z.)" sich eingebürgert hat. Neben dieser eher technischen Frage steht dahinter aber das Problem, wie in einer globalisierten Welt ein Weltbild transportiert wird, das nicht allen Kulturen gerecht wird. Der französische Orientalist machte die Beobachtung, dass nicht nur im Christentum, sondern in vielen anderen Kulturen eine Phase der rituellen und diesseitigen Religion an einem sakralen Ort abgelöst wurde durch eine andere Phase, in der ethisches Verhalten und Verantwortung gegenüber jenseitigen Mächten die Religion bestimmten, unabhängig von Tempel und Altar.[54] Also grob gesagt, dass das Opfer-Ritual aufgegeben wurde zugunsten der Entdeckung der verantwortlichen Seele und der Ethik. In der Neubesinnung nach der Katastrophe des Zweiten Weltkriegs, in der viele sich nostalgisch verklärend auf das ‚Abendland' beriefen, dessen Werte es wiederherzustellen gelte, stellte Karl Jaspers nach seiner Verfolgungssituation im Nationalsozialismus und folgend einer befreiten kreativen Schreibphase eine globale Perspektive dagegen. In allen großen Kulturen

[53] Stroumsa, *The End of Sacrifice Revisited* 2021, 151–162.

[54] Zusammenfassend die Monographie von Jan Assmann, *Achsenzeit* 2018. Aus der Perspektive Israels hat Shmuel Eisenstadt mehrere Konferenzen organisiert (1987. 1992), um die historischen Zusammenhänge unter soziologischer Methodik genauer zu untersuchen. Zum Kontext Joas, *Macht des Heiligen* 2017, 279–354.

habe es die Achsenzeit gegeben.[55] Er verwies auf Umbrüche, die Achse, in folgenden Kulturen: In China habe Konfuzius die geistige Revolution angestoßen,[56] in Indien erst die Reformbewegungen des Buddhismus oder des Jainismus, bevor dann auch der brahmanische Hinduismus das Opfer aufgab und zum vegetarischen Leben überging, in Persien sei es Zarathustra gewesen,[57] in Israel hätten die Propheten mit ihrer Opferkritik die entscheidende Alternative angestoßen, in Griechenland des Pythagoras' und Platons Seelenlehre.[58] Die Achsenzeit sei etwa um 500 BCE anzusetzen. Diese These und vergleichbare Überlegungen in dieser Zeit fanden zwar Beachtung, aber historisch geprüft wurden sie erst in Konferenzen, die Robert Bellah (1927–2013) und Shmuel Eisenstadt (1923–2010) mit Spezialisten der jeweiligen Kultur organisierten.[59] Robert Bellah erarbeitete unter dem Gesichtspunkt der Achsenzeit eine große Weltgeschichte der religiösen Evolution.[60] Das Konzept erwies sich als fruchtbar und gleichzeitig problematisch. Das eine ist die Zeitbestimmung ‚Mitte des ersten Jahrtausends BCE', die völlig aufgeweicht wurde. Auf Indien bezogen etwa hält Gerald Larson zwar Jaspers' These für akzeptabel, identifizierte aber einen tieferen Einschnitt in der Spätantike, also tausend Jahre später, als eine zweite Achsenzeit. Ebenfalls in dieser Epoche, Mitte des ersten Jahrtausends CE, findet Guy Stroumsa die Achsenzeit mit der ‚Mutation' der Religion in allen vier Religionen (griechisch-römische Tradition, Judentum, Christentum, Islam).[61] Das

---

[55] Jaspers, *Vom Ursprung und Ziel der Geschichte* 1949. Die Achsenzeit konzipierte er zuerst in einem 1946 in Genf gehaltenen Vortrag. Der Begriff, auf Christus bezogen, bei Hegel (Joas 2017, 304–307).

[56] Roetz, *chinesische Ethik* 1992. Roetz, *Axial Age China* 2012.

[57] Stausberg, *Zarathustra* 2005.

[58] Bremmer, *Soul* 1983. Bremmer, *Afterlife* 2002.

[59] Eisenstadt, *Achsenzeit* 1987. 1992.

[60] Bellah, *Evolution* 2011/2021.

[61] Larson, *End of Sacrifice* 2016, 63–85. Stroumsa, *End of sacrifice revisited* 2021.

zweite Problem betrifft die Frage der Achsendrehung: Ist der Wandel von der Ritualreligion zur ethischen Religion wirklich ein vollständiger Umbruch oder existieren nicht vielmehr beide Formen von Religion auch nebeneinander? In der *Odyssee* etwa ist die ethische Verantwortung immer wieder herausgestellt, auch und gerade bei Opferhandlungen.[62] Das Gleiche gilt für die prophetische Opferkritik, die das Opferritual nicht beendet, aber die rechte Einstellung einfordert und das Opfer, also die Gabe für die Armen dem Ritual gleichstellt. Dennoch ist die Entdeckung der Transzendenz und des inneren Menschen eine bedeutende Veränderung in der Religionsgeschichte.

[62] Oben bei Kapitel 3, Anm. 21.

7. Christliche Lebensführung als ‚Opfer': Leiden als Pflicht

7.1 Streit um den katholischen Gottesdienst als ‚Opfer'

Das Zweite Vatikanische Konzil revolutionierte den katholischen Gottesdienst: Hatte der Priester bis dahin am Hochaltar mit dem Rücken zur Gemeinde die Gaben der Eucharistie zubereitet im Gespräch mit seinem Gott, so ließ das Konzil einen Tisch (*mensa*) oder den Volksaltar in die Mitte des Gottesdienstraumes stellen, hinter dem nun der Priester in der Mitte und im Angesicht der Gemeinde das Ritual vollzieht. Die Gemeinde ist nun kommunikativ einbezogen. Und der Priester spricht sie in ihrer Sprache an, nicht mehr in einer Kultsprache, die nur im Kult verwendet wird, dem römischen Latein. Die Reform *instauratio* des Gottesdienstes beschloss das Konzil am 4. Dezember 1963 in der Konstitution *sacrosanctum concilium.*[1] Damit war auch ein neues theologisches Verständnis des Gottesdienstes denkbar, das in der grundlegenden Schrift des Konzils *lumen gentium* zum Ausdruck kam.[2] Die christliche Kirche ist nicht mehr die Kirche der Kleriker, an der die Laien nur insofern teilhaben, als sie das Recht haben, die Sakramente zu empfangen. Die Gemeinde war also passiv, Mittler *mediator* zwischen Gott und Laien ist der Priester. Der in apostolischer Sukzession geweihte Mann teilte den Leib Christi aus, den sich die Laien einverleiben. So, als ‚Recht des Empfangens der geistlichen Gaben' von den Geistlichen *ius recipiendi a clero spiritualia bona,* hatte am Ende des Ersten Weltkriegs das Gesetzbuch der katholischen Kirche, der *Codex Iuris*

[1] Text und Übersetzung findet man im *Enchiridion* unter den Nummern 4001–4048.

[2] *Enchiridion* 4101–4179.

Canonici c. 682, die Rolle der Laien in der Kirche dekretiert. Fünfzig Jahre später beschrieb das Zweite Vatikanische Konzil nun die Kirche als das Volk Gottes auf dem Weg zum Reich Gottes, nicht mehr als abgeschlossene Größe, außerhalb derer kein Heil zu finden ist. Sondern im großen Zug der Völker von Juden, Muslimen, ja Kommunisten läuft an der Spitze und Vorbild, als „Licht für die Völker" (*lumen gentium*), das auserwählte Volk der Christen, angeführt von den Klerikern, Mönchen, Nonnen, Priestern. Dieses Bild lehnt sich an das prophetische Bild an, das am Ende der christlichen Bibel vom ‚Alten‘ Testament überleitet zum Neuen Testament: Am Ende der Zeiten werden alle Völker zum Hause Gottes auf dem Zion eine Wallfahrt unternehmen und sich dort sammeln, also auch die Völker, die nicht zum Volk Gottes ausersehen waren, nun aber eingeladen sind: die *gojim*, die bislang Völker/Heiden hießen: Sacharja 8, 20f und 14,16–21; großartig schon in der Friedensvision Jesaja 2 gezeichnet, aufgenommen im Neuen Testament Lukas 24,47.

War die Liturgiereform nun ein Bruch mit der römisch-katholischen Messe, wie sie – nach der Trennung der Protestanten als eigene Kirche mit eigenen Gottesdienstformen – durch das Konzil von Trient als tridentinische Messe seit gut vierhundert Jahren gefeiert worden war? Und ist dieser Gottesdienst der ‚Gegenreformation‘ eine organische Entwicklung des von Christus eingesetzten Ritus? Die Evangelischen bestritten ja genau das und führten ihre Form als *reformatio* (wieder in die ursprüngliche Form bringen) durch als den dem Evangelium Jesu entsprechenden ‚evangelischen‘ Gottesdienst. Zu dieser Form und ihrer Begründung weiter unten.

Wie nun? Natürlich hat die Messe eine Geschichte und eine Entwicklung und Brüche. Die Gegner der Liturgiereform des Zweiten Vatikanischen Konzils stellen sich aber vor, dass es eine Linie gibt, die die Entfaltung des Baumes als organisch, d.h. naturgemäß, aus der einen Wurzel hervorgehend ableitet. Alle Veränderungen und Zusätze, die im Lauf der Zeit über den Ursprung hinaus dazugekommen sind, sind im Sinne des Stifters schon angelegt gewesen und nur die Aktualisierung des Ursprünglichen. Dahinter steht das Modell, das der griechische Philosoph Aristoteles für alle natürlichen Lebewesen vorgegeben hat: Schon im Samen, im Ei und im Embryo sind das Wesen *essentia* οὐσία, Materie *materia* ὕλη, die Form *forma* μορφή und alle Anlagen *accidentiae* συμβεβηκότα potentiell enthalten, die in der vollen Entfaltung sich dann zur Gestalt aktualisieren, „entwickeln", also auswickeln. Die Natur, in der scholastischen Theologie letztlich Gott, lässt die Gestalt sich entwickeln. Das Vollkommene, im Ursprung schon enthalten, entfaltet sich.

Freilich sind das materielle Wesen von Brot und Wein einerseits und der Aufenthalt des nicht mehr Menschen, sondern des immateriellen Gottes-Sohnes im Himmel andererseits schwer miteinander zu vereinbaren. Als Mitte des 11. Jahrhunderts der Theologe Berengar von Tours erklärte, es sei unmöglich, dass der Christus bei jeder Eucharistie vom Himmel auf den Altar umziehe und sich so klein machte, dass er in die Hostie passt, um dann anschließend aufgegessen zu werden [und wie kommt er aus dem Darm wieder in den Himmel?], folglich Brot Brot bleibe und Wein Wein, also die Substanz gleich bleibt und nur die Bedeutung sich ändert, zwang ihn die Fraktion der Römer um den herrschsüchtigen Gregor VII. 1059 zu dem Glaubensbekenntnis: „Der wahre Leib und das Blut unseres Herrn Christi ... werden mit den fünf Sinnen, nicht nur im Sakrament, sondern in Wahrheit, von den Händen des Priesters berührt und gebrochen und von den Gläubigen mit den Zähnen zerkaut."[3] Solchem Materialismus („rührende Naivität")[4] fehlte jede Subtilität. Thomas von Aquin widersprach dem entschieden. Den Spott der Katharer/Ketzer, dass die Katholiken ihren Gott so materiell denken, dass sie das menschliche Fleisch Christi ungebraten verspeisen, beantwortete der in Streitgesprächen geübte Professor. Die Katharer spotteten nämlich: „Unser täglich Brot gib uns heute!" könne doch nicht bedeuten, dass man was zu essen im Haus hat oder täglich in der Messe das Stückchen Brot kaut, sondern das himmlische Brot. Das griechische Wort ἐπιούσιον ἄρτον, das die aristotelische οὐσία Wesen enthält,

---

[3] *Enchiridion* 690. *Verum corpus et sanguinem Domini nostri Iesu Christi esse, et sensualiter, non solum sacramento, sed in veritate, manibus sacerdotum tractari et frangi et fidelium dentibus atteri.*

[4] Allzu wohlmeinend Edward Schillebeeckx: *Die eucharistische Gegenwart. Zur Diskussion über Realpräsenz.* Düsseldorf [2]1968, 7.

übersetzten sie mit „überirdisch".[5] Der Theo-Logiker Thomas korrigiert subtil die rechtgläubige Auffassung mit den aristotelischen Kategorien: Dass Christus in der Messe und in Brot und Wein gegenwärtig anwesend sei, sei nicht mit den fünf Sinnen zu fassen, zu schmecken, zu riechen, sondern allein durch den Glauben aus göttlicher Autorität, also die Imagination, jedoch keine Illusion.[6]

Die apostolische Sukzession, aus der die Priester ihr Recht ableiten, die Messe „im Namen des Vaters, des Sohnes und des Heiligen Geistes" durchzuführen, und den Leib Christi den Laien zuteilen, behauptet neben der Kontinuität des Rituals eine direkte Linie von Christus her zu dem Priester hier und heute. An dem letzten Abendmahl vor Jesu Festnahme, Verurteilung, Folter und Tod am Kreuz, das Jesus mit seinen Jüngern feierte, sprach er die Worte, die jeder Priester bei der Eucharistie wieder spricht: „Er nahm das Brot, brach es und sprach: Dies ist mein Leib, für Euch gebrochen; zum andern nahm er den Kelch und sprach: Dies ist mein Blut, für Euch vergossen. … Dies tut zu meinem Gedächtnis!" Das ist die Handlungsanweisung und ‚Einsetzung' des Gottesdienstritus; angesprochen, das zu wiederholen, sind die Jünger bzw. dann die Apostel. Das Leben der Apostel ist endlich, die Kirche als Gottes Gabe, unendlich, solange es Menschen und Generationen gibt.[7] So beauftragte Jesus die Apostel, die Apostel beauftragten einen bewährten Nachfolger, und der wieder einen nächsten mit dem Ritus der Ordination und dem dazugehörigen Ritus der Weihe. Das nennt man die apostolische Sukzession. Da aber nach

[5] Die Vulgata übersetzt das gleiche griechische Wort einmal (Lukas 11,3) mit *cotidianum* „täglich für morgen" und einmal (Matthäus 6,11) mit *supersubstantialem* „über-materiell": Auffarth, *Ketzer* 2016, 59–61. Die Katharer feierten folglich kein Abendmahl.

[6] Thomas von Aquin, *Summa theologiae* II, *quaestio* 75 und 76. Die Akzidentien von Brot und Wein bleiben bestehen. Christus sei leiblich anwesend, nicht reduziert auf essbares Fleisch, und seine Anwesenheit habe keine räumliche Ausdehnung.

[7] Die Protestantin Dorothee Sölle verfolgte eine ähnliche nicht-individuelle Erklärung des Abendmahls.

dem Evangelium (Mt. 16,18) Jesus einen Jünger, der ihn als Messias erkannte, besonders hervorhob: „Du bist Petrus und auf diesem Felsen will ich meine Kirche bauen", beanspruchten die Nachfolger von Petrus als Bischöfe von Rom den Vorrang (Primat) vor den anderen Aposteln als Papst. Nur die vom Papst in Rom geweihten Erzbischöfe, dann die Bischöfe, dann die Weihbischöfe können Priester weihen und ihnen die Vollmacht erteilen – vom Papst, den Christus zum Apostel berufen hat, über die kirchliche Hierarchie (‚Heilige Ordnung') der Bischöfe zum geweihten Priester.

Historiker müssen hier anders arbeiten. So hat der katholische Liturgiehistoriker Josef Andreas Jungmann in seinem Grundlagenwerk *Missarum Sollemnia* zwei hier wichtige Feststellungen ausgesprochen.[8] 1. Liturgie (die Ordnung des Gottesdienstes) ist „nur das Tun des Priesters am Altar, der die heilige Handlung vollzieht, [...] oder steht mit dem Priester auch das christliche Volk im heiligen Bezirk? Schon der Blick auf die ältere Periode des christlichen Gottesdienstes zwingt zu letzterer Entscheidung; die Formen der Meßliturgie sind in der Frühzeit durchwegs als Gemeinschaftsformen gestaltet. [...] Kirche ist mehr als Klerus; sie ist das von den geweihten Amtsträgern geleitete Gottesvolk." Also schon 1948 widersprach er dem Konzept der Klerikerkirche, wie sie Pius IX. im Ersten Vatikanischen Konzil 1870 verlangte und wie sie im Kirchenrecht 1917 festgeschrieben wurde. Auch das Bild vom wandernden Gottesvolk des Zweiten Vatikanums ist schon skizziert: „der Stufengang, auf dem die Kirche zum Berg Gottes hinansteigt", bei Jungmann freilich nicht eschatologisch, weil bei ihm anschließend der Abstieg in den Alltag folgt (S. 4). Aber das sei nicht die einzige historische Veränderung. Die Gottesdienste der

[8] *Missarum Sollemnia. Eine genetische Erklärung der römischen Messe*. Freiburg: Herder 1948, hier S. 3 und S. 2 sind zitiert aus der 3.Auflage 1952. Der Jesuit Jungmann (1889–1975) wurde später als Berater zum Zweiten Vatikanischen Konzil gebeten.

Frühzeit waren Gemeinschaftshandeln. Und in der Metapher des Gebäudes ging er weiter: 2. „Wie bei einem anderen Gebäude, an dem die Jahrhunderte gebaut haben, ist es sowohl im Ganzen wie in den einzelnen Baugliedern der Meßliturgie nicht immer derselbe Leitgedanke, dasselbe Leitbild gewesen, das vorangeleuchtet hat." Schließlich fügte er 3. ein Kapitel bei, „das den wesentlich kultischen Sinn des Meßopfers im Unterschied zum Kreuzesopfer beleuchten soll" (S. 4). Schon im Bereich des Lateinisch sprechenden Europa gab es unterschiedlichste Messformen, die römische Form wollten die Päpste durchsetzen, aber regional beharrten Christen auf ihren Formen, sich bewusst unterscheidend. Erst recht gingen die vielfältigen Kirchen der griechischen, syrischen, ägyptischen, äthiopischen Christen andere Wege. Als die lateinischen Christen 1204 im Vierten Kreuzzug die griechische Kirche einem päpstlichen Patriarchen unterstellten, gestatteten sie die Verschiedenheit der Messformen (*diversitas rituum*), erzwangen aber die Purifizierung nach der römischen Religion: es gebe *nur die eine* Religion bei aller Verschiedenheit der Rituale. *una religio in diversitate rituum* ist kein Grundsatz von Toleranz, wie man Kardinal Nikolaus von Kues gerne unterstellt. Diese Bedingung stellte er 350 Jahre später auf die Bitte aus Konstantinopel um Hilfe hin, bevor die Stadt 1453 von den Osmanen erobert wurde. Von einer Entfaltung einer schon im ursprünglichen Abendmahl enthaltenen von Christus so gewollten Symbolischen Handlung kann man historisch nicht sprechen. Die Fortschrittsidee des Historismus, der die heutige Form als folgerichtige Entwicklung aus der Geschichte rechtfertigt, trifft nicht zu. Mit Nietzsches Modell der Genealogie kann man eher die vielfältigen Entwicklungen und kreativen Potenziale erstickt sehen durch eine dann herrschende Form.[9]

---

[9] Grundlegend zur Geschichtsauffassung, zwischen Entwicklung und Genealogie unterscheidend Zander, *Europäische Religionsgeschichte* 2016.

Der Kirchenhistoriker Arnold Angenendt (1934–2021) hat streitbar gezeigt, wie *die* mittelalterliche Messe sich nicht aus *dem* antiken Gottesdienst entwickelte:[10] Angenendts Nachweis als Priester und Historiker, dass es verschiedene Stränge der Messformen gab, die regional vorhandene Riten älterer Traditionen integrierten, auf Dauer vergeistigten (am Ende aber die Reform der Reform fordert),[11] rief wenige, aber lautstarke Traditionalisten, teils sogar Fundamentalisten auf den Plan.[12] Einige schlossen sich zusammen zu einer Bruderschaft, die sich auf den Papst Pius X. berufen, der die Ergebnisse des Ersten Vatikanischen Konzils umsetzte, eben jenes Konzils, das 1870 den Papst als unfehlbar erklärte und den unbedingten Gehorsam der Gläubigen, gleich wo und wann in der Welt, einforderte:[13] die Piusbruderschaft. Ihrem Anliegen neigte auch der damalige Papst Benedikt XVI. zu: Nach ihrer Forderung ist nur die lateinische Tridentinische Messe die einzig legitime Form des katholischen Gottesdienstes: ein Sieg der formvollendeten Repräsentation in der Heiligkeit der Handlung durch geweihte Menschen, indem diese das Erlösungsopfer Christi in jeder Messe wieder realisieren. Das Zweite Vatikanische Konzil habe die voll-

---

10 Angenendt, *Offertorium* 2013. Angenendt, *Revolution* 2016.

11 Angenendt, *Offertorium* 2013, 488.

12 Wer den Streit verfolgen will, kann die Argumente der Traditionalisten nachlesen bei dem Altphilologen Heinz-Lothar Barth: *Die Messe der Kirche. Opfer – Priestertum – Realpräsenz*. Tremsbüttel: una voce 2016, der in der frühesten Kirchenordnung schon „jenes heilige Geschehen, das später ‚Messe' genannt werden sollte", die ‚richtige' Messe findet: „Die Auffassung, daß in den Kapiteln 9 und 10 (der *Didache*) eine Eucharistiefeier im späteren liturgischen Sinn gemeint ist, wird durch die große Ehrfurcht vor „der geistlichen Speise und dem geistlichen Trank" und die Angst vor einem unwürdigen Empfang gestützt, ferner durch die eschatologische Komponente (*Didache* 10,6)." (Barth, *Die Messe* 2016, 42–47).

13 Die Konstitution *Pastor aeternus* (im *Enchiridion* 3050–3075). Genauer ist nicht der Papst unfehlbar, sondern wenn der Papst *ex cathedra* spricht, sei das ein unfehlbares Dogma: *infallabilis ex cathedra* 3074. Wolf, *der Unfehlbare* 2020 erklärt, dass der Papst durchaus sich auch als Person für unfehlbar hielt.

endete Form zerstört, die Heiligkeit aufgelöst. Die Liturgiereform sei nicht mehr katholisch, sondern die Häresie der Formlosigkeit, die ‚Protestantisierung' der katholischen Kirche.[14]

7.2 Der christliche Gottesdienst als ‚Opfer': die Messe

Im Zentrum des Messgottesdienstes stand und steht nach den Traditionalisten die eigentliche Eucharistie (griech. εὐχαριστία Dankbarkeit). Der Gottesdienst umfasst zwei Teile, den Teil mit dem Wort Gottes und den der Kommunion, eigentlich das „gemeinsame" Essen. Für das katholische Verständnis ist der zweite Teil der notwendige[15] Höhepunkt einer Messe, für Evangelische steht das Wort Gottes im Vordergrund, das Abendmahl kommt von Zeit zu Zeit hinzu. Voraus gehen die Vorbereitungen, abgeschlossen wird der Gottesdienst mit dem Ruf: *ite, missa est!* Gehet hin (in Frieden), Schluss jetzt! Von *missa* Schluss[16] stammt die Bezeichnung Messe. Und da oft an den Festen

---

[14] Der katholische Schriftsteller Martin Mosebach: *Die Häresie der Formlosigkeit. Die römische Liturgie und ihre Feinde.* Wien: Karolinger 2002 (der Verlag verlegt antirevolutionäre Bücher, 4 Auflagen, dann vom Hanser übernommen und als Taschenbuch erst bei dtv 2016, dann bei Rowohlt 2019). Papst Benedikt XVI. erhob 2007 in einem *motu proprio* die lateinische Messe als gleichwertig. Die Pius-Brüder und allen voran der Bischof Lefebvre forderten, allerdings ausschließlich die Messform zu erlauben, wie sie *vor* dem Zweiten Vatikanischen Konzil gefeiert wurde. Vgl. das Streitgespräch Eckhard Nordhofen: *Tridentinische Messe – ein Streitfall.* Kevelaer: Butzon&Bercker ^{2}2019, 11. Er meint, Mosebachs Buch sei der „Auslöser" für den Papst gewesen.

[15] Die sog. Sonntagspflicht ist im CIC 1917 in canon 1249 festgelegt, in CIC 1983 c. 1247. Zur Teilnahme an der Kommunion nach der Beichte sind die Gläubigen wenigstens einmal im Jahr, an Ostern, verpflichtet CIC 920.

[16] Jungmann, *Missarum sollemnia* ^{3}1952, 230. Er setzt es mit *dimissio* ‚Entlassung' gleich. Das Verständnis „Aussendung" gibt das Wort nicht her.

der Kirchweihe oder des Kirchenpatrons anschließend ein Jahrmarkt mit Gastwirtschaften, Tanz und fahrenden Händlern mit vor Ort nicht zu findenden Waren stattfindet, ist die Bezeichnung auch für Handelsmessen übertragen worden. Was für die Laien zusammengehört, trennen die Theologen wieder scharf: das Eigentliche ist das Heilige, das Säkularisierte eher störend. Dass Religion auch die Gelegenheit zu Lachen, Tanzen, gemeinsamem Essen, Klönen bietet, außergewöhnlichen Geschenken für die Daheimgebliebenen, die man auf der Messe kaufen konnte, das gehörte am Anfang noch zusammen, als Christen sich in Häusern trafen und Ritual und gemeinsames Essen noch nicht getrennt waren: Agape, Sättigungsmahl, Ritual. Wie Juden etwa noch heute das Sedermahl an Pesach/Pascha als Festessen feiern.

Nun zum Ablauf der Messe und dem Ort des ‚Opfers'. Die Messe ist folgendermaßen aufgebaut: Priester, Ministranten und Kirchendiener (Mesner, Küster, Sigrist) bereiten den Gottesdienst vor, noch bevor die Gemeinde die Kirche betritt: Kerzen, Blumenschmuck, Paramente, Messgewänder, Kelch und Patene werden zurechtgemacht. Der Priester wäscht sich in der Sakristei die Hände, um rein zu sein für das Heilige (später noch einmal, bevor er die Oblate berührt) und kämmt die Haare, ordnet die Gedanken. In der Sakristei betet er mit den Ministranten. Mit einem Glockenschlag zieht der Priester mit seinen Begleitern unter Orgelklang in die Kirche ein (*introitus*). Der Priester eröffnet den Gottesdienst mit der Formel „Im Namen des Vaters, des Sohnes und des Heiligen Geistes". Aus dem Alltag gekommen, treten die Gläubigen vor Gott und bekennen ihre Schuld, indem der Priester dies vorspricht (*Confiteor* „Ich bekenne, dass ich gesündigt habe"), und nehmen das als Schuld auf sich: *mea culpa*. Gott möge sich erbarmen über mich Sünder: *Kyrie eleison*.[17] Auf die

[17] Die lateinische Messe spricht griechische Wörter, was in der Antike lange die meistgesprochene Sprache war, auch in der christlichen Gemeinde, in einer Aussprache, in der viele Vokale als ‚i' ausgesprochen wurden, also auch das κύριε, ἐλεησον (kyrie! eleäson) als kirie, eleison.

Zusage des Priesters *te absolvo*,[18] Dir sind Deine Sünden vergeben, jubelt die Gemeinde das *Gloria in excelsis Deo*, Ehre sei Gott in der Höhe! Nun ist die Gemeinde bereit, das Wort Gottes zu hören im Psalm, in den Lesungen aus dem Alten Testament, dem Evangelium und einem Brief (*Epistel*). Eine kurze Auslegung des Textes (die Homilie) schließt den Wort-Teil ab mit dem Glaubensbekenntnis (*Credo*). Alle Teile des Gottesdienstes sind fest vorgeschrieben, die Lesungen über das Kirchenjahr wechselnd, nur die Homilie ist ein frei formulierter Bestandteil. Der zweite Teil des Gottesdienstes, das Ritual der Eucharistie, setzt zunächst voraus, dass die ‚Gaben' vorbereitet werden. Das Geschirr, Kelch, Patene und die Kanne mit Wein, sind bereits auf dem Altar, nun holt der Priester die Hostie, lateinisch ‚das Opfertier' *hostia*, die Oblaten aus Teig aus der Speisekammer *Tabernakel*, dem mit einem Schlüssel gesicherten Sakramentshäuschen, und füllt sie in einen Kelch *ciborium*. Im Freiburger Münster wird die Hostie in einem Fach verschlossen aufbewahrt dort, wo der Leichnam Jesu (aus Stein gehauen) sein Herz hat.

Während die heiligen Dinge nur in den Händen des Priesters und seiner Diener als Opfer auf den Altar gelegt werden in dem von einer Schwelle begrenzten Chor-Raum der Kirche, bringen die Laien ihre Opfergaben, indem sie Geld opfern in einer Kollekte.[19] Mit dem *Sanctus* („Heilig, Heilig, Heilig ist der Herr Zebaot", entsprechend der Reinigung des Mundes des Propheten Jesaja 6,3 mit glühender Kohle, durch die er bereit wird zum Aussprechen des Wortes Gottes, während die Seraphim das *Heilig* singen) beginnt das Mysterium, die Wandlung von Brot und Wein zu Leib und Blut Christi. Der Priester spricht die Worte Jesu bei dem letzten Abendmahl mit seinen Jüngern und der Aufforderung, das als Ritual, als symbolische

[18] Das *te absolvo* gehört zum eigenen Bußritual in der Individualbeichte. In der Messe wird die Sündenvergebung *Absolution* erbeten: Jungmann, *Missarum solemnia* 1952, 1, 386–402.

[19] Zum Geldopfer Kroos, *Opfer, Spende und Geld im Mittelalter* 1985.

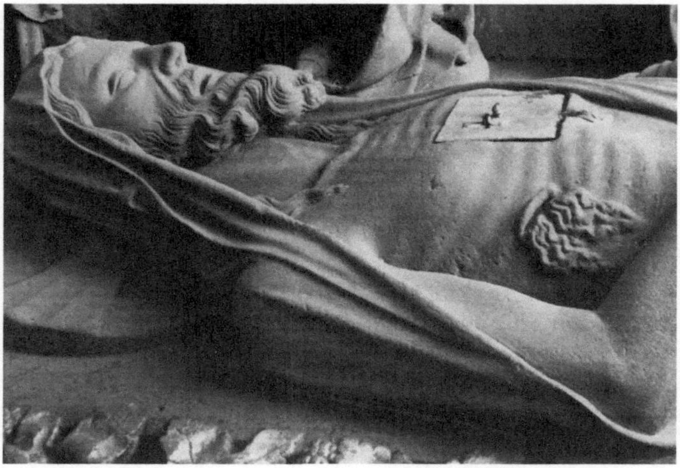

Abb. 7.1 An Ostersonntag entnimmt der Priester das Symbol des Leibes Christi aus dem Leib des im Grab ausgestreckten Christus (an der Stelle des Herzens ist ein verschließbares Fach) und in dem Augenblick wird Christus lebendig unter den Gläubigen sein. Die fünf Wunden am Leichnam quellen hervor in Form von Weintrauben. Freiburger Münster um 1330.[20]

Handlung zu wiederholen: „Dies tut zu meinem Gedächtnis!" (die *Anamnese*, griechisch ἀνάμνησις ‚Erinnerung'). Dann ‚verwandeln sich' bei einem Schellenzeichen das Brot und der Wein in Christi Leib und Blut. Das sei nicht metaphorisch zu verstehen, sondern ein übernatürliches Wunder: Die chemischen Gesetze werden außer Kraft gesetzt,[21] die Elemente der Substanz Brot und Wein werden ‚gewandelt' in eine andere Substanz, in den Leib Christi und sein Blut. Seit dem vierten Laterankonzil 1215 gilt die Transsubstantiations-Lehre.[22] Nun ist das Sakrament

[20] Kunze, *Himmel in Stein* 1980, 64, Abb.

[21] Präziser: Seit dem 11. Jahrhundert wird strikt unterschieden zwischen *materia* und *substantia* (Dank an Johann Ev. Baptíst Hafner für diesen Hinweis!).

[22] Im vierten Laterankonzil 1215 formuliert: *corpus et sanguis Christi in sacramento altaris continentur transsubstantiatis pane in corpus, vino in san-*

das ‚Lamm Gottes, das hinwegträgt die Sünden der Welt. Erbarm Dich unser! Schenk uns Deinen Frieden!' *Agnus Dei, qui tollis peccata mundi. Miserere nobis. Dona nobis pacem.* Das verweist auf den Sündenbock aus Leviticus 16 und Jesaja 53, den Gottesknecht. Nun kann das gemeinsame Mahl, *communio*, beginnend mit dem gemeinsam gesprochenen Vater-Unser-Gebet und dem Friedensgruß. Der Priester genießt zuerst die Hostie und von dem Wein, in den er etwas von der Hostie eingebrockt hat, dann teilt er die Hostie an die Gemeinde aus, nicht den Wein. Nur in der römisch-katholischen Kirche wird der Kelch den Laien vorenthalten. Zum Schluss reinigt der Priester gründlich den Kelch, schließt die Hostie wieder ein. Dann segnet er noch die Gemeinde und entlässt sie (*missa est*).

Die Messe wird im zweiten Teil überall als ‚Opfer' bezeichnet. Im Mittelalter und bis zum Zweiten Vatikanischen Konzil gab es eine scharfe Grenze zwischen der Handlung am Altar, an dem nur der reine und geweihte Priester mit seinen Dienern (Ministranten) handelte, und dem Bereich der Laien-Gemeinde. Der Bereich um den Altar, der Chor oder die Apsis war abgegrenzt von dem Gemeindebereich durch Stufen, eine halbhohe Schranke oder einen zimmerhohen Lettner. Besonders ausgeprägt ist diese Schranke in den Orthodoxen Kirchen, wo eine Holzwand mit den Bildern der Heiligen das Geschehen am Altar den Blicken der Laien völlig entzieht. Chor bedeutet, dass die Gemeinde auch nicht durch gemeinsamen Gesang einbezogen ist; der Gottesdienst wird von Priester und im Wechselgesang mit dem Kantor oder dem Chor bestritten. Die Messe geschieht gewissermaßen in einem Aquarium, das die Gemeinde von außen hören,

guinem potestate divina. Leib und Blut Christi werden im Sakrament des Altars in eine andere Substanz gewandelt, Brot in den Leib, Wein in Blut durch göttliche Macht. *Enchiridion* 802. Das richtet sich gegen die Ketzer: Auffarth, *Ketzer* 2016, 58–61. Im Konzil von Trient als Antwort auf die Lehre der Reformatoren als das katholische Dogma festgelegt. *Enchiridion* 1642. Wer das nicht glaubt (die Reformatoren), wird verflucht 1652. Im Zweiten Vatikanum erneuert 4410.

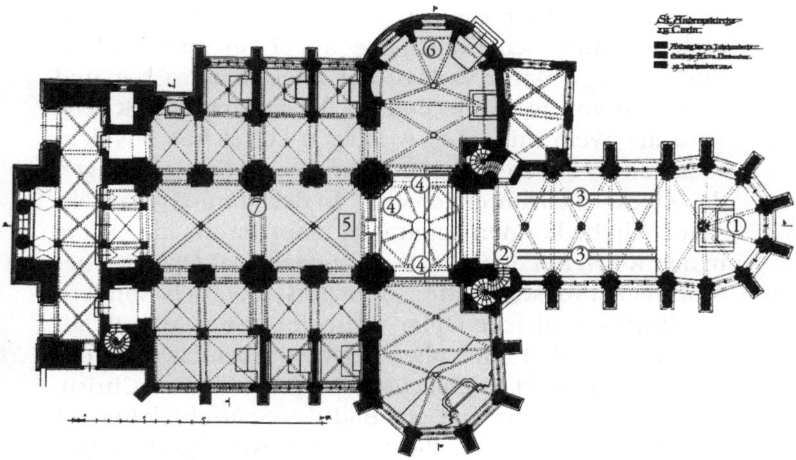

Abb. 7.2 Die Gemeinde kann das Ritual der Kleriker im Chor der Kirche nur hören, kaum sehen, da der Chor abgetrennt ist durch den Lettner (eine Art steinerner Vorhang) oder gar Mauern (Chorschranken). Der Priester steht mit den Rücken zur Gemeinde und spricht mit dem Bild auf dem Hochaltar. Zur Eucharistie ist der Priester gehalten, die Hostie hoch über seinen Kopf zu halten, damit die Gemeinde sie sieht. Erst danach tritt der Priester vor den Lettner und teilt vom Volksaltar aus den Gemeindegliedern die Eucharistie aus. – In St. Andreas in Köln ist der gotische Chor (von 1430) mit Hochaltar (1), dem Sakramentshäuschen (2) und dem Chorgestühl (3) durch Chorschranken (4) getrennt vom Kirchenschiff der Gemeinde (Mitte 13. Jh.). Vor dem Durchgang steht der Volksaltar (5). Im Kirchenschiff befinden sich noch der Taufstein (6) und eine Kanzel für die (seltenen) Predigten (7).

erahnen kann, aber nicht wirklich teilnimmt. Denn noch dazu hantiert er am Hochaltar ganz hinten an der Wand und verdeckt mit seinem Rücken, was da geschieht. So forderte die Liturgie, dass er die Hostie, bevor er sie in Wein taucht, hoch über dem Kopf der Gemeinde zeigen muss (*elevatio hostiae*).

Nur für die Lesung des Evangeliums, das Vaterunser und die Austeilung der Eucharistie verlässt der Priester das ‚Aquarium' und begegnet der Gemeinde durch eine Tür. Das Opfer wird auf dem Hochaltar im Chor vollzogen. Und die Gemeinde? Sie erhält ein Häppchen vom Opfertier, Sicherheitshalber am besten direkt auf die Zunge gelegt. Dafür verlässt der Priester den Chor und stellt sich vor den Volksaltar. In der Orthodoxen Kirche wird der Wein mit einem winzigen Löffelchen aus dem Kelch direkt auf die Zunge geträufelt, eine Serviette gegen das Kleckern darunter gehalten. In der Römisch-Katholischen Kirche können Laien jetzt mancherorts die Oblate in den Kelch mit dem Wein eintauchen. Das Opfer, so betont die katholische Lehre, ist nicht symbolisch, sondern im Ritual das gleiche Opfer wie beim ersten Mal: Realität, nicht Symbol, Metapher, Zeichen. Aber das Opfertier (*hostia*) wird nicht geschlachtet. Die Anwesenheit Christi, seine reale Präsenz, hat ein Bild des Spätmittelalters in drei Weisen aufgeteilt: die Gregorsmesse. Papst Gregor der Große (um 600) feierte, so erzählt man, am Altar die Messe. Das historische Geschehen der Passion und Kreuzigung ist rings um den Altar präsent, Geißel, Dornenkrone, Nägel, Lanze usf., darunter das ‚echte Bild Christi', das sich, ohne dass ein Maler Hand anlegte, im Schweißtuch eindrückte, das ihm eine Frau auf dem Weg zum Golgatha reichte: Veronika ist ein Anagramm zu *vera icon*, ‚das wahre Bild'.[23] Bei Gregors Messfeier aber geschah ein Wunder: das Altarbild wurde lebendig, Christus steigt aus dem Grab heraus auf den Altar. Dort stehen schon der Kelch mit dem Wein und die Patene mit den Hostien. Ein einmaliges Wunder beweist die dreifache reale Anwesenheit Christi in der Messe, die in der normalen Messe nur in Wein und Brot sichtbar ist. Die Anwesenheit oder Erscheinung Christi, seine *Epiphanie*, wird durch ein altes, einmaliges Wunder bewiesen, geglaubt. Ich nenne das ‚das kultische Normalwunder',[24] das auf ein Wunder in der Erzählung eines einmaligen Geschehens in der Vergangenheit verweist und so das Wunder der Wandlung erklärt, das in jeder Messe geschieht.

[23] Belting, *Bild und Kult* 1990.

[24] Auffarth, *Vom Kultbild zur Epiphanie* 2022.

Abb. 7.3 Das im Spätmittelalter viel dargestellte Bild von der Gregorsmesse zeigt das Wunder, das Papst Gregor (um 600) erlebt habe. Als er nämlich die Eucharistie zubereitete angesichts des gemalten auferstandenen Christus, trat auf einmal Christus aus dem Bild heraus, er selbst als Leib und Blut. Ringsum sind alle Marterwerkzeuge Christi (*arma Christi*) dargestellt. Holzschnitt von Albrecht Dürer, 1511.

Die Eucharistie der Messe als ‚Opfer' zu erklären erfordert komplizierte Umdeutungen. Dazu gehört die, dass der Opfernde und das Opfer gleich seien, wie das schon der *Hebräerbrief* getan hat. Dass kein Blut fließt beim ‚Schlachten' nennt man unblutige Opferung *incruenta immolatio*.[25]

Auch das Zweite Vatikanische Konzil versteht die Communion als Opfer:

Quoties sacrificium crucis, quo Pascha nostrum immolatus est Christus (1. Kor 5,7) in altari celebratur, opus nostrae redemptionis exercetur. Simul sacramento panis eucharistici repraesentatur et efficitur unitas fidelium, qui *unum corpus in Christo constituent* (1. Kor 10,17). Omnes homines ad hanc vocantur unionem cum Christo, qui est lux mundi, a quo procedimus, per quem vivimus, ad quem tendimus.[26]

Sooft das Kreuzesopfer, in dem Christus unser Osterlamm geopfert wurde, auf dem Altar gefeiert wird, vollzieht sich das Werk unserer Erlösung. Zugleich wird durch das Sakrament des eucharistischen Brotes die Einheit der Gläubigen, *die einen Leib in Christus bilden,* dargestellt und verwirklicht. Alle Menschen werden zu dieser Einheit mit Christus gerufen, der das Licht der Welt ist. Von ihm kommen wir, durch ihn leben wir, zu ihm streben wir hin.

Das Verständnis der Messe als Opfer ist theologisch geprägt – und kann sich nur schwer freimachen davon – durch ein Verständnis, das Anselm von Canterbury aufgebracht hat. In seinem Buch *Cur deus homo?* „Warum wurde Gott zum Menschen?" (1098) versteht er den Tod Jesu als ein von Gott gefordertes Opfer, das Jesus mit seinem Tod erbringen *muss*. Ganz in der feudalen Welt gebunden, versteht er Gott als einen, der einen Schaden erlitten hat, weil die Menschen sich vom Teufel überwinden ließen und sündigen. Gottes Ehre ist verletzt. Das verlangt Genugtuung: Die Menschen müssten Gott den Schaden ersetzen, Satisfaktion leisten. Das können sie aber nicht.

---

[25] *Enchiridion* 3847 (Pius XII.).

[26] *Enchiridion* 4103.

Ihr Leben wäre zu wenig! Gott verlangt etwas viel Wertvolleres: den sündlosen Gottessohn. Das schreibe der katholische Glaube vor.[27] Dass Christus sterben *musste*, ist zugleich auch ein Nicht-Müssen, weil er die Menschheit erlösen *wollte*. Im Sinne der Heilsgeschichte ist Christi Tod eine Notwendigkeit und stellt Gottes Ehre wieder her. Und gleichzeitig ist es Gott, der das einfordert, aber auch selbst das Opfer darbringt, nämlich sich selbst „in ein und derselben Person".[28] Der Tod Jesu wird aufgelöst und zur Wohltat umdefiniert als „Opfer", das in der Heilsgeschichte „notwendig" (*necessitas*) gewesen sei. Zeitgenossen widersprachen diesem Verständnis, aber Anselms Deutung setzte sich lange durch.[29]

7.3 Evangelischer Gottesdienst: Das Wort und das Abendmahl

Die Reformatoren widersprachen fundamental der eingespielten Deutung, dass die Messe ein Opfer sei. Für sie stand im Vordergrund das Abendmahl als Gemein-

[27] *Ita me volo perducas illuc, ut rationabili necessitate intellegam esse oportere omnia illa, quae nobis fides catholica de Christo credere praecipit.* Ich will, dass du mich dahin bringst, [sagt Anselms Gesprächspartner] dass ich verstandesmäßig unwiderlegbar einsehe, alles sei richtig so, was uns der katholische Glaube über Christus zu glauben vorschreibt. *Cur deus homo?* 1,25. Southern, *Anselm* 1990, 197–227, hier 221–227 zur Frage des feudalen Weltbildes Anselms.

[28] *Cur deus homo?* 2,18. *Quoniam idem ipse est deus, filius dei, ad honorem suum se ipsum sibi sicut patri et spiritui sancto obtulit, id est humanitatem suam divinitati suae, quae una eadem trium personarum est.* Da ja der Gottessohn ein und derselbe Gott ist, opferte er zu (zur Wiederherstellung) seiner Ehre sich selbst sich als dem Gottvater und dem Heiligen Geist, das heißt, er (opferte) seine Menschheit seiner Göttlichkeit, die ein und dieselbe ist in den drei Personen (Hypostasen).

[29] Widerspruch: Bernhard von Clairvaux, *Sermones super Cantica Canticorum* 20,3 (SBO 115 = BSW 5, 278).

schaft *communio* der Menschen mit Christus.[30] Luther und Zwingli gingen nach dem Wortlaut der Bibel vor und ließen im Ritual nur zu, was sie in der Bibel begründet fanden, also besonders, was Paulus der Gemeinde von Korinth 1.Kor 11 überliefert.[31] Zum einen wandte sich Luther gegen die Verweigerung des Kelches/Weines für die Gemeinde. Dann verwarf er die Interpretation als Opfer.[32] Vielmehr nenne Jesus den Wein „das Blut des Neuen Testamentes". Ein Testament erfüllt, so erklärte Luther, die üblichen drei Bedingungen: Der Erblasser stirbt und hinterlässt eine Zusage eines Erbes, das der Erbe dann an sich nimmt.[33] Das Erbe ist kein Verdienst der Erben. Die Erben erhalten im Fall des Sakraments die Zusage der Vergebung der Sünde *promissio remissionis peccatorum* (*StA* 2, 195.$_{6}$), das sei nicht das Verdienst der Gläubigen, ihr „gutes Werk". Als ihr Werk und Verdienst war es ja von Theologen der Antike aufgewertet worden, indem man das Abendmahl als Opfer deutete. Folgt man ihnen, bringen die Gläubigen eine Gabe zu Gott auf den Altar und erhalten ihren Anteil des Opfertiers, der *hostia*, zum Einverleiben zurück. Luther polemisierte gegen „den Skandal", die Messe sei ein Opfer. In der Messe spricht der Priester „diese Gaben, diese Geschenke, diese heiligen Opfer". Angeblich also bringt der Priester im Auftrag der Gemeinde Gott etwas dar. Christus sei das Lamm, das auf dem Altar dargebracht wird. Mögen auch Tradition und alltäglicher Brauch das so als Tatsache erscheinen lassen, Luther musste widersprechen. „Als Jesus im letzten Essen dieses Sakrament und Testament gründete, da brachte er

[30] Yelle, *Sovereignity* 2019, 98–125 bezieht sich auf Luthers *De captivitate* 1520.

[31] Luther, *De captivitate* 1520 (*WA* 6, 512f. *StA* 2, 193.$_{26}$).

[32] Luther, *De captivitate* 1520 (*StA* 2, 192.$_{24}$): *ille abusus, quo factum est, ut fere nihil sit hodie in Ecclesia receptius ac magis persuasum, quam Missam esse opus bonum et sacrificium*. Jener Missbrauch ist eine praktizierte Realität, dass praktisch nichts in der Kirche heutzutage mehr Anerkennung und Überzeugung findet als dass die Messe ein gutes Werk sei und ein Opfer.

[33] Luther, *De captivitate* 1520 (*WA* 6, 513. *StA* 2, 194.$_{6}$).

keineswegs sich Gott Vater dar oder vollbrachte ein gutes Werk für andere, sondern er saß zu Tisch, sagte jedem das gleiche Testament zu und reichte das Zeichen. Je näher und ähnlicher die Messe jener allerersten Messe ist, die Christus bei dem Mahl ausführte, desto christlicher. Die Messe Christi war äußerst schlicht, ohne jedes Messgewand, Theatralität, Gesänge und den Pomp anderer Zeremonien. Er hätte sie, wenn sie als Opfer dargebracht werden sollte, unvollständig eingerichtet."[34] Die Jünger, und so auch die Gläubigen, ‚empfangen', sie tun nicht etwas. Um ‚empfangen' zu können, brauche man Glauben, Luthers Zentralwort.

Die Reformatoren konzentrierten sich auf das Wort Gottes, und zwar so, wie es in der Schrift, also in der Bibel, festgeschrieben war. Neue Propheten mit neuen Worten Gottes brandmarkten sie als Schwärmer. Seine Angst vor der Unerbittlichkeit Gottes hatte Luther in seiner Zeit als Mönch durch Aktion, durch Selbstverletzung und strenge Askese auszugleichen versucht. Das Evangelium, das er schon im Alten Testament entdeckte, aber in den Pastoralbriefen und in der *Offenbarung* vermisste, war Entdeckung und Trost: Man braucht nicht Gutes tun, man kann nicht Gott gefallen, man ist ganz seiner Gnade ausgeliefert: Gott macht gerecht, obwohl man Sünder bleibt. Allerdings versteht man Gottes Tun nicht immer. Neben dem Gott, der sich in seinem Wort und seinem Sohn als die Menschen Liebender offenbart hat, bleibt ein unverständlicher, ‚verborgener Gott', der im Zorn gegen die Menschen wütet; der Gott, der Seuchen, Hungersnöte, Erdbeben schickt, die Türken bis vor Wien vorrücken und

[34] Luther, *de captivitate* 1520 (*WA* 6, 523. *StA* 2, 204.$_9$). *Non enim Christus in caena novissima, cum instituerit hoc sacramentum et conderet testamentum, ipsum obtulit deo patri, aut ut opus bonum pro aliis perfecit, sed in mensa sedens singulis idem testamentum proposuit et signum exhibuit. Iam Missa, quanto vicinior et similior, primae omnium Missae, quam Christus in caena fecit, tanto Christianior. At Missa Christi fuit simplicissima, sine ulla vestium, gestuum, cantuum, aliarumque caeremoniarum pompa, ubi si necesse fuisset eam offeri ut sacrificium non plene eam instituisset.*

die Juden bei ihrer Religion bleiben lässt, obwohl doch Jesus, ein geborener Jude, das Evangelium in die Welt gebracht hat. Im Gottesdienst war für die Reformatoren nun der erste Teil der entscheidende, der Wortgottesdienst. Der zweite Teil heißt nun in Anlehnung an das Essen Jesu mit seinen Jüngern am Abend vor seiner Verhaftung, Verurteilung und Tod ‚Abendmahl' oder Herrenmahl. Dieses wird nicht in jedem Gottesdienst gefeiert, sondern etwa einmal im Monat, besonders aber an Gründonnerstag und Karfreitag. (Im 19. Jahrhundert nannte man die Evangelischen auch Karfreitagschristen).

Das Essen und das Trinken mit dem Mund (*manducatio oralis*) ist Luther allerdings wichtig. Das Brot und der Wein sind für ihn etwas Reales, nicht nur Symbolisches. Zwingli in Zürich war ähnlich radikal in seinem Biblizismus: Gültigkeit hat nur, was so auch in der Bibel steht. Aber er betonte an dem Ritual des Abendmahls den Satz: „Dies tut zu meinem Gedächtnis!" Wohl dachte auch er, dass Christus „mitten unter ihnen" sei, aber nicht in dem Stückchen Brot und dem Schluck Wein, sondern geistlich (*spiritualiter*). Die Vergebung der Sünden braucht nicht den Bissen. Gott vergibt, nicht das Ritual. Die Reformatoren verabredeten sich zu einem Gespräch, vermittelt von Graf Philipp von Hessen in Marburg 1529, um gemeinsam stärker gegen die Altgläubigen[35] argumentieren zu können. Die streitlustigen Wortklauber fanden aber keinen

[35] Der Begriff ‚katholisch' ist zwar lange im Gebrauch, aber aus der mittelalterlichen Kirche und ihren sehr unterschiedlichen Bewegungen (Auffarth, *Ketzer* 2016) blieben viele bei dem alten Glauben, mochten sie auch als Reformbewegung Sympathien für die Kritik der Reformation haben, wie etwa Erasmus von Rotterdam. Aber erst mit der Gegenbewegung und Neuformung im Tridentinischen Konzil entstand die Katholische Kirche des Barock und die Abgrenzungen in der Konfessionalisierung. ‚Katholizismus' im speziellen Sinne ist die antimoderne Katholische Kirche des 19./20. Jahrhunderts von der Heiligen Allianz im Wiener Kongress bis vor der Hinwendung zur Moderne im Zweiten Vatikanischen Konzil.

Kompromiss. Luther bestand nämlich darauf, dass *Dies „ist" mein Leib* eine Identität ausdrücke. Christus sei tatsächlich anwesend im Brot beim Ritual des Abendmahls. Wie die Altgläubigen behauptete Luther also die ‚Realpräsenz'. Auf die geradezu naturwissenschaftliche Frage, wie man sich die physische Anwesenheit vorstellen müsse, wenn an vielen Orten gleichzeitig das Abendmahl gefeiert werde, antwortete Luther mit einem Modell der *Ubiquität:* der Auferstandene ist potentiell „überall" (lateinisch *ubique*). Zwingli hingegen widersprach, das Abendmahl sei keine Herbeirufung eines Toten, sondern, wie Jesus selbst ja sagte („Dies tut zu meinem Gedächtnis!"), ein Ritual der Erinnerung an ein geschichtliches Ereignis, das Bedeutung hat für die Gegenwart. Ohne Einigung, jeder auf seinem Standpunkt beharrend, reise man ab.[36]

Noch weiter gehen die Reformierten (auch unter dem Namen Calvinisten bekannt).[37] Unter den vier Zentren der Reformation Wittenberg, Zürich, Straßburg und Genf zählen die drei letzteren zu den Reformierten, die man auch die Zweite Reformation nennt.[38] Wie Zwingli verstand Calvin Brot und Wein als äußerliche Zeichen (*signum/signa*) für das Gemeinte (*res signata*), nämlich die Verheißung (*promssio*), die in Christus gegeben ist: die Zeichen, die der göttlichen Gnade beigefügt werden. Ihr begegnen die Kultteilnehmer mit Glauben. Wie Christus präsent sei, sei ein Geheimnis, das er nicht entfaltete.

---

[36] Auffarth, *Bilder und Ritual* 2020, 277–306.

[37] Eine religiöse Gruppe oder Bewegung mit dem Namen des Gründers zu benennen war seit dem antiken Christentum üblich, um diese als Sekte und Häresie zu verdammen. Der Begriff der Martinianischen Sekte für die Reformation im Sinne Luthers hat sich nicht durchgesetzt, wohl aber Lutheraner. Dazu das Gegenstück sind die Reformierten oder Calvinisten. Unter den drei Konfessionen katholisch – lutherisch – calvinistisch bestand die schärfste Rivalität zwischen den beiden evangelischen Konfessionen.

[38] Die Reformation polyzentrisch und nicht nur von Wittenberg aus: Irene Dingel: *Geschichte der Reformation* 2017 in dieser Theologischen Bibliothek.

Das Kauen, Essen und Einverleiben spielte für ihn keine Rolle.

Das ‚evangelische' Selbstverständnis der Protestanten von ihrer Kirche als gemeinsames Priestertum aller Gläubigen wurde vom Tridentinum 1563 bis Pius XII. 1947 als falsche Lehre verworfen, während das Zweite Vatikanum 1965 vorsichtig die Teilhabe aller Glaubenden am Priestertum Christi formulierte. Im eucharistischen Opfer bringen die Glaubenden „das göttliche Opferlamm Gott dar und sich selbst mit ihm", freilich sei das Weiheamt des Priestertums davon wesentlich unterschieden.[39]

7.4 Das Leben als Leiden und Opfer und die Verehrung der Hostie

Evangelische Passionslieder: Weit über die theologischen Versuche hinaus, die Erlösung und den Tod am Kreuz verstehbar zu machen, prägte das Bild vom Opfer das christliche Leben. Mochte Luther und Zwingli recht haben, dass das Abendmahl kein Opfer sei, so war doch der Kreuzigungstod Jesu unbestritten und als ‚Opfer' anerkannt. Die Gemeinde sang und lernte auswendig Lieder, die auch zu Hause bei der Arbeit oder an dämmrigen Abenden gesungen wurden (als man noch ohne Fernsehen beisammensaß). Das Denken der Evangelischen in Barock und Aufklärung war geprägt durch Passionsfrömmigkeit: Das Leben sei ein Jammertal mit Leiden, Krankheit, Tod; dass Gott mich Sünder begnadigen wird, kann ich nur hoffen. Aber angesichts der Ewigkeit, ist das Leiden ein kurzes Vorspiel. Als Johann Sebastian Bach seine Matthäus-Passion komponierte, da rief (und ruft) der Chor auf die

[39] Tridentinum *Enchiridion* 1767 und von Pius XII. *Enchiridion* 3850. Vatikanum *Enchiridion* 4125. Gotteslamm und Selbstopfer in der Eucharistie *Enchiridion* 4127. Das amtliche Priesteramt wesentlich davon unterschieden *Enchiridion* 4126.

Frage, wer Jesus verriete („Einer, der seine Hand mit mir in die Schüssel taucht, der wird mich verraten“) und ans Kreuz brachte, zwölfmal „Bin ich's?“. Die Frage, die den Verräter Judas prophezeit, wird nicht mehr zur Anklage gegen *den* Juden, sondern zur Selbstanklage: „Ich bin's“.[40] Noch schärfer dichtet Johann Hermann mitten im Dreißigjährigen Krieg 1630 im Lied „Herzliebster Jesu, was hast Du verbrochen?“[41]:

Was ist doch wohl die Ursach solcher Plagen?
Ach, meine Sünden haben Dich geschlagen.
Ich, mein Herr Jesu, habe dies verschuldet,
was Du erduldet

Ich werde Dir zu Ehren alles wagen,
kein Kreuz nicht achten, keine Schmach und Plagen,
nichts von Verfolgung, nichts von Todesschmerzen,
nehmen zu Herzen.

Ebenfalls von den Schrecken des langen Krieges gezeichnet, seufzt Paul Gerhardt im Lied „O Haupt voll Blut und Wunden“, also mit Blick auf den gefolterten Christus:[42]

Nun, was Du, Herr, erduldet,
ist alles meine Last.
Ich hab es selbst verschuldet,
was Du getragen hast.
Schau her, hier steh ich Armer,
der Zorn verdienet hat.
Gib mir, o mein Erbarmer,
den Anblick Deiner Gnad.

Erscheine mir zum Schilde,
zum Trost in meinem Tod,
und lass mich sehn Dein Bilde
in Deiner Kreuzesnot.
Da will ich nach Dir blicken,
da will ich glaubensvoll,
Dich fest an mein Herz drücken.
Wer so stirbt, der stirbt wohl.

Aus dem schrecklichen Bild von dem blutüberströmten, hilflos den Grausamkeiten der (jüdischen oder römischen?) Folterknechte ausgelieferten Menschen von vor 1600 Jahren wird die Sympathie, das Mitleiden, mehr als nur Mitleid. Ich müsste eigentlich jetzt an Jesu Stelle gequält wer-

---

[40] Matthäus 26,20–25, komponiert von Johann Sebastian Bach 1727 in der *Matthäus-Passion* BWV 244.

[41] *Evangelisches Gesangbuch* (1996), 81. Aufgenommen im [katholischen] *Gotteslob* 290.

[42] EG (1996), 85. Aufgenommen im [katholischen] *Gotteslob* 289.

den, und das zu Recht („verdienet"). Aus Geschichte wird Gegenwart, wird das Leben des Ich. Aber der Gefolterte wird nun zum Tröster, zum Helfer in der Todesstunde, dessen Bild auf dem Kruzifix man an sich drücken, küssen kann. Wenn im Todesrasseln und Organversagen kein Mensch mehr helfen kann, dann begleitet einen Christus über die Todesschwelle.

Fronleichnam: Während also in der evangelischen Barockzeit die Identifikation mit dem Leiden das Lebensgefühl prägte, präsentierte sich die katholische Barockfrömmigkeit als triumphierende Kirche. Aus der apokalyptischen Frau auf der Mondsichel (Apk. 12) wird Maria, die Siegerin der Schlacht von Lepanto 1571, die den islamischen Halbmond niedertritt. Und bis in die Gegenwart hinein feiern Katholiken im Sommer die Prozession an Fronleichnam („Leib des Herrn"; frz. *Fête-Dieu*; englisch *Corpus Christi*). Die Oblate wird aus dem Tabernakel in der Kirche in einen kostbaren von allen Seiten durchsichtigen Bergkristall gelegt; ein goldener Strahlenkranz hoch auf einer Stange zieht die Blicke auf sie: „Zeigen, was nicht zu sehen ist".[43] Die ‚Monstranz' demonstriert die Macht der Kirche auf Erden, die auf dem himmlischen Sakrament beruht. Die Macht der Kirche wird in der Prozession aufgeführt: In Gruppen geordnet umschließt die Stadt oder das Dorf ihr göttliches Bollwerk, Schutz nach außen, Segen nach innen. Vorne die Jäger, die unverheirateten jungen Frauen, die jungen Männer, die bereit sind, eine Familie zu gründen, der Bürgermeister mit Amtskette, Abgeordnete, Apotheker, Ärzte, wenn vorhanden, die Professoren in ihren Talaren, die verheirateten Frauen, die Männer; Trachtenkapellen schmettern das Lob Gottes. In der Mitte um die Monstranz herum, unter dem Baldachin die Geistlichkeit, vom Bischof über die Priester zu den Kaplanen und Diakonen, das Heer der Ministranten. Entlang des Weges haben Hausbesitzer mit

---

[43] Johann Ev. Hafner: Zeigen, was nicht zu sehen ist. *Gottesdienst* 47 (2013), 73–75.

Blütenblättern herrliche Wegstationen geschmückt, an denen die Monstranz Halt macht, um dem Haus Segen zu spenden, gesundes Vieh, reiche Ernten, Kinderglück in der Familie, eine reiche Hochzeit.

Was im Barock zur Blüte kommt, war im Spätmittelalter entstanden: 1246 zuerst in Lüttich gefeiert, griffen die Päpste das auf und initiierten überall in der Kirche das Fest der göttlichen Speise am Donnerstag nach Trinitatis.[44] Die ‚eucharistische Frömmigkeit' suchten die Menschen in der spätmittelalterlichen Krise (zur Zeit der Schwarzen Pest, der Pandemie von 1348 an), sie wurde zum Markenzeichen des nachreformatorischen Katholizismus.

Blutwunder und die Weltverschwörung der Juden: Aber wenn der Leib Christi seinen Gang durch die Stadt machte und den Segen verteilte, wo, bitte, blieb das Blut Christi? Auch hier, wie in der sonntäglichen Messe, verweigerten die Geistlichen den Laien den Kelch. Ein Wunder, viele hundert Wunder heilten dieses Manko. Und das ist Ausdruck des Judenhasses: Juden hätten aus der Kirche den Leib Christi gestohlen (wie damals Matthäus 27,62–66; 28,11–15) und damit ihr Schindluder getrieben. Als man die Diebe in der Synagoge fand und schwer bestrafte, fand man unter dem Fußboden versteckt die Oblate rot gefärbt, sie blutete. Oder: Juden fabrizierten ihre eigene Oblate, benötigten dafür als Material aber ein Christen-Baby. Das entführten sie, schlachteten es und mischten so für ihr Ritual das Benötigte. Leib und Blut, was so schwierig zu begründen, aber essentiell für den christlichen Gottesdienst ist, diese Materialität des Heiligen wurde den Juden untergeschoben als kriminelle

[44] Urban IV. proklamiert in der Bulle *Transiturus de hoc mundo* 1264 das Fest als *cibus animae* „Speise der Seele". *Enchiridion* 846f. – Grundlegend ist die Monographie von Miri Rubin: *Corpus Christi. The Eucharist in late medieval culture.* Cambridge: CUP 1991. Im größeren Rahmen auch Caroline Bynum Walker: *Christian materiality. An essay on religion in late medieval Europe.* New York, NY: Zone Books 2011. Dies.: *Fragmentierung und Erlösung. Geschlecht und Körper im Glauben des Mittelalters.* Frankfurt am Main: Suhrkamp 1996.

Handlung, gar als Ritualmord, wie am Heiligen Werner oder beim Ritualmord von Triest.[45] An vielen Orten ist die blutende Hostie ein Wunder, das zu sehen man von weit her sich auf den Weg macht. Viele Wallfahrtsorte entstanden und schürten den Judenhass: das Blutwunder von Wilsnack (1383/84), die Deggendorfer Gnad (seit 1338), der Blutritt von Weingarten (seit 1094), um nur diese zu nennen.[46] Hand in Hand gehen die Verfolgungen und Ausweisung der Juden aus Städten und Herrschaften, schon vor der Pest 1348, für die die Juden verantwortlich gemacht wurden. Der polnische König öffnete den Flüchtenden sein Land; das mittelalterliche Deutsch blieb ihre Sprache, Jiddisch. Christen unterstellten den Juden gottlose und kriminelle Opfer für ihren falschen Gottesdienst. Die unter falschem Verdacht ermordeten Juden galten nicht als Opfer, sondern als Schuldige. Die Opfer wurden zu Tätern reaktiviert: Hinter jeder Jüdin, jedem Juden steckten die alten Gottesmörder und aktualisiert die neuen Christenmörder.

7.5 Grausamkeit: Wenn andere opfern

Genau in der Zeit der Verunsicherung und bitteren Streits über die angestammte Religion, der Infragestellung der sozialen Handlungspraxis und der neuen Selbstvergewisserung nun aber kontroverser Glaubenssätze, Bilder und Rituale fiel die ‚Entdeckung' Amerikas. Die Erweite-

---

[45] Triest 1475. Rohrbacher/Schmidt, *Judenbilder* 1991, 269–303. Der Hl. Werner, den die Juden 1287 dem Gerücht nach im benachbarten Bacherach ermordet hätten, wurde in Oberwesel verehrt, bis seine Heiligkeit 1963 im Zuge der Reform des Vatikanischen Konzils gestrichen wurde: ebd. 288f, 306–313.

[46] Umfassend Manfred Eder: *Die „Deggendorfer Gnad"*. Deggendorf/Passau: Passavia 1992. Karte der Orte, an denen Juden der Hostienschändung beschuldigt wurden, S. 170.

rung des Wissens brachte nicht nur einen Schwall neuer Informationen, sondern diese passten auch nicht in die bekannten Schemata. Das bedeutete nicht nur eine Erweiterung, sondern die Erschütterung der Episteme (Wissensordnung). Für manche der bis dahin unerhörten Dinge eignete sich die unaufgeräumte Schublade „vorsintflutlich". Wenn die Indianerinnen ihre Kinder ohne Schmerzen zur Welt brachten, wie Entdecker behaupteten, dann mussten sie aus dem Paradies entwischt sein, noch bevor Eva Gottes Fluch traf, dass sie unter Schmerzen gebären werde. Auch dass sie nackt bzw. mit einem Kleid aus Tätowierungen den Eroberern entgegentraten, sprach für die Situation vor dem Sündenfall, bevor Adam und Eva ihre Scham mit Feigenblättern bedeckten. Die Indianer waren vielleicht der dreizehnte Stamm der zwölf ‚Kinder Israels', der bei der Deportation ins Exil vom Weg abgekommen und irgendwie von Asien über eine vermutete Landbrücke nach Amerika eingewandert war, ‚rote Juden' also.

Das waren die freundlicheren Bewertungen. Die meisten aber waren boshafte Projektionen der eigenen Schwächen und Fehler auf die „Anderen". Das „Anders-Machen" (*othering*) führte zu der Behauptung der Überlegenheit der Weißen (Rassismus), der Angst vor dem Fremden (Xenophobie), dem fehlenden religiösen Zugang zu Gott und seinem Heil mittels der Sakramente („Heidentum"). Die spanischen Eroberer meinten, man müsse sie zu ihrem Heil zwingen – im Namen Gottes, des spanischen einzigen Gottes. Information über die Menschen in Amerika forderte und lockte die mediale Dramatisierung vor allem, dass die Indigenen die Eroberer ihren Götzen opferten und anschließend genüsslich die Menschen verspeisten. Die eigenen Verbrechen wären nur Reaktion auf Verbrechen der Anderen, die sie auch noch als Gottesdienste heiligten. Das Verhalten der Indigenen erwies sich als negatives Spiegelbild der eigenen Identität. Da diese Identitäten in Europa durch die Ausbildung der Konfessionen gerade brüchig geworden waren, konnte man die Zerrbilder von „den Anderen" übertragen auf die neuen Untertanen des katholischen Weltreiches, „in dem die Sonne nie untergeht". Die Vorwürfe der Protestanten konnten die katholischen Missionare weiterreichen an die Eingeborenen. Die Polemik der Konfessionen untereinander wurde exportiert: Die religiöse Praxis der Indios stand unter dem Verdikt des Heidentums, der Magie, der Götzenanbetung: eben die Grundwörter der konfessionellen Polemik. Welch eine Lust, sich das Exotische auszumalen als animalischen Sex, als wechselseitiges Ermorden, als blutgierige Götterbilder! Die Erzählungen wurden mit Illustrationen visualisiert.

Sensation heischend wählten die Eroberer gern das Bild vom heidnischen Opfer, besonders vom Menschenopfer der Azteken, mit dem man die eigene Gewalt gegen die „Anderen" nicht nur legitimieren konnte: Sie war schlechthin ein notwendiges Mittel, um die Sünde zu bändigen, die roten Teufel zu Christen zu machen.[47] So berichtet Petrus Martyr: „Man schneidet den Menschen, die geopfert werden, nicht den Kopf ab, sondern stößt ihnen ein Schwert zwischen die Rippen in der Herzgegend. Den Gemarterten wird dann, während sie noch lebend ihr schreckliches Schicksal mit ansehen, das Herz herausgerissen. Mit dessen Blut befeuchtet man die Lippen des Götterbildes, weil damit, wie sie glauben, der Zorn der Götzen besänftigt wird. Diesen schrecklichen Glauben haben jenen Menschen ihre Priester beigebracht."[48] In den Medien der Gewaltmission wurden die in Europa viel dargestellten *arma Christi*, die Werkzeuge der Passion wie Geißel, Dornenkrone und Nägel als „Waffen Christi", nun zu Angriffswaffen. Das Bilderverbot der Protestanten gegen die Katholiken wurde exportiert als Bilderzerstörung gegen die ‚Götzen' der Indios.

---

[47] Kern: *Opfer in Mexiko* 2013. Vgl. Mikhail, *Selim – Der Schatten Gottes* 2020, 109–193.

[48] Petrus Martyr, *Neue Welt* 5.4,23 (Übersetzung Klingelhöfer 1973, 52).

Mochte die ‚Revolution des geistigen Opfers' im Christentum das blutige Opfer als sakrale Handlung auch beenden, als Bild aber blieb das Blut in der täglichen Messe präsent, und in der Realität legitimierte Christi Blut Gewalt, um die neuen Untertanen des Reiches, ob nun des Römischen Reiches oder des spanischen Weltreiches zum Christentum zu bekehren.

8. Vom ‚Opfer fürs Vaterland' zum ‚Holocaust'

In der Moderne bildete sich geradezu eine Explosion der Bedeutungen des ‚Opfers' aus. Opfer wird zu einer Obsession der Moderne.[1] Das christliche Paradox des Selbstopfers ließ und lässt sich als Motivation in den Kriegen nutzen, die die Heiligkeit der Monarchie gegen die Französische Revolution seit den Napoleonischen Kriegen Anfang des 19. Jahrhunderts mit dem Altar des Vaterlandes verbinden: die Geburt der Nationalstaaten und des Nationalismus. Der Erste Weltkrieg wird zum Höhepunkt des Opfers noch in seiner Bindung an die Konfessionsreligion, während danach der Bezug auf den schützenden, ‚lieben' Gott schwindet, der gleichzeitig der Schlachtengott war. Die Bedeutung des Opfers, das mit der Hingabe an das Vaterland zugleich das Recht zu töten einschloss, wandelt sich erneut: Jetzt geht es um die Rechte der Opfer, um Anerkennung der Beschädigung. Die heldische aktive Hingabe wird zur Forderung nach Ausgleich eines Nachteils. Davon handelt das folgende Kapitel.

8.1 Das Opfer fürs Vaterland: Kriege und Nation im 19. Jahrhundert

8.1.1 Kriege als Opfer für die entstehenden Nationalstaaten

Émile Durkheim behauptete in seiner Urgeschichte der Religion 1912, dass die Unterscheidung von sakral vs. profan in jeder Gesellschaft eine fundamentale Trennung

---

[1] „Sacrifice [...] has been an obsession of modernity" Zachhuber/Meszaros, *Sacrifice and Modern Thought* 2013, 1. Parker, *Killing* 2011, 125 „Sacrifice is our problem, not theirs (sc. the ancients, or not prior to Neoplatonism)."

darstelle, selbst dort, wo es, wie bei den australischen Aborigines, noch keine Götter gab. In den beiden Sphären gebe es unterschiedliche Rationalitäten und Gruppenidentitäten. Gleichzeitig aber löste er die metaphysische Definition des Heiligen *sacré* und die Bindung an übermenschliche Akteure auf, indem das Totem eine Repräsentation der Gruppe oder Gesellschaft darstelle. Das Transzendente des Heiligen besteht demnach etwa in der Nation, in ihrer Geschichte, im Gedenken an die im Krieg gefallenen Soldaten, im Nationalfeiertag, als die Monarchie sich am 14. Juli 1791 mit dem Volk vereinigte (dann aber der Monarch zum Tode verurteilt werden musste).[2] Im Pantheon, gerade neu gebaut als katholische Kirche der Heiligen der Stadt Paris, Genoveva, kamen die sterblichen Überreste der Genies zu liegen, die die französische Kultur repräsentieren. Das Heilige wurde und wird nicht mehr rituell durch den katholischen Bischof und die Feier der Messe aufgeführt (*performance*), sondern von den jeweils Regierenden in der militärisch-politischen Liturgie und Choreographie und durch ihre Reden beschworen. Fahnen, Kokarden in der Tricolore der Revolution, loderndes Feuer, militärische Fanfaren bilden die synästhetische Aufführung. Nicht mehr der Hochaltar mit der Reliquie und dem darin sicher verwahrten Leib Christi, sondern ein Symbol der Antike wird jetzt zur Metapher der Nation: der Altar des Vaterlandes. Damit wird die Nation sakralisiert. Über einem Eingang zum Pantheon sind der Altar und das Opfer dargestellt.

Selbst die gotischen Kathedralen galten jetzt als Beweis: dass es bereits im Mittelalter eine Französische Revolution gab. Die Pfaffen hätten Jahrhunderte das Volk in Schach gehalten mit der Angst vor dem Weltende. Besonders das Jahr Tausend (*l'An mil*) galt als das magische Datum. Am Millennium des ersten Advents Christi

---

[2] Durkheim, *Les formes élémentaires* 1912. Raulff, *Marc Bloch* 1995, 268–370.

würde er wieder kommen und im Jüngsten Gericht über ewiges Heil oder Verdammnis bestimmen. Als aber das Datum verstrich und keine Apokalypse hereinbrach, da „schmückte sich das ganze Land mit einem weißen Mantel von Kirchen". Das Zitat des französischen Mönches Rodulfus Glaber, das dieser eine Generation nach dem Jahr Tausend schrieb, wurde in der Geschichtskonstruktion, die jetzt auf die Französische Revolution hinauslaufen sollte, zum Prototyp und Vorläufer.[3] Die Romanik und Gotik habe den Schwachsinn der Dogmen und Mythen, der Beichtpflicht und der allen physikalischen Gesetzen widerstreitenden Transsubstantiation des Brotes in den Leib Christi beseitigt durch die die Religion der Kunst und Architektur: eine Revolution der Laien gegen die Macht der Kirche. Kirche konnte allenfalls noch bestehen als Dienerin der Revolution und der Aufklärung. Das Symbol wird aber auch von den Gegenrevolutionären aufgenommen und monarchisch gewendet.

Ästhetik ist in diesem Beispiel die neue Sakralität. Die Französische Revolution wollte die alte Welt vergessen machen und wie ein Palimpsest (heute eine Festplatte) überschreiben: der Kalender mit neuen Zehner-Abschnitten statt der Wochen, neuen Monatsnamen. Und das Fest des Höchsten Wesens, die Vernunft, vereinte alte und neue Symbole. Radikale verspotteten die Messe, zerschlugen der Heiligenfiguren. Doch der Weg erwies sich schnell als Sackgasse. Die Revolution brachte die Institution, die Glaubenssätze, die liturgische Praxis ins Wanken. Danach konnte die ‚alte' Religion nicht mehr so existieren wie zuvor. Sie musste sich zur Revolution verhalten – im Anpassungsprozess an die Moderne oder im Widerspruch dazu. Kirche musste sich als Institution im Staat aufstellen.

---

[3] Rodulfus Glaber, *historiae* 3, 13. *Erat enim instar ac si mundus ipse, excutiendo semet, reiecta vetustate passim candidam ecclesiarum vestem indueret.* „Es war, als risse sich die Welt los, würfe die Vergreisung von sich und legte sich überall einen weißen Mantel von Kirchen an." Auffarth, *Irdische Wege* 2002, 83–96. Auffarth, *Dome* 2012.

Abb. 8.1 Altar des Vaterlandes. Titelblatt von [Anton Baumgartner]: *Auf das Jubelfest des Herrn Andreas Koppolt*. München 1808. [Bayerische Staatsbibliothek, München] Mit der Französischen Revolution kommt die Sakralisierung der Nation auf in dem Symbol des „Altars des Vaterlandes". Das Symbol kann aber auch gegen-revolutionär mit der Person des Monarchen genutzt werden. Auf dem Titelblatt der kleinen Schrift bringt eine weibliche Personifikation, die die Königskrone trägt, einen Korb mit Blumen auf dem Altar dar. Auf dem Altar lodert ein Feuer. An den ,Hörnern des Altars' bezeugen die Widderköpfe frühere blutige Opfer. Die Assoziation mit dem Tod in der Schlacht, die bei dem gefeierten Hauptmann nahe liegt, ist hier sublimiert, ohne Blut.

Wolfgang Eßbach hat in seinem großen Werk zweierlei deutlich gemacht:[4] Die Rede von der Säkularisierung behauptet aus der einen, ‚theologischen' Perspektive, dass der Staat sich Sakralität angeeignet, die er der wahren Religion mit ihrer Transzendenz gestohlen habe. Dazu fehlten ihm aber die Kompetenz und Legitimität. Die andere, ‚soziologische' Perspektive wagte die Prophezeiung, dass Religion völlig verschwinden werde, weil die naturwissenschaftlich Gebildeten sich – potentiell – alles rational erklären könnten. Max Weber verweigerte sich auch seiner protestantischen Konfessionsreligion, weil man dafür seinen Verstand abgeben müsse. Er verwendete die Opfermetapher *sacrificium intellectus* „Opfer des Verstandes".[5] Religion freilich auf die kognitive Dimension zu reduzieren trifft nur einen Teil, wozu Religion Menschen faszinieren und stützen kann.[6] Ein großer Transformationsprozess durchzog das ganze 19. und die erste Hälfte des 20. Jahrhunderts. Im Ersten Weltkrieg verschlang die Kriegsreligion weitgehend die anderen Transformationen; wurde auch zum Fundament der Religion des ‚Dritten Reiches'.[7] So bildeten sich im 19. Jahrhundert aus der Revolution neue Formen von Religion, die man unterteilen kann in: Konfessionsreligion, Kunstreligion, Nationalreligion, Rationalreligion, Kriegsreligion, Politische Religion, Religion als Privatsache, Innerlichkeit. Das hat Eßbach beschrieben.

---

[4] Eßbach, *Religionssoziologie* 2014. 2019. Paradox schon das scheinbare Lob des Mittelalters in Novalis' *Europa* 1799: „Das alte Papsttum liegt im Grabe".

[5] Max Weber: *Wissenschaft als Beruf* [1917] 22f. Er bezieht sich auf die Verwendung des Begriffs, die im Zusammenhang mit der „Unfehlbarkeit"serklärung im Ersten Vatikanischen Konzil 1870 aufkam. Matthias Laarmann: Sacrificium intellectus. *HWPh* 8(1992), 1113–1117. Auffarth, *die andere Seite der Medaille* 2014.

[6] Die Dimensionen von Religion sind beschrieben bei Auffarth/Mohr, *Religion* 2000, 160–172.

[7] Auffarth, *Drittes Reich* 2015.

In den Gewaltexzessen der Kriege, aus denen sich die Nationalstaaten des 19. Jahrhunderts bildeten, wurde die neue Transzendenz der Nationalreligion symbolisch aufgebaut in dem „Altar des Vaterlandes". Der sinnlose Tod auf dem Schlachtfeld, der doch immer nur neue Gewalt generierte, wurde religiös umgedeutet zum Opfer: Was für die einzelnen Familien schlimmsten Verlust darstellte, diene doch dem Vaterland, indem der einzelne Soldat sein Leben als freiwillige Hingabe opfere. Und gleichzeitig setzte die Sakralisierung des Gefallenen die Erlaubnis, ja die Pflicht zu töten frei. Der Krieg wurde sakralisiert.[8] In der Völkerschlacht bei Leipzig wurde 1813 das Volksheer der Franzosen von den vereinten Heeren der Gegenrevolutionäre geschlagen. Rund 600 000 Männer stürzten sich in den Kampf. Am Ende hatten 92 000 Männer das Leben verloren und damit ihre Familien in die Armut gestürzt. Man diskutierte, den Gefallenen der Völkerschlacht ein Denkmal zu errichten. Da kam die Idee auf, den Kölner Dom zu vollenden genau wie die deutsche Nation. Der katholische Dom, der seit vierhundert Jahren bis auf den Chor unvollendet als Ruine da stand, sollte vollendet werden – als Nationaldenkmal. Die protestantischen Preußen finanzierten in ihrer innerdeutschen Kolonie Rheinland den Bau des katholischen Gotteshauses![9] Acht Jahre nach der Reichsgründung 1871 war auch der Kölner Dom vollendet.

8.1.2 Die katholische Romantik entdeckt das Opfer neu

Eine der Transformationen der Religion nach der Revolution war der antimoderne Katholizismus. Eben noch von Napoleon seiner Macht entkleidet, der Papst als sein Gefangener, der Kirchenstaat aufgelöst, erfand sich der Katholizismus neu als vom Papst absolutistisch geführte Mo-

[8] Krech, *Sacrifice and holy war* 2003.

[9] Auffarth, *Bahnhof* 2020.

narchie, gipfelnd in der Erklärung als „unfehlbar“ auf dem Ersten Vatikanischen Konzil 1870.[10] Doch die reaktionäre Neuaufstellung ging von Frankreich aus, von den Gegnern der Revolution. Und im Gegensatz zu den Bildern der Altäre des Vaterlandes, die Blut und Gewalt tunlichst vermeiden, betonten die Katholiken gerade die Blutigkeit des Opfers. Ein von vielen aufgenommener Text stammt von Joseph de Maistre (1753–1821), *Eclairissements sur les sacrifices* 1797.[11] Gerade weil er kein Theologe war, glänzt der adelige Diplomat mit seiner Bildung von der Antike bis zur Aufklärungsphilosophie und Religionskritik. Was er als ‚wahre‘ Religion versteht, antiaufklärerische Positionen, erklärt er zu ewigen und von allen Völkern geteilten Normen aller Religionen. Selbst das Menschenopfer sei noch um vieles besser, als keine Religion zu haben: Die Abschaffung der Religion führte, so de Maistre, zum *Terreur* der Französischen Revolution. Als die Frauen sich frühmorgens mit dem Strickzeug auf den Platz setzten, um zuzuschauen und zu jubeln, wenn wieder ein Kopf aus der Guillotine aufs Pflaster kollerte. „Da werden Weiber zu Hyänen“, dichtete der anfangs glühende Verfechter der Revolution, Schiller, in der *Glocke* (1799). De Maistre sieht das mit Blick auf die Frauen noch schärfer: Es sei zwar im Evangelium die Gleichheit von Frau und Mann errungen worden, aber wenn man den Einfluss des göttlichen Gesetzes in einem Land abschafft, „wird man die erhebende Freiheit [der Frauen] in schändliche Zügellosigkeit entarten sehen“ (27). „Eine höchst zivilisierte und gesittete Nation [Frankreich] wagte es unlängst in einem Anfall von Wahnsinn, der in der Geschichte beispiellos dasteht, dieses Gesetz [der Liebe] offiziell aufzuheben,

---

10 Wolf, *der Unfehlbare* 2020.

11 Maistre, *Opfer* 1797, hier in der Übersetzung von Cornelia Langendorf. Die Abhandlung fügte de Maistre noch einmal dem zweiten Band seiner *Abendstunden zu St. Petersburg oder Gespräche über das Walten der göttlichen Vorsicht in zeitlichen Dingen* bei. Hrsg. und übersetzt von Moriz Lieber. Frankfurt am Main: Andreä 1825, 333–426.

und was war die Folge? Augenblicklich breiteten sich die Sitten der Irokesen und Algonkin aus [Was das Fehlen von Religion bewirke, hatte er an Beispielen aus Indien und der Indianer Nordamerikas vorher beschrieben], die heiligen Gesetze der Menschlichkeit wurden mit Füßen getreten, unschuldiges Blut bedeckte die Schafotte in ganz Frankreich." (27). Das Gesetz der Liebe aber besteht in dem Opfer eines unschuldigen Gerechten, der sein Leben hingibt für die Menschen, die aufgrund der Ursünde der Erlösung bedürfen: Erlösung durch das Blut (35). Er geht sogar in seinem Angriff auf die Revolution so weit, dass für ihn die Hinrichtung des Königs, Ludwigs XVI., ein solches stellvertretendes Opfer eines unschuldigen Gerechten darstellt (36). [Aus dem einmaligen und vollkommenen stellvertretenden Opfertod Christi (oben 6.1.4) wird die notwendige Wiederholung der Entsühnung nach dem Sündenfall der Revolution] Eingangs lehnte er zwar die Behauptung ab, dass Angst die Mutter aller Religionen sei, vielmehr sei es doch die Freude in Fest, Musik, Tanz. „Man muss jedoch – unter Wahrung der Rechtgläubigkeit – zugeben, daß die Geschichte den Menschen zu allen Zeiten von der erschreckenden Wahrheit durchdrungen zeigt, *er lebe unter der Gewalt einer erzürnten Macht, und diese Macht könne nur durch Opfer versöhnt werden.* [...] Das Gefühl der Furcht (bestand) also stets neben dem der Freude." (7). Die Schuldhaftigkeit des Menschen ist also universell, postulierte de Maistre, Blut sei das Medium des Lebensprinzips als ein *Fluidum,* wie er an den naturwissenschaftlichen Diskurs der Zeit anschließt. Fluidum war der Begriff, der für alle Kräfte der Natur und der Religion verwendet wurde, die man nicht sehen kann, aber deren Wirkung man beobachtet. Das waren die neuen Erkenntnisse bei den Experimenten mit Elektrizität, Magnetismus ebenso wie mit Tischerücken und Heraufbeschwören von Verstorbenen. Indem die um den Tisch Sitzenden unter Anleitung von Dr. Franz Anton Mesmer (1734–1815) durch Finger an Finger den Kreislauf des Fluidums schlossen, erzeugten sie so den animalischen

Magnetismus. Am Ende griff de Maistre das physikalische Bild vom Fluidum noch einmal auf (41): Wie das Wort Schallwellen erzeugt und „zu jedem Ohr gelangt, das von dem bewegten Fluidum berührt wird, ebenso strahlt die leibliche Wesenheit dessen, der sich das *Wort* nennt, vom Mittelpunkt der allgegenwärtigen Allmacht aus, geht ungeteilt in jeden Mund ein [jetzt sind wir schon bei der Eucharistie] und vervielfacht sich unendlich, ohne sich zu teilen. Schneller und mächtiger als der Blitz, dringt das gottmenschliche Blut in die schuldigen Herzen ein, um deren Makel zu verzehren".

Einen Nachhall fand das gegenrevolutionäre Bild vom blutigen Opfer in der Konzeption von René Girard im letzten Viertel des 20. Jahrhunderts. In der Kulturtheorie des Literaturwissenschaftlers hat das Opfer ein zweifaches „Ende der Gewalt" bewirkt. Zuerst löste das archaische Opfer-Ritual aus dem Zwang der Mimesis, die im Leben der Gemeinschaft die Gewalt von Menschen gegen Menschen, die Blutrache, beendete, ablöste und durch das Tieropfer ersetzt. Im Opferritual freilich, so der frühe Girard, sei verdeckt (*cachée*) das Lynchopfer an einem Sündenbock, also die Aufstachelung gegen einen vermuteten Verbrecher oder einen Fremden. Die Gewalt sei nicht überwunden, sondern abgeleitet. Wenn dagegen der Staat die Durchsetzung von Recht garantiere, werde das Opfer obsolet. Soweit die erste Phase seiner Kulturtheorie, die von Émile Durkheim herkommt. Später entdeckte Girard das christliche Nein zum Opferritual. (Das behauptet auch de Maistre S. 21: „Solche [Menschen-] Opfer waren in Gallien wie anderwärts gebräuchlich, bis das Christentum dort Fuß fasste: denn nirgends hörten sie ohne das Christentum auf, und niemals bestanden sie mit ihm weiter"). Das Christentum überwand auch diesen Restbestand an Gewalt durch das Selbstopfer Christi als letztes, ein für alle Mal gültiges Opfer. Der Tod Jesu sei allerdings gerade kein ‚sakrifizielles Opferritual' mehr, sondern reine Selbsthingabe. Diese unscharfe Umschreibung wurde von dem katholischen Theologen Raymund

Schwager begeistert aufgenommen.[12] Dahinter stehen keine religionsgeschichtlichen Forschungen, nicht einmal die Texte liest der Literaturwissenschaftler, etwa vom Sündenbock in Levitikus 16, sondern spekuliert über die christliche Imagination vom Opfer, wie sie Girard bei den französischen Romantikern kennen lernte.[13]

Dass das den Realitäten widerspricht, weil auch sich als christlich verstehende Staaten Kriege führen, Massenvernichtungswaffen einsetzen und Millionen ‚Opfer' sowohl bei den Feinden wie in den eigenen Reihen rechtfertigen, wagt Girard eine Unterscheidung, die solches Handeln von Christen gutheißt: „Die Krise des Opferkultes, d.h. der Verlust des Opfers, ist der Verlust der Differenz zwischen unreiner und reinigender Gewalt. Wenn diese Differenz verlorengeht, dann ist keine Reinigung mehr möglich, und die unreine, ansteckende, d.h. gegenseitige Gewalt breitet sich in der Gemeinschaft aus."[14] Aus dem Krieg entstanden die Nationalstaaten des 19. Jahrhunderts, die den nächsten Krieg schon vorbereiteten und die das ‚Volk' einschworen mit religiösen Parolen auf das Opfer für das Vaterland und den dazu gehörigen nationalen Gott: „Gott mit uns!"

---

[12] Dass die Thesen Girards und die darauf aufbauenden dogmatischen Fortführungen Schwagers historisch unhaltbar sind, macht Angenendt, *geistiges Opfer* 2016, v.a. 81–108 deutlich. Angenendt, *Offertorium* 2014, 469–488. Moosbrugger, *Rehabilitierung des Opfers* 2014.

[13] Strenski, *At Home with René Girard* 1993, 202–216. Strenski, *Contesting sacrifice* 2002. Strenski, *First Theory of Sacrifice* 2003.

[14] Girard, *La violence et le sacré*, Paris 1972, 76 Übersetzung zitiert nach Girard, Das *Heilige und die Gewalt*, 1987, 76f. „La crise sacrificielle, cest-à-dire la perte du sacrifice, est perte de la difference entre violence impure et violence purificatrice. Quand cette difference est perdue, il n'y a plus de purification possible et la violence impure, contagieuse, cest-à-dire reciproque, se repand dans la communauté."- Vgl. Drexler, *Illusion* 1993, S.88.

8.2 Die Opfer sind Menschen und haben Rechte gegen den Moloch: Humanisierung des Krieges *und* der Totale Krieg

Doch allmählich wendet sich der Blick weg vom Opfer als aktives Heilig-Machen *sacrificium* hin zum Opfer als passiv Leidende *victima/hostia*. Zwei Konzepte widerstreiten einander in der Entwicklung: Da ist die Forderung nach Zivilisierung und Humanisierung des Krieges mit internationalen rechtlichen Vereinbarungen zugunsten der Opfer, vor allem dem Vertrag des *Haager Kriegsrechts* 1899/1907. Und auf der anderen Seite die Ausweitung des Krieges auf die Bevölkerung, die keine Waffen trägt, der Totale Krieg.[15] Und dann kommen die ‚neuen Kriege', die nicht mehr zwischen den Armeen zweier oder vieler Nationen erklärt und beendet werden, sondern als Bürgerkrieg, Partisanenkrieg, Terrorismus sich jeder Definition und jeder Rechtsordnung entziehen: Guantanamo als Beispiel eines rechtsfreien Raums einer Nation, die sich ihres Rechtssystems rühmt, aber ‚Terroristen' ohne Rechte, ohne Anklage, Untersuchung, Rechtsbeistand, Prozess gefangen hält. Zur Humanisierung des Krieges wurden Geschosse geächtet, die im Körper des Soldaten riesige Wunden reißen, die sog. Dum-Dum-Geschosse. Die Kugeln sollen den Körper des am Krieg beteiligten Kombattanten glatt durchschlagen, so dass er zwar nicht mehr weiterkämpfen, aber möglichst wieder geheilt werden kann. Das gilt aber nur für Kriege von Europäern gegen Europäer. In den Kolonialkriegen hingegen müssten die geächteten Geschosse eingesetzt werden, weil die ‚Unzivilisierten' in ihrer Kriegswut gar nicht auf die Kugeln achteten und trotzdem auf die Kolonialherren losstürmten.

[15] Grundlegend für diesen Abschnitt ist die Arbeit von Svenja Goltermann, *Opfer* 2017 (Eine Metastudie, die viele Untersuchungen aufbereitet). Für die Religion der Passion im 19. Jahrhundert die ausgezeichnete religionswissenschaftliche Studie von Bräunlein, *Pasyon* 2010.

Hintergrund solcher rassistischen Unterscheidungen war wohl der Maji-Maji-Krieg in Tanganjika 1905–1908, als die Einheimischen sich mit Wasser benetzten, das angeblich Kugeln abprallen ließ. In Europa wurde auch der Einsatz von Giftgas, das schwerer als Luft und lautlos sich in die Schützengräben und Unterkünfte der Gegner senkte, verboten. Das Rote Kreuz als neutrale Kraft zwischen den Mächten konnte eine große Zahl an Freiwilligen für die Behandlung von Verletzten aktivieren. Waren Anfang des 19. Jahrhunderts noch nicht einmal die Namen der Soldaten notiert worden, viele also anonym in der Schlacht fielen und in Massengräbern durcheinander geworfen wurden, so führten die Preußen die Erkennungsmarken ein. Nach dem Krieg ging es um die Anerkennung als Opfer. Ein ‚Krüppel' erklärte: „Ursprünglich war es doch so, dass wir im Kriege unsere schweren Soldaten-Opfer brachten für das Volk. Ein Bein, eine Hand, ein Auge oder unsere Gesundheit. Wir selber haben es getan. Nachher sagte man anderes: Wir seien arme, bedauernswerte Opfer des Krieges geworden. Wir waren nicht mehr Opferer, sondern das Opfer."[16] Aus dem aktiv dargebrachten Selbstopfer war das passive Opfer(tier) geworden.

Schon gleich zu Beginn des Ersten Weltkrieges griff der Krieg auf Zivilisten über. Um nicht gleich zu Beginn an der massiv befestigten Abwehrmauer der Franzosen stecken zu bleiben, hatte die deutsche Kriegsleitung sich den Plan gemacht, diese Mauer zu umgehen, indem die deutsche Armee durch Länder marschierte, die gar nicht am Krieg beteiligt waren, besonders Belgien. Aus Angst, die Zivilisten könnten die Armee von hinten angreifen, wenn sie von Norden in Frankreich an der Somme einfiel, töteten die Soldaten viele Zivilisten. Der Krieg war zum Totalen Krieg geworden und wurde dann auch so deklariert. In der Praxis gab es den Vernichtungskrieg oder die ‚Verbrannte Erde' schon früher, aber das mo-

[16] Goltermann, *Opfer* 2017, 167 zitiert aus einer Zeitschrift *Nationalsozialistische Deutsche Kriegsopferversorgung* 1933.

ralisch zu rechtfertigen war eine neue Dimension, der etwa die ‚Hunnenrede' Kaiser Wilhelms II. im Jahr 1900 schon Ausdruck gegeben hatte.[17] Im Zweiten Weltkrieg wurde die Bombardierung der Zivilbevölkerung zum systematischen Terror erhoben. Es gab keinen Unterschied mehr zwischen Krieg an der Front, Erschießung der Bevölkerung hinter der Front, Ermordung der waffenlosen Juden, Bombenkrieg auf die großen Städte. Es gab im NS-Staat so gut wie kein Gedenken an die Bombenopfer. Vielmehr begrüßten manche Städteplaner, dass sie jetzt durch zerstörte Wohnviertel Stadt-Autobahnen planen konnten. Auf den Bombenkrieg komme ich noch einmal zurück. „Statt Hingabe und aktiven Verzicht bezeichnet der Opferbegriff nunmehr Einbuße und Benachteiligung."[18] Andererseits erwuchs aus der Erwartung von Entschädigungen auch bald ein Opferwettlauf, wie gerade wieder bei den Ur-Enkeln von Opfern des Kolonialismus.

8.3 Gewalt als das Heilige: Neue Konzepte im Kultursprung 1900

Gewalt gehört nicht in die Zivilisation. Dafür erfand das Europa des 19. Jahrhunderts marginale Räume, in denen Gewalt sequestriert, ausgelagert und eingehegt wurde und wird: Der Krieg fand auf einem Schlachtfeld statt, in möglichst wenig besiedeltem Gebiet, die Tötung von Tieren wurde in Schlachthöfen den Augen der Zivilisierten entzogen, sichtbar war nur noch der Braten oder

---

[17] Das Material ist im Wikipedia-Artikel gut zusammengestellt. Hunnenrede bei der Aussendung des Heeres gegen den ‚Boxeraufstand' in der Kolonie in China: Wie damals die Hunnen ihre Schnelligkeit nicht durch einen langsamen Tross von Gefangenen aufs Spiel setzen wollten, so gab der deutsche Kaiser die Losung aus: Gefangene werden nicht gemacht (sondern jeder sofort erschossen)!

[18] Münkler/Fischer, *politische Theorie* 2000, 348. (Sie kannten allerdings das Material von Goltermann, *Opfer* 2017 nicht.)

das Schnitzel in der Metzgerei bzw. abgepackt im Supermarkt. Gewalttäter kamen ins Zuchthaus, Gewalt gab es im Wilden Westen. Und in den Kolonien, wo sie angeblich eingesetzt werden musste, um die Kolonisierten zur Zivilisation zu erziehen, die letzten Orte, wo man noch legitim Gewalt ausüben durfte – in den Augen der Kolonialherren. Auch der Tod der Menschen wurde räumlich getrennt: aus der Welt der Lebenden ins Leichenschauhaus und in Parks am Stadtrand. Dank des Gewaltmonopols des nachrevolutionären Staates gab es in der Zivilisation keine Gewalt mehr. Aber stimmte das mit der Realität überein?

Da kamen die Diskussionen auf zur Grenze zwischen Zivilisation und Gewalt. Man konnte sie historisieren: die Tötung von Menschen, die Tötung von Tieren, das Ende des Opfers. Das war der Diskurs der Kulturtheoretiker und der Zweifel daran, von dem im Kapitel 2 die Rede war; und die Diskussion, wie man den Krieg zivilisieren und humanisieren könnte. Den Krieg verbieten, das mochte eine kleine Minderheit fordern. Die öffentliche Meinung hielt fest: Krieg war die Mutter aller Nationalbildungen, auch im Innern gebraucht gegen Minderheiten. Die Größe der Nation, die meisten Kolonien auf der Welt, die beste ‚Weltreligion' würden sich in einer Krisis, in einem Weltgericht entscheiden, auf das die zivilisierten Nationen unvermeidbar zusteuerten: dem Weltkrieg.[19]

In diese moralische Bewertung mischte sich auf einmal eine Umwertung der Werte. Zivilisation war der Versuch der Zähmung der blonden Bestie in mir, das Über-Ich verliert doch immer wieder gegen das Es, gegen die Triebe. Religion mochte das Gute im Menschen erziehen und im Jenseits belohnen: das Sollen, das Müssen, die Pflicht zum Guten. Aber das war ein Teil von Religion, der den Verstand ansprach: Verbote, Gebote, verinnerlicht im Gewissen. Dagegen Emotionen, Begierden, Faszination, Erschrecken hatten die Theologen und Philosophen als

[19] Auffarth, *Weltreligion* 2005.

Exorzisten der Religion ausgetrieben. Da war sie, die verkopfte, papierene Religion, die mit der Realität so wenig zu tun hatte. Die andere Seite von Religion, die etwas mit Erfahrung, Ergriffenheit, existenziellen Erlebnissen zu tun hat, bekam nun einen anderen Namen: das Heilige oder, da dieser Diskurs vielfach auf Französisch geführt wurde, *le sacré*. Der liebe Gott, eine umsorgende Gottesmutter kam da nicht vor. Im Gegenteil: Grunderfahrung war das Erschrecken, das existenzielle Erlebnis von Gewalt, die einerseits einen bis ins Mark erschüttern, das Herz stehen bleiben lässt. Andererseits aber, wenn es auf meiner Seite steht, kann ich es bewundern, sie macht mich kleinen Menschen groß, mächtig, begeistert. Rudolf Otto, der im Deutschen „das Heilige" in Worte zu fassen versuchte, wählte das Neutrum, eben nicht den personalen Gott, und als Begriff das Lateinische *numen* in seiner Ambivalenz von *numen tremendum*, das namenlose Übermenschliche, das einen „zittern" lässt, und das *numen fascinans*, das „begeistert".[20] 1917 erschien Ottos Buch, da war der Weltkrieg ‚feldgrau' geworden, eingegraben in Erdlöcher und Schützengräben, Gewinner würde es keine geben. Aber das Opfer war in aller Munde. Und die Erfahrung der Gewalt als etwas Heiliges: bedrohlich, übermenschlich, mit meinen Armen nicht aufzuhalten. Als Todesanzeige in der Heimat getroffen, gewissermaßen Einschläge in jede Familie. Wenn ich aber in einem *Tank* saß, wie die Engländer ihre gepanzerten Stahlkolosse nannten, wenn ich eine Kanone in dem Winkel aufstellte, dass der Bogen des Geschosses den auf der Karte verzeichneten Ort treffen würde und ich mit dem Fernglas den Einschlag erkennen konnte, dann war ich Teil der faszinierenden Gewalt, mitten in den „Stahlgewittern". Otto war kein Kriegsteilnehmer, aber viele seiner Studenten. Immer etwas depressiv, griff ihn der Krieg ans Herz. Er geht in seinem schmalen Buch aber nicht darauf ein.

[20] Otto, *Das Heilige* 1917. Ich benutze die fünfte Auflage 1920; die Nachworte in der Auflage 2014.

Vielmehr behauptete er später, dass er die Erfahrung des Heiligen bereits 1911 bei einer Forschungsreise in Nordafrika erlebt habe: als er in einer schäbigen Synagoge den Kantor das dreifache *qadosh* singen hörte: das *sanctus* und *Trishagion* „Heilig, Heilig, Heilig, ist der Herr der Heerscharen!". Das findet sich in der Hebräischen Bibel bei der Berufung des Propheten Jesaja (6,3). Der Prophet erschrickt, fürchtet sich, der Tempel bebt und füllt sich mit Rauch; vom gewaltigen Gott sieht er gerade einmal den Saum seines Gewandes. Seine Lippen werden mit einer glühenden Kohle gereinigt. Und dann soll er ein Wort Gottes verkünden, auf das die Zuhörer mit Wut und Aggression reagieren werden. Das ist das Heilige? Faszination, Erhabenheit, Glück, nichts davon in diesem Text. Den Boden unter den Füßen entzogen, vom Opfer ein Stück brennender Kohle und beißender Rauch, vor den Kopf gestoßen, das Gefühl der Ohnmacht. Übrigens sind das Grauen und das tyrannische Gottesbild in *Das Heilige* geradezu das Gegenteil zu den *Reden über die Religion an die Gebildeten unter ihren Verächtern*, die Daniel Friedrich Schleiermacher zur Begrüßung des neuen Jahrhunderts 1799 veröffentlichte, auch wenn Otto diese neu herausgab und etwa den Begriff der ‚schlechthinnigen Abhängigkeit' aufnahm. Doch Schleiermacher empfand sich beglückt als Teil der kosmischen Schönheit, Otto sich hingegen als kleines Staubkorn, das abhängig ist von der erdrückenden Übermacht des zittern machenden Heiligen.

Das ist nicht Religionswissenschaft, obwohl er das ab der dritten Auflage beansprucht. Denn das Heilige ist reduziert auf Spitzenerfahrungen.[21] Alles, was sonst zu Religion gehört, Gebete, Gottesdienste, Orgelspiel, die Weihe von Priestern, Taufe eines Kindes missachtet Otto.

---

[21] *peak experiences* beschrieb Abraham Maslow 1964 in der Psychologie als euphorischen *altered state of consciousness*, v.a. aufgrund religiöser Erfahrung, nicht auch das negative Gegenstück. Zur religionswissenschaftlichen Kritik Gladigow, *Imaginierte Objektsprachlichkeit* 2001 („Schreibtischepiphanien") und Auffarth, *Axis mundi* 2001.

Ein *numen* kann man nicht ansprechen, das Neutrum hat keinen Namen.

Zur Heiligkeit des Krieges ist von einem Soldaten zu berichten, der Religion als das Heilige in der Gesellschaft erforschte, ein kommender Star aus dem Kreis um Émile Durkheim. Wie die meisten dort war Robert Hertz ein assimilierter Jude, der mit dem Positivismus und der Religionskritik Auguste Comtes aufgewachsen war, also areligiös.[22] Im Ersten Weltkrieg meldete er sich sofort an die Front und bekannte: „Wie konnte ich die mystischen Kräfte des Krieges verkennen? Ich hatte mir nicht vorstellen können, in welchem Maße der Krieg, selbst dieser moderne, völlig technisierte und wissenschaftliche Krieg, voller Religion steckt."[23] Und für sich persönlich zog er die Konsequenz: „Das Individuum muss sich selbst opfern als Gabe für die Rettung aller, selbst bis hin zum vollständigen Opfer seiner selbst (jusqu'au complet sacrifice de soi). Jetzt ist der Zeitpunkt gekommen, meinen Glauben unter Beweis zu stellen."[24] Der ‚Glaube' war für den Rationalisten nicht der Glaube an einen Gott. Vielmehr glaubte er an das, was Durkheim an die Stelle ‚Gottes' setzte, das das Individuelle übersteigende Transzendente in Gestalt der Nation und der Gesellschaft. Das füllte Hertz jetzt mit religiöser Sprache: „Die Geschichte Frankreichs erreicht biblische Größe. Frankreich ist ein auserwähltes Volk, Braut eines eifersüchtigen Gottes, der sie schrecklich schlägt, wenn sie sich von ihm entfernt und hinter fal-

---

22 Stroumsa, *sacrifice accomplished* 2021, 19–28. Alle Zitate aus den Briefen folgen Stroumsa, die er aus der Edition Hertz: *Un ethnologue dans les tranchées*. Paris 2002 entnimmt.

23 „Comment méconnaître dans la guerre les forces mystérieuses […] Je n'aurais jamais imaginé à quel point la guerre, même cette guerre moderne toute industrielle et savante, est pleine de religion" Brief an seine Frau Alice am 3. Oktober 1914 (Hertz, 2002, 69–70).

24 „C'est le moment ou jamais de prouver ma foi". Brief vom 3. November 1914 (Hertz 2002, 98).

schen Göttern herläuft."[25] Aber mehr noch, unser Traum, unser heißer Wunsch ist, dass sie [Frankreich] erneuert wird in ihrer spirituellen und moralischen Reinheit. Dass sie neues Leben gewinnt durch das blutige Opfer ihrer Kinder."[26] Als Durkheim vom Tod seines Lieblingsschülers erfuhr, würdigte er „die reine Seele": „Er wollte die Sünden Israels sühnen (im wahrsten Sinne des Wortes)", setzte aber etwas später hinzu: „Das ist bestimmt eine sehr edle Seele, aber mit einem etwas wolkigen Idealismus."[27] In einem so christlich geprägten Land, in dem der Kult des Herzens Jesu (*Sacre cœur*) in jedes Dorf gedrungen war, verlangte der Krieg eine intensivierte Frömmigkeit.[28] Im Schützengraben identifizierte sich Robert Hertz, der Sohn deutscher Eltern, mit Frankreich, der rationale Forscher mit innerlicher Religion, der nicht praktizierende Jude mit dem Gottesknecht von Jesaja 53, aber eher doch mit dem stellvertretenden Opfer des Christus – und vollendete das Märtyrer-Opfer. Bedenkt man, dass die Dritte Republik auf dem Blut der Commune gründete, das die Monarchisten genau auf dem Märtyrerberg (Montmartre) schlachteten, wo dann von den Monarchisten die weiße Kirche Sacre cœur erbaut wurde und 1914 geweiht werden sollte (vom Kriegsbeginn verhindert), dann könnte man Hertz' Begehren, Opfer zu werden, auch para-christ-

---

[25] „L'histoire de France a une grandeur biblique. La France aussi est un peuple élu – l'épouse d'un dieu jaloux qui la frappe terriblement quand elle s'éloigne de lui et court après les faux dieux" (Hertz 2002, 154). – Das Motiv der untreuen Braut bei den alttestamentlichen Propheten Hosea 2 (auch Hosea 6,6 „Liebe will ich, nicht Schlachtopfer. Gotteserkentnis statt Brandopfer") und Ezechiel 16.

[26] „Mais plus encore notre rêve, notre fervent désir, c'est qu'elle [la France] soit restaurée dans sa pureté spirituelle et morale, c'est quelle soit régénérée par le sacrifice sanglant de ses enfants." 6. April 1915. (Hertz 2002, 251). Die letzten Worte sind fast ein Zitat aus der Marseillaise.

[27] Durkheim am 22. April 1915 „Il voulait racheter les fautes d'Israël (au sens propre du mot)" und „C'est décidément une âme très noble, mais d'un idéalisme un peu fumeux,", zitiert Hertz 2002, 14.

[28] Schlager, *Kult und Krieg* 2011. Holzem, *Opfer für das Vaterland* 2019.

lich sozialistisch interpretieren. Die Anklänge an die Marseillaise weisen in diese Richtung. Aber er macht diese Alternative nicht auf, sondern versteht seinen Tod wie das Selbstopfer des Hohenpriesters im Hebräerbrief, der selbst sich hingibt als Opferlamm. Aber seine ‚Auferstehung' ist die Auferstehung der Göttin Frankreich, für die nächste Generation seines kleinen Sohnes.

Zu Anfang des ‚langen' 19. Jahrhunderts stand das Jahrhundertereignis, die Französische Revolution und der Export von effizienter rationaler Herrschaft durch Napoleon in alle Länder Europas und des Mittelmeeres. Krieg beherrschte die Köpfe; er war der strenge, bittere Lehrmeister.[29] Die Gegner der Revolution nannten das *ancien régime*, das monarchistische, paternalistische Prinzip „heilig". Der Krieg gegen Napoleon wurde „der heilige Krieg" genannt, die Rückkehr der Monarchie „die heilige Allianz".[30] Die Sakralisierung als Nationalreligion kann man theologisch als verfehlt ansehen, aber sie steht zumeist nicht im Gegensatz, als Ersatz, Surrogat zur ‚echten Religion' (die die heutige Theologie definiert), sondern wird auch von den Theologen ihrer Zeit maßgebend gefordert und ausgeformt.[31] Als ein Ritual der Sakralität des Krieges bis in die Gegenwart ist die Kranzniederlegung am „Grabmal des unbekannten Soldaten". Nicht die Generäle, die im Hauptquartier den Krieg organisieren und alt geworden und durch ein Denkmal und nach ihnen benannte Straßen geehrt im Bett sterben, sondern der einfache Sol-

[29] Langewiesche, *Der gewaltsame Lehrer* 2019.

[30] „Heilig" wurde der Krieg – von wenigen Ausnahmen abgesehen – erst im 19. Jahrhundert gegen Napoleon genannt. Der „Allmächtige" wurde der Schlachtengott. Graf, *Sakralisierung* 2008.

[31] Beispiele für die Zeit nach dem Ersten Weltkrieg Holzem/Leugers, *München* 2021, bes. 83–124. Auffarth, *Drittes Reich* 2015. Hockerts, *Weltanschauungskrieg* 2008. Im amerikanischen Exil schrieb der Teilnehmer des Ersten Weltkriegs und von Geburt Jude Ernst Kantorowicz: *Pro patria mori* 1952, wo er die Kontroverse der beiden belgischen Kardinäle anspricht, ob jeder Gefallene zum Märtyrer werde, auch der Atheist, oder ob man dafür ein christliches Leben geführt haben müsse.

dat, der sein Leben opferte, ist einer von den vielen Namenlosen, die mit ihrem Blut den Nationalstaat schufen.

Zum Schluss noch ein Wort zu Gewalt und Grausamkeit gegenüber allen Nicht-Gläubigen als Mittel, mit dem der ‚Islamische Staat' die Erneuerung des ‚ursprünglichen Islam' exerziert. Das Bild des Opfers ist jedoch in der Tradition des Islam bei weitem nicht so prominent, so dass die Opfermetapher kaum verwendet wird, eher noch das Martyrium aus dem schiitischen Islam.[32] Rüdiger Lohlker hat bei seinem Durchgang durch die Theologie des sog. Islamischen Staats ganz ähnliche Aussagen einer Märtyrer-/Opferthematik unter „Ehre und Inferiorität" zusammengestellt und sie als eine ‚Opferwahrnehmung', eine ‚Viktimisierungswahrnehmung' interpretiert.[33] Dabei verwendet er aber die moderne Rede vom Opfer, nicht das religiöse Ritual des Opfers. In der Sprache der Jihadisten rezitieren die Attentäter vom 11. September 2001 die Wörter der Kriegs-Sure 8 (Die Beute) und Sure 9. So ist die These beachtenswert, die Navid Kermani begründet hat, dass es sich nicht um die Übernahme aus einer islamischen Tradition des Opferrituals, etwa am Opferfest, sondern um einen globalisierten Religionstransfer von Befreiungsarmeen handelt.[34] Dazu unten noch ausführlicher.

Das Heilige als Gewalt, nicht nur in der Frühzeit der Menschheit, sondern als das Übermenschliche zu verstehen, setzte allerdings früher ein; der Weltkrieg war nur der Höhepunkt. Um die Jahrhundertwende 1900 entdeckt eine Avantgarde die dunkle Unterseite der Kultur: Das Dionysische, Leben anstelle des selbstzufriedenen Blicks in die Geschichte (Historismus). Friedrich Nietzsche war ein wichtiger Stichwortgeber.

---

32 Auffarth, *Passion* 2012. Kippenberg, *Gewalt als Gottesdienst* 2008, 66–69. Bräunlein, *Pasyon* 2010.

33 Lohlker, *Theologie der Gewalt* 2016, 179–184. Lohlker, *Dschihad, Terror, Märtyrertum* 2021.

34 Kermani, *Dynamit* 2002. Vgl. aber Neuwirth, *Koran als Text der Spätantike* 2010, 559f.

Abb. 8.2: Das Grabmal des unbekannten Soldaten in Athen vor dem Königsschloss, heute dem Parlament: Die Soldaten in der Revolutionstracht halten Tag und Nacht Wache am Grabmal des unbekannten Soldaten. An der Wand hinter dem Grab, errichtet 1923 nach zehn Jahren Krieg, liest man die Ortsnamen der Schlachten, aus denen Griechenland 1821, 1866, 1912/13 und 1941 hervorging, ethnisch ein ‚Vielvölkerstaat', dessen einigendes Band die griechisch-orthodoxe Religion war.[35]

Ein Beispiel war die Aufführung des *Sacre du printemps* von Igor Stravinskij für das russische Ballett in Paris: Mitten in der Hauptstadt höchster Zivilisation töten russische Heiden eine Jungfrau für einen Gott, damit das Frühjahr in gutes werde. Die Aufführung spaltete das Publikum, Skandal gegen die Zivilisation einerseits, aber sie traf andererseits auch den aufkommenden Enthusiasmus für das Archaische.[36]

---

[35] Auch das Kriterium der griechischen Orthodoxie erst im Nachhinein, wie Schuberth, *Unabhängigkeitskrieg* 2021 zeigt.

[36] Unseld, *Le Sacre du Printemps* 2016. Zickgraf, *Stravinskijs Theater der Zukunft* 2020.

8.4 Der Mord an Jüdinnen und Juden als Holocaust/Rauchopfer

Eine umfassende Debatte über das Opfer in der Moderne entbrannte in der Frage, wie man den Völkermord an den Juden durch die nationalsozialistische Herrschaft benennen könnte. Auf der einen Seite plante die Zentrale des Reichssicherheits-Hauptamts der SS mit bürokratischer Genauigkeit die Vernichtung aller europäischen Juden, Frauen wie Männer, auch der gerade geborenen Babys und der sterbenskranken Greise. Der Schreibtischstratege Adolf Eichmann hatte kein Schuldbewusstsein in seinem Prozess 1961. Das Einzige, was er sich vorzuwerfen hätte, war, dass nur etwa die Hälfte von 11 Millionen Juden in Europa, die er in seiner Liste erhoben hatte, vernichtet sei. Auf der anderen Seite versteckte die Elite die Mordanweisungen unter Euphemismen und vermied möglichst jede schriftliche Anweisung zum Mord. Heinrich Himmler lobte vor den Führern der SS in Posen 1943 ihre moralische Stärke, dass sie den Anblick von Tausenden von Leichen ertragen hätten. Das freilich würde die spätere Geschichtsschreibung nicht würdigen.[37] Das Opfer leisteten nach nationalsozialistischer Perspektive die SS-Mörder; man mag dahinter verstehen, auch das Opfer ihres Gewissens. Auch die SS bestand ja mehrheitlich aus Christen.[38] Für den Mord an den jüdischen Menschen, viele von ihnen erst durch die Rassedefinition zu Juden

[37] Das Material sehr gut aufgearbeitet in der *Wikipedia*-Seite „Posener Reden" Oktober 1943 (21.06.2021): „Dies [den Anblick von tausend Leichen] durchgehalten zu haben, und dabei – abgesehen von menschlichen Ausnahmeschwächen – anständig geblieben zu sein, das hat uns hart gemacht und ist ein niemals geschriebenes und niemals zu schreibendes Ruhmesblatt unserer Geschichte." Vgl. die Diskussion über die „nationalsozialistische Moral" und „Opferbereitschaft", etwa auf der Tagung https://www.hsozkult.de/conferencereport/id/tagungsberichte-74 (7.1.2020). Halbertal, *sacrifice* 2012, 70–72.

[38] Kuppel, *Weltanschaulichen Erziehung in der SS* 2019, 213–238, hier 217f.

erklärt – ohne Aufschrei der Kirchen für die getauften Christen[39] – fanden die Nationalsozialisten andere Metaphern. Die nach dem ‚erweiterten Selbstmord' der NS-Elite 1945 dann wieder „Opfer" des Nationalsozialismus genannt wurden, bekamen aber keinen Rechtsanspruch auf Entschädigung des an ihnen begangenen Unrechts, sondern auch nationalsozialistisches „Recht" galt als Recht und Rechtsprechung, obwohl es jeder Rechtsordnung widerspricht. Zahlung von „Wiedergutmachung" (welch perverses Wort!) erfolgte außergerichtlich. So auch die Hilfsleistung an den Staat Israel, als der am Rande einer Hungerkatastrophe stand, oder die Gelder an die Opfer von Kriegsverbrechen unter dem Namen der „Versöhnung". Die Täter boten den Opfern „Versöhnung" an, nicht etwa umgekehrt, und exkulpierten sich so selbst. In der nationalsozialistischen Perversion der Sprache waren also die Täter die Opfer. Die wahren Opfer wurden als Schädlinge, Ungeziefer, Schmarotzer, den Volkskörper zerstörende Gene in biologisch-rassistischer Sprache zur Vernichtung qualifiziert. Religiös appellierende Sprache wurde nicht benötigt, denn die lieferten die Kirchen in ihrem traditionellen Antijudaismus. Karfreitag und der Judensonntag boten dazu die rituellen Anlässe.[40]

In der jüdischen *community* entbrannte nach dem Bekanntwerden der (bis dahin undenkbaren) Mordaktion eine heftige Diskussion, mit welchem Begriff man das Unbegreifliche benennen könnte. Mehr noch: Wenn Gott tatenlos zugeschaut haben sollte, wie sein Volk ermordet wurde, war ‚Gott' überhaupt noch denkbar, ein einziger, allwissender, allmächtiger, gütiger Gott? Gegen die Konsequenz, dass es keinen Gott gebe, Gott tot sei, versuchten manche, die religiöse Seite des Judentums zu retten. Ließ

---

[39] Röhm/Thierfelder, *Juden – Deutsche – Christen*, etwa in Band 4/II (2007), 283–309; 652–655 der ‚Laienbrief', der den Völkermord offenlegte, den Bischof Meiser aber nicht veröffentlichte. Eichmanns Liste (129) und die Wannsee-Konferenz Januar 1942 Band 4/I (2004), 120–136.

[40] Auffarth, *Judensonntag* 2012. Volkmann, *Judensonntag* 2002. Mildenberger, *Israelsonntag* 2004.

sich das Grauen von Auschwitz mit biblischen Symbolen doch zu einem Sinn uminterpretieren?[41] Zwei Symbole wurden diskutiert: Das eine war der Gott des Exodus, der seinem Volk vorauszog, den Weg zeigte zur Befreiung aus der Sklaverei, am Tage als Wolkensäule, bei Nacht als Feuersäule. Die Krematorien von Auschwitz als Rauch- und Feuersäule, um das Judentum herauszuführen aus Jahrhunderte dauernder Beherrschung durch andere Völker und feindseliger Behandlung als Minderheit. Die Konsequenz musste ein eigener jüdischer Staat sein, das Gelobte Land als Nationalstaat. Die Rolle als Opfer in Auschwitz musste umgekehrt werden zum Exodus nach Israel. Juden durften nicht wieder Opfer werden, sondern müssten sich mit der Waffe in der Hand, mit Bomben, mit der Vertreibung von arabischen Bauern und Nomaden ein eigenes, selbstbestimmtes Territorium erkämpfen. Als der Staat Israel nach drei Jahren Krieg ausgerufen wurde, da richtete man auch einen Nationalfeiertag zum Gedenken an die Toten ein. An dem Tag halten für drei Minuten alles Leben, Verkehr, die Geschäfte inne zum Gedenken. Charakteristischerweise wählte man nicht den traditionellen Trauertag der jüdischen Geschichte, den 9. Av. An diesem Tag gedenkt man der Zerstörung des Jerusalemer Tempels 597 BCE und wieder 70 CE und der Vertreibung der Juden aus den iberischen Ländern 1492, lauter Katastrophen der jüdischen Geschichte. Als Tag für die Opfer der Judenvernichtung wurde ein anderer Tag gewählt und bezeichnet nicht nur die Opfer, sondern auch der Helden des Warschauer Aufstands. Der Staat Israel baut auf der Erinnerung an die Schoah auf: Nie wieder darf es eine Schoah geben! Jeder Staatsbesucher legt an der Erinnerungsstätte *Yad va shem* einen Kranz nieder. Aber die Israelis sind keine wehrlosen ‚Opfer'. Sie können sich wehren wie damals, als sie mit schwachen Mitteln aus dem Ghetto heraus den Nazis eine Schlacht lieferten. Und

---

41 Auffarth, *Auschwitz* 2015. Link, *Theodizee* ²2022, 192–220.

jetzt gewinnen sie einen Krieg gegen die überlegenen arabischen Feinde und erstreiten sich ein Lebensrecht.

Einen anderen Vorschlag, Auschwitz einen Sinn zu geben, machte Eli Wiesel, selbst als Jugendlicher im KZ Buchenwald gefangen und gequält: Hoch über Weimar gelegen, dem Inbegriff deutscher Kultur, das KZ als Inbegriff deutscher Barbarei. Sein gewagter Vergleich wählte aus der jüdischen Tradition eines der Opferrituale aus, den Holokaust. Seine Idee: Im Unterschied zu den anderen Opferarten, die in Levitikus beschrieben sind, haben die Menschen gar nichts von dem Opfer. Das Opfer wird vollständig verbrannt und steigt im Rauch zu Gott auf. Die Opfer von Auschwitz sind bei Gott aufgenommen; die Täter gehen leer aus. Ein tröstliches Bild? Da blieben zu viele verquere Interpretationen: Waren die Nazis etwa die Priester, die das Opfer vollzogen? Sollten die Opfertiere freiwillig in den Tod gegangen sein? Würde der Mord so sakralisiert? Eli Wiesel nahm nach kontroverser Diskussion seinen Vorschlag zurück. In der jüdischen Welt einigte man sich auf den Begriff der Schoah, der Katastrophe, die aber im Unterschied zu den anderen Katastrophen, derer man am 9. Av gedenkt, jetzt mit dem bestimmten Artikel zur Katastrophe schlechthin, zur einzigartigen Katastrophe herausgehoben wird.[42] Um diese historische ‚Einzigartigkeit' wird gerade laut gestritten, denn in der Gewaltgeschichte der Moderne gab es andere Genozide, an den Armeniern, von den Roten Khmer, im heutigen Syrien, die ganze Kolonialgeschichte, deren Gesetze Vorbild lieferten für die Nürnberger Rassegesetze.[43]

Der Begriff des *Holocaust*s hatte sich im amerikanischen Sprachschatz schon fest etabliert, besonders auch durch die dramatische Erzählung von einer jüdischen Familie,

[42] Hebräisch שׁוֹאה Schoah, auch Schoa, englisch shoa. Der bestimmte Artikel ha-Schoah.

[43] Klävers, *Decolonizing Auschwitz* 2019. Meine Rezension http://blogs.rpi-virtuell.de/buchempfehlungen/2020/07/27/decolonizing-auschwitz/ (27.7.2020).

die in den Sog der Schoa gerät, die 1978/79 als Fernsehserie ausgestrahlt wurde. So werden auch jüdische Museen und Archive mit diesem Begriff benannt.

8.5 Die Täter als Opfer – die Opfer als Täter

8.5.1 Zum Opfer geboren: Theorien der Viktimologie

Im Jahrzehnt nach dem Ersten Weltkrieg entwickelte der Kriminologe Hans von Hentig eine Methode, nicht nur ein Täterprofil zu erstellen, sondern auch zu fragen, wer als Opfer besonders anfällig sei, die Viktimologie. Eine der aufmerksam wahrgenommenen Thesen Hentigs kam zu dem Schluss: Frauen und Juden sind geborene Opfer.[44] In der von männlicher Gewalt geprägten Kriegs- und Nachkriegszeit, dem zuerst im Krieg geforderten, dann in der Republik verbotenen Töten, erzeugte diese These geradezu eine Erwartungshaltung auf Seiten der Täter wie der Opfer. Vor allem aber forderte sie auch die Richter heraus, den Opfern jetzt eine gewisse Mitschuld, Provokation, aufreizendes Verhalten zuzurechnen. Entsprechend fällt das Strafmaß für die Täter milder aus, oder sie gewähren gar Freisprüche. In der Konstellation der Weimarer Republik mit den Bürgerkriegen, etwa in der Räterepublik und beim Putschversuch Hitlers in München oder bei den sog. Freikorps (Soldaten, die aus dem Krieg mit Waffen zurückkamen und nun auf eigene Faust Schlachten suchten) und bei den Bürgerwehren im Ruhrkampf, kam es zu vielen geplanten politisch motivierten Morden oder Hetzjagden. Linke und Rechte lauerten einander auf und häufig gab es auch Tote. Der Staat konnte das Gewaltmonopol nicht durchsetzen, die Polizei räumte nur auf nach einer Straßenschlacht. Der Satz „Frauen und Juden sind geborene Opfer" wurde nicht etwa Anlass, vorbeugende Schutzmaßnahmen aufzubauen, sondern ein Un-

[44] Goltermann, *Opfer* 2017, 182–188.

recht wurde gewissermaßen zum Naturrecht erhoben und implizit gerechtfertigt. Ideologie und Unrechtsordnung der Nationalsozialisten konnten darauf aufbauen. Diskriminierung hatten sich die Opfer selbst zuzuschreiben. – Die Studien von Hans von Hentig und seine Kriterien wurden erst später weiterentwickelt mit der Absicht, potentiell stärker Gefährdete besser zu schützen. Aber unser Rechtssystem beruht weiterhin auf einem problematischen Kriterium. Unser Rechtssystem kümmert sich nämlich primär um die Verletzung des Rechtes und um die Täter, nicht um die Opfer. Wenn nämlich eine Person zu Schaden kommt, muss die Staatsanwaltschaft von Amts wegen eine Untersuchung einleiten. Die der Tat verdächtigten Menschen erhalten Rechtsanwälte zu ihrer Verteidigung, werden, wenn die Beweise nicht ausreichen, freigesprochen und können dann nicht noch einmal wegen dieser Tat angeklagt werden. Der Täter oder die Täterin, wenn sie zu einer Strafe verurteilt wurden, verbüßen diese als Freiheitsstrafe oder Geldstrafe. Diese Strafe kommt aber nicht etwa den Opfern zugute, sondern geht an den Staat. Die Rechtsordnung wurde verletzt und das Gericht stellt sie wieder her durch Bestrafung der Täterin oder des Täters. Das entspricht der Denkfigur der „erzürnten Gottheit, die Satisfaktion verlangt". Opfer können erst dann, wenn die Täter verurteilt und das verletzte Recht wieder hergestellt ist, auf Ausgleich ihres erlittenen Schadens eine Privatklage einreichen. Erst 1976 hat der Staat auch die Verantwortung übernommen, Opfer zu entschädigen, für die der Täter oder die Täterin nicht die Mittel hat, für den Schaden aufzukommen.[45] Die augenblickliche Aufarbeitung von Missbrauch im kirchlichen Bereich macht ähnliche Prinzipien von primärem Schutz für Institution und Täter auf

[45] Das Opferentschädigungsgesetz (OEG) ist noch als § 68 Teil des Sozialgesetzbuches I, künftig SGB XIV. Der Staat übernimmt die Kosten von Therapien oder Dauerversorgungen etwa bei Querschnittslähmung, wenn der oder die VerursacherIn nicht versichert ist.

der einen, Vernachlässigung der Opfer auf der anderen Seite deutlich. Die erste Sorge gilt der Ehre der Institution Staat, Rechtsordnung, Kirche – oder vor-institutionell der Majestät Gottes, der erzürnten Gottheit –, der Satisfaktion geleistet werden muss, dann dem Schutz des Täters und erst dann, wenn überhaupt, dem Opfer. Opfer können im Missbrauchsskandal keinen Anspruch geltend machen; wenn die Institution freiwillig, gnadenhalber, Schadensersatz anbietet, dann steht die Höhe in ihrem Ermessen.

8.5.2 Die Umkehrung: Der Täter ist das eigentliche Opfer

In der Aufarbeitung der Verbrechen des Nationalsozialismus forderte das System der Entnazifizierung geradezu dazu heraus, dass die Täter ihre Tat bagatellisierten oder gar sich zum Opfer stilisierten.[46] Nach dem Prozess gegen die „Hauptkriegsverbrecher" in Nürnberg wollten sich all die Tausenden Täter, Massenmörder, hinter „Befehlsnotstand" verbergen. Sie hätten auf Befehl gehandelt, sonst wären sie als Befehlsverweigerer selbst getötet worden, behaupteten sie. Die Wehrmacht stellte sich das Zeugnis der Sauberkeit aus, bis die Wehrmachtausstellung Bilder veröffentlichte, die Soldaten beim Verbrechen zeigte. Der Bombenkrieg wurde zum nächsten Diskurs über das Verbrechen der Alliierten, dem ‚im Lande der Täter' viele Unschuldige zum Opfer fielen. Der Theologe Jürgen Moltmann, geboren 1926, erinnerte sich in seiner Autobiographie an Nächte im Bunker in Hamburg: „Ich weiß, was Massenvernichtung ist."[47] Abgesehen von der oben geschilderten Totalität des modernen Krieges stellt sich in Moltmanns Äußerung das Problem der Vergleichbarkeit und der Verhältnismäßigkeit. Als Jugendlicher

---

[46] Für diesen Abschnitt grundlegend Jureit/Schneider, *Gefühlte Opfer* 2010. Macho, *Zum Bedeutungswandel* 2007. Münkler/Fischer, *politische Theorie des Opfers* 2000.

[47] Moltmann, *Weiter Raum* 2006, 185. Kritisch Auffarth, *Auschwitz* 2015, 486f „... die Gefahr, sich selbst in die Opfergeschichte Israels einzuschreiben."

war er kein aktiver Täter, wurde aber noch Soldat. Die Bomben waren Antwort auf einen verbrecherischen Krieg, die gleichwohl durch massenhafte Opfer an Zivilisten die Unterstützung der Nazi-Herrschaft brechen sollten. Und doch ist das nicht vergleichbar mit dem Genozid an den Juden.[48] Viel gravierender aber waren die Täter, die sich den Mantel des Opfers umlegten. Im Erinnerungsritual der BRD fand man eine Formel, so an der Neuen Wache in Berlin, wo die Statue von Ernst Barlach steht, die eine Mutter darstellt, die ihr totes Kind betrauert, andererseits wurde Erde aus den Konzentrationslagern aus ganz Europa hierher gebracht: „Den Opfern von Krieg und Gewalt".

Neben dem Täter, der die Tat geplant und durchgeführt hat, sich aber im Nachhinein zum Opfer stilisiert, gibt es einen neuen Typ: den Mächtigen, der sich selbst Opfer nennt, um danach umso brutaler andere zu quälen. Der mächtigste Mann der Welt, Donald Trump als amerikanischer Präsident, erklärte seinen Anhängern, er sei Opfer einer Hexenjagd linker Journalisten, die er deshalb ‚zu Recht' überwachen und bedrohen ließ.[49]

8.5.3 Das Opfer und der Lohn der Selbstmordattentäter

Das Problem der Selbstmordattentäter wurde global ein viel diskutiertes Thema, als Palästinenser (ganz wenige Frauen darunter) in Israel und dann die Attentäter in den USA auf die Büro-Türme des World Trade Centers am 11. September 2001 einen Schock auslösten. Das Phänomen ist freilich schon älter, etwa die Assassinen in der Kreuzzugszeit (Muslimische Attentäter ermorden unter Drogeneinfluss muslimische Politiker, die mit den Kreuzfahrern Verträge schließen) oder die japanischen Kamikaze (japanische Piloten fliegen ihr mit Sprengstoff

[48] Die Diskussion um die ‚Kriegsverbrechen' der Alliierten entzündete sich an dem Buch von Jörg Friedrich, *Der Brand* 2002.

[49] Lohre, *Das Opfer ist der neue Held* 2020.

beladenes Flugzeug auf ein Kriegsschiff und töten mit dem Gegner auch sich selbst) oder Mitglieder der Irischen Befreiungsarmee sprengen sich in der U-Bahn in die Luft zusammen mit den unbeteiligten Menschen im vollbesetzten Zug. Nun wurde es mit dem Etikett „islamistisch" versehen, und der amerikanische Präsident rief erst den ‚Kreuzzug' aus, revidierte sich aber dann und verkündete den Krieg gegen den Terrorismus. Zu Recht zeigte Navid Kermani, dass im Islam kaum eine Tradition geltend gemacht werden kann für diese Taten, sie vielmehr aus der Rechtfertigung von nichtstaatlichen Kriegen von „Befreiungsarmeen" stammen.[50] Neben der Linie, die im Westen dem Islam zugeschrieben wurde und daraus eine Rechtfertigung von Rachekriegen der guten Gewalt gegen die böse Gewalt der Terroristen konstruiert wurde, kann man eine innerislamische Diskussion erkennen. Zum einen verstanden die Attentäter von New York 2001 ihre Tat als Gottesdienst. Die „geistliche Anweisung", die man im Gepäck der Täter fand, beschrieb, wie sie sich zu Bruderschaften für je ein Flugzeug verbanden, vor der Tat sich reinigten, Gebete sprachen und den Ritualen einer islamischen Razzia/Kriegsaktion gegen Ungläubige folgten. Sie opferten ihr Leben zugunsten des Islam, den sie als vom Westen kolonial unterdrückt, verachtet, kapitalistisch ausgebeutet ansahen. Das war im Sinne der Predigten des Usama bin Laden, in denen er zur Reinigung der Muslime – auch in den eigenen Reihen – aufrief und zur Rückkehr zu dem ursprünglichen Islam der Gründungszeit. Aber Al-Qaida war keine hierarchische Organisation, die von einer Befehlszentrale aus die Attentate plante und anordnete. Die Amerikaner glaubten, wenn man den ‚Kopf' vernichtete, sei die Organisation führerlos. Die Tötung bin Ladens brachte aber keineswegs dieses Ergebnis. Vielmehr sprach die ‚Reformation' des Islam viele Muslime an, die von sich aus dann Attentate planten. Die Sprache der geistlichen Anweisung ist nicht bin Ladens

[50] Dazu oben Kapitel 8, Anm. 34.

reines Arabisch des Koran, sondern die Attentäter von New York verfassten offenbar selbst die Ritualanweisung. Die CIA veröffentlichte zwar das Dokument, aber nahezu unleserlich und ohne Übersetzung. In ihren Augen sollten sie Terroristen, keine religiösen Märtyrer sein.[51]

Die andere innerislamische Linie kam teils auch zu einer Verurteilung der Selbstmordattentate. Aber es sind zwei widerprüchliche Haltungen zu erkennen. Die theologische Autorität kam zu dem Schluss, dass die Attentäter zwei schlimme Sünden begingen, die sie keineswegs in das Paradies der Märtyrer bringen würde, wo die Belohnung in Gestalt von Jungfrauen auf sie wartete. Vielmehr seien sie Mörder an unschuldigen Menschen, also nicht Rächer an schuldigen Tätern. Zu dieser Todsünde, die in der Hölle bestraft wird, kommt eine zweite hinzu: die Tötung seiner selbst, der Selbstmord, der ebenfalls als Todsünde gilt. Theologisch war die Beurteilung klar: Selbstmordattentäter verwirken ihr Heil im Jenseits und werden sicher nicht belohnt. Sie sind keine Märtyrer, kein religiöses „Opfer".[52] Und doch gab es ein ‚islamisches' Belohnungssystem, das zweifach Gewinn versprach. Von Saudi-Arabien aus zahlte man den Familien eine hohe Rente für jeden toten Selbstmordattentäter. Zu dem Geldgewinn hinzu kam, dass man in den Großfamilien nun einen Esser weniger, aber einen Helden mehr gewann. ‚Islamisch' habe ich in Anführungszeichen gesetzt, weil hier das Dilemma deutlich wird zwischen der (besonders im Westen gepflegten) Gleichsetzung von Religion und Kultur und Gewalt als dem essentiellen Element des Islam und der Differenz zwischen Religion, wie sie

[51] Kippenberg/Seidensticker, *Terror im Dienste Gottes* 2004. Kippenberg, *Gottesdienst* 2008.

[52] Halbertal, *sacrifice* 2012, 74–78 kennt nicht die innerislamische Kontroverse und argumentiert ganz aus der philosophischen (westlichen, christlich geprägten) Perspektive. *Misguided self-transcendence* für die Nation, die Arbeiterklasse oder den Islam/Gott erlaube schlimme Verbrechen, der gegenüber die wohlverstandenen Eigeninteressen (gegen Kant) vorzuziehen seien.

unterschiedlich in den gelebten (arabischen, persischen, türkischen, alewitischen …) Religionskulturen praktiziert wird, und der Kultur des Islam mit ihren ästhetischen, kulinarischen, philosophischen, mathematischen, astronomischen … Qualitäten. Innerislamisch kommt die Metapher des Opfers nicht vor, aber der globale Begriff, aus der christlichen Metapher des Selbstopfers hervorgegangen, kann die Vermischung von Religion und Gewalttaten religiös legitimiert erscheinen lassen, die aber aus Sicht der (westlich individualisierten) Menschenrechte illegitim sind.

Die im Westen gerne verwendete Legitimation von ‚guter Gewalt' in einem ‚gerechten Krieg', die auch René Girard einforderte, hat durch die Ausrufung des „Krieges gegen den Terrorismus" (*war on terrorism*) eine Ausweitung erfahren, unter der nun staatliche Gewalt gegen Einzelne und gegen die ganze Bevölkerung ohne neue Begründung legitimiert wird, da jeder Widerstand, jede Kritik zum Terrorismus erklärt werden kann, jede staatliche Gewalt aber gerechter Krieg ist. Das Fass der Pandora hat keinen Deckel mehr.

9. Opfer der Moderne und Opfer in der Antike: Brüche und historische Evolution

Dass das Opfer in der Moderne zur Obsession wurde, hat mehrere Gründe. Zum einen dient ein Bild vom Opfer mit Grausamkeit, Leiden, sinnlosem Tod, vergossenem Blut als Gegenbild zum Selbstverständnis der Moderne. So etwas machen die Anderen und das sei das Gegenteil zu den eigenen Erwartungen an die Durchsetzung von Menschenrechten, Tierrechten, schonendem Umgang mit der Natur. Zum anderen ist die moderne Welt voll von Opfern, Opfern der Moderne. Gegenüber dem Selbstbild von westlicher Lebensweise tut sich ein Abgrund auf von Opfern, die eben diese Moderne ‚verlangt', wie die folgenden:

Fleischproduktion und -genuss wachsen global ins Unermessliche in den wohlhabenden Ländern; das Füttern von Tieren verbraucht ein Vielfaches an Ressourcen als pflanzliche Ernährung und verursachen Übergewicht mit den Folgen für die Gesundheit in den Industrieländern und nehmen Gemüse-Nahrung den Menschen auf dem übrigen Globus. Verzicht ist ein Gewinn. Die Sakralität des Fleischgenusses durch das Opfer machte Fleisch in der Vormoderne hingegen zu einer seltenen Köstlichkeit.

Dann sind da die Opfer von Kriegen und des immensen Waffenhandels. Die Rede von den ‚Opfern' im Krieg war noch im Ersten Weltkrieg positiv gemeint, indem Menschen dafür gelobt, geehrt wurden, weil sie ihr Leben oder ihre Gesundheit, ihren Optimismus und Lebensmut hergaben. Opfer hatte da noch die religiöse Adelung, in der beide, die Konfessionsreligion und die Nationalreligion konvergierten, die Humanitätsreligion freilich einen Einbruch erfuhr. Danach schwand die religiöse Bedeutung, taucht aber sechzig Jahre später bei ‚den Anderen' auf, als Aufruf zum islamistischen Dschihad, dem der Westen die

Demokratie und die Rechte des Individuums als höchsten Zweck entgegenstellt, Kind der Humanitätsreligion, aber kaum noch religiös konnotiert. Im Gegenteil, Religion ist zu einem Synonym für Rechtfertigung von Gewalt geworden, die rationalen Argumenten unzugänglich sei. In welche Begründung auch immer verpackt, ist der Waffenhandel eine Katastrophe: Sowohl für die wenigen, die davon profitieren, Produzenten wie Diktatoren, marodierende Banden und Weltmächte, die das Ungleichgewicht des ‚Freihandels' durchsetzen, weil sie immer mehr und neue Angriffs-Waffen brauchen. Für die Untertanen, Wähler, nicht nur für die Opfer der Gewalt, weil die knappen Ressourcen für den Waffenkauf verschleudert werden, statt sie in Lebensgrundlagen, Brunnen, Infrastruktur zu investieren. Waffen töten, auch wenn sie nicht eingesetzt werde. Der postkoloniale Diskurs, der die Schuld in den kolonialen Strukturen sucht, auch nach dem Ende der direkten Kolonialherrschaft der alten Kolonialmächte, ist berechtigt, aber verschließt die Augen davor, dass die ‚Opfer' nun in die Fußstapfen der Kolonialherren getreten sind, selbst Täter mit neuen Opfern. Die Einforderung von ‚Wiedergutmachung' der früheren Opfer kann die Schere des ungerechten Ungleichgewichts von Reichtum und Armut, von Macht und Ressourcen für die falschen Ziele nicht rückgängig machen. Die Weltbank fordert zwar die Verwendung ihrer Kredite für definierte Entwicklungsprojekte, stabilisiert aber gleichzeitig das Macht-Ungleichgewicht. Die Opfer von Krieg und Vertreibung, die Opfer der Verschwendungsgesellschaft im Westen, die Opfer der dadurch erzeugten Klimakrise werden immer mehr.

Opfer hat seinen positiven Klang verloren. Es hat aber eine andere, fordernde Bedeutung gewonnen: Opfer haben ein Recht auf Wiedergutmachung. Nur, wer setzt das Recht durch? Sind Spendenbereitschaft der Zivilgesellschaft mehr als ein mickriges Almosen? Und sind Geberkonferenzen der Staaten im Sinn der Opfer nur dazu da, die Tür für die eigene Industrie in das Land zu öffnen?

Man wird das nicht gegenseitig ausspielen dürfen. Die Anstrengungen dazu werden durch die faktische Entwicklung immer wieder überholt. Die Moderne hat das Opfer millionenfach vermehrt und zum Alltag gemacht. Und dabei hat sich das Bild vom Opfer und Opfern gewandelt. Das Opferritual dient als schwarze Folie. In die großen Opfertheorien flossen und fließen immer auch Erfahrungen und Anschauungen der jeweiligen Gegenwart ein.

Wozu dient die Konfrontation des modernen Diskurses mit den historischen Realien des Opferrituals? Geschichte und hier Religionsgeschichte hat nicht die Aufgabe, Kontinuitäten zu konstruieren, die die gegenwärtigen Institutionen legitimieren oder die Vergangenheit als Fehlweg denunzieren, sondern Alternativen zu entdecken, die Vielzahl der Möglichkeiten einer Genealogie der Gegenwart aufzuzeigen und so diese nur als *eine* von mehreren Potenzialen zu erkennen, die dann nicht ergriffen wurden. Geschichtliche Rekonstruktion hat ein Interesse, Gegenwart besser zu verstehen.[1] Der Blick auf Opferrituale der Griechen, Römer, ‚Heiden' will das, was in der hebräisch-jüdisch-christlichen Tradition sich entwickelte zum Vergleich darstellen, aber auch die Konvergenz (also nicht die sonst übliche Perspektive, dass Christentum der Gegensatz zur Antike sei) der verschiedenen Traditionen in der Spätantike hervorheben. Also das ‚Ende des Opfers' in allen drei Traditionen und die Romanisierung des Christentums bzw. die Christianisierung der römischen Kultur und die fundamentale Mutation der Religionen (als die ‚Achsenzeit' der Spätantike) ist der Strang, aus dem sich das mittelalterliche und neuzeitliche europäische Christentum evolutionär entwickelte.[2] Dabei trat in den Vordergrund die Vorstellung eines ‚Selbstopfers'

[1] Im Gegensatz zu antiquarischer Erzählung macht ‚Problemgeschichte' das Erkenntnisinteresse explizit. Dazu Oexle, *Problemgeschichte* 2001.

[2] Zur Verwendung des Begriffs Evolution im Sinne eines autopoietischen Prozesses gesellschaftlicher Entwicklung und darin der Religion grundlegend Krech, *Evolution* 2021.

und des Leidens als christlicher Identität. Im Ritual ist die Identität von Opferndem und getöteter Opfergabe, also das Selbstopfer, unmöglich. Das christliche Selbstverständnis, ausgehend von der Deutung der Hinrichtung Jesu als stellvertretendes Opfer, wurde zum Rollenmodell für christliches Leben. Die Interpretation des Hebräerbriefs hob paradox den Unterschied von aktivem Opferer zum passiven Opfertier auf. Während bei Märtyrerinnen und Märtyrern noch das passive Erleiden allein gilt, legitimierte der potentiell eigene Tod im Krieg das Töten des Feindes.

Die Verbindung von Religion und Gewalt wird begründet mit der Irrationalität von religiöser Legitimation von Krieg und Mord. Ja, dazu konnte und kann Religion eingesetzt werden. Wenn man Religion als soziale Realität und nicht als gewollte Ethik versteht, ist das auch kein Missbrauch. Aber der entsprechende Satz, Gewalt werde (nur) von Religion hervorgerufen, ist offenbar falsch. Für den Einsatz von Gewalt gibt es viele scheinbar rationale Argumente, populistische und Zwangsmittel der sozialen Motivation. Religion ist mehr als diese Einengung auf einen aktuellen Konflikt der Kulturen, der das Opfer, Martyrium, Selbstopfer zur angeblich entscheidenden Differenz stilisiert und durch Blasphemie schürt,[3] die Religion am Pranger, Europas Angst vor der Religion.[4]

Deshalb habe ich die Perspektive gedreht weg (nur) vom blutigen Opfer hin zum Opfer als Gabe. Opfer gibt es zwar auch in der Form des Tieropfers, aber es umfasst viele andere Formen. Wenn man das Opfer als Geschenk versteht, dann verliert das Opfer den Aspekt des Verzichts oder der Gewalt. Der materielle Verlust der Opfergabe wird aufgewogen durch den Gewinn aus zwei Richtungen. Da ist die Anerkennung durch die Gesellschaft und

---

3 Schwerhoff, *Blasphemie* 2021. Meine Rezension https://blogs.rpi-virtuell.de/buchempfehlungen/2021/10/12/geschichte-der-blasphemie/ (12.10.2021).

4 Casanova, *Europas Angst vor der Religion* 2009.

die Einladung beim nächsten Opfermahl; die Investition in die Wirtschaft der eigenen Stadt. Der Opfernde und seine Familien gewinnen Selbstbewusstsein und symbolisches Kapital. Gegenüber der Gottheit aber entwickelt sich und verstärkt sich ein Verhältnis wechselseitiger Anerkennung sowohl individuell wie gegenüber der Gemeinde. In der Gabenökonomie ist nicht der materielle Wert der Gabe entscheidend (gegen den die Religionskritik der Propheten und der Philosophen polemisiert), sondern die Zuneigung und das Vertrauensverhältnis gegenüber dem als Person vorgestellten Gott entscheidend, die sich in der Gabe äußert. Die Ethik des Verzichts gegen die Klimakrise, (etwa *Fridays for Future*) erweist sich nicht als ein ‚Opfer', sondern fordert Einschränkungen der Verschwendung, um etwas zu gewinnen, eine lebenswerte Zukunft für die kommenden Generationen. Das bedeutet mehr Gewinn, auch schon für die jetzige Generation, wenn sie unnötigen Ballast abwirft.

Ein personal vorgestellter Gott ist aber nicht die einzige Möglichkeit religiöser Repräsentation. Nicht erst in der Moderne stehen neben oder gar über den Göttern des Polytheismus größere, fordernde Mächte wie Gerechtigkeit, gleiche Partizipation, Ehre, das höchste Gut, Naturgesetze.[5] Es gibt andere Werte, die nicht aus der Summe oder einem Kompromiss der Partikularinteressen abzuleiten sind, ‚jenseits' der heutigen Generation, der Entscheidungen in aktuellen Konfliktlagen, dem eigenen Wohlergehen in den Industriestaaten. Jenseits muss nicht in Metaphysik aufgehen. Freilich führte die Nation als Jenseits in der Nationalreligion zu dem Schlachtengott des Ersten Weltkriegs, einem Angestellten der eigenen Nation, der jeweils nur die eigene Nation schützte und mit ihr unterging. Der ‚Staat ohne Gott' schuf das Gehäuse für Religionsfreiheit und staatlich garantierter Toleranz von Minderheiten.[6] Religion geht dann nicht auf in eine

[5] Auffarth, *Justice, the king and the gods* 2010.

[6] Dreier, *Staat ohne Gott* 2018.

Funktion einer Teilgesellschaft. Jenseitige Werte können sowohl säkular wie religiös bestimmt und definiert werden. Die Proklamation der Menschenrechte im Dezember 1948 wurden im Bewusstsein ausgesprochen, dass sie in der Zeit der Diktaturen fehlten und missachtet wurden, waren eine Form von säkularer Religion, der sich die Kirchen als institutionelle Religionen erst anschließen konnten, als sie ihr autoritäres Gottesbild aufgaben. So verstehe ich das Zusammenleben in multiethnischen und multireligiösen liberalen Demokratien und in der globalen Welt nicht als Verlust von Religion, sondern Transformation von Religion. Der Deutsche Evangelische Kirchentag und das Zweite Vatikanische Konzil waren Foren, auf denen die Vergangenheit der autoritären Herrschaft transformiert wurde in eine Gegenwart, die sich auch der Zukunft und Gottes Gegenwart verantwortlich zeigte. Mit Hans Jonas ist das *Prinzip Verantwortung* angesichts der fortschreitenden Zerstörung der Lebenswelt, Opfer für den Fortschritt und den Überfluss, heute so aktuell wie nie zuvor.[7]

---

7 Jonas, *Prinzip Verantwortung* 1979.

Abbildungsverzeichnis

Abkürzungen

CCL	*Corpus Christianorum. Series Latina.* Turnhout: Brepols.
CSEL	*Corpus Scriptorum Ecclesiasticorum Latinorum.* Wien.
DDD	*Dictionary of Deities and Demons.* Ed. Karel van der Toorn. Leiden: Brill 1995, [2]1999.
DNP	*Der Neue Pauly. Enzyklopädie der Antike.* Hrsg. Hubert Cancik; Helmuth Schneider. Band 1(1996) – Band 12/2 (2003) *Altertum.* Band 13 (1999) – 16/3 (2003) *Rezeptions- und Wissenschaftsgeschichte.* Hrsg. von Manfred Landfester. Stuttgart; Weimar: Metzler.
EG	*Evangelisches Gesangbuch* 1996 [in den verschiedenen Landeskirchen].
FC	*Fontes Christiani. Zweisprachige christliche Quellentexte aus Altertum und Mittelalter.* Freiburg: Herder 1990–
HrwG	*Handbuch religionswissenschaftlicher Grundbegriffe.* Hubert Cancik, Burkhard Gladigow, [Matthias Laubscher; ab Band 3], Karl-Heinz Kohl. Stuttgart: Kohlhammer 1 (1988)–5 (2001).
HWPh.	*Historisches Wörterbuch der Philosophie.* Hrsg. von Joachim Ritter; Karlfried Gründer u.a. 12 Bände + Register. Basel: Schwabe 1971–2012.
MLR	*Metzler Lexikon Religion. Gegenwart – Alltag – Medien.* Hrsg. von Christoph Auffarth, Jutta Bernard, Hubert Mohr. 4 Bände. Stuttgart; Weimar: Metzler 1999–2002. Englische Übersetzung und Bearbeitung hrsg. von Kocku von Stuckrad: *Brill Dictionary of Religion.* Leiden: Brill 2006.
RAC	Reallexikon für Antike und Christentum. Hrsg. von Franz Josef Dölger. Stuttgart: Hiersemann. Band 1 (1950)–27 (2021).
RGG[4]	*Religion in Geschichte und Gegenwart.* 4. Auflage. Hrsg. von Hans Dieter Betz; Don S. Browning; Bernd Janowski; Eberhard Jüngel. 8 Bände. Tübingen: Mohr Siebeck 1998–2005. Register 2007.
RE	*Realencyclopädie der classischen Altertumswissenschaft.* Hrsg. von August Pauly; Georg Wissowa [u.a.]. 83 Bände. Stuttgart: Druckenmüller 1883–1978. Register 1980.
ThesCRA	*Thesaurus Cultus et Rituum Antiquorum.* Ed. Jean Charles Balty [u.a.]. Vol. I–Vol. VIII. Los Angeles: Getty 2004–2014.
TUAT	*Texte aus der Umwelt des Alten Testaments.* Neue Folge, hrsg. von Bernd Janowski; Daniel Schwemer. 9 Bände. Gütersloh: GVH 2004–2020.

Auswahlbibliographie

* Die folgende Auswahlbibliographie enthält wichtige Forschungen, mit denen sich meine Argumentation auseinandersetzt. Die Gesamtbibliographie der Quellen und Forschungsliteratur ist unter https://www.vandenhoeck-ruprecht-verlage.com/opfer abrufbar. Das Passwort lautet: aXc8GP.

Angenendt 2016. Arnold Angenendt: *Die Revolution des geistigen Opfers. Blut – Sündenbock – Eucharistie.* Freiburg: Herder 2011, [2]2016.

Assmann 2018. Jan Assmann: *Achsenzeit. Eine Archäologie der Moderne.* München: Beck.

Auffarth 1991. Christoph Auffarth: *Der drohende Untergang. „Schöpfung" in Mythos und Ritual im Alten Orient und in Griechenland am Beispiel der Odyssee und des Ezchielbuches.* (Religionsgeschichtliche Versuche und Vorarbeiten RGVV 39) Berlin; New York 1991. Nachdruck 2013.

Auffarth 2002. Christoph Auffarth: *Irdische Wege und himmlischer Lohn. Kreuzzug, Jerusalem und Fegefeuer in religionswissenschaftlicher Perspektive.* (Veröffentlichungen des Max-Planck-Instituts für Geschichte 144) Göttingen: Vandenhoeck & Ruprecht.

Auffarth 2005. Christoph Auffarth: „Weltreligion" als ein Leitbegriff der Religionswissenschaft im Imperialismus. in: Ulrich van der Heyden; Holger Stoecker (Hrsg.): *Mission und Macht im Wandel politischer Orientierungen. Europäische Missionsgesellschaften in politischen Spannungsfeldern in Afrika und Asien zwischen 1800 und 1945.* (Missionsgeschichtliches Archiv 10) Stuttgart: Steiner, 17–36.

Auffarth 2008. Christoph Auffarth: Teure Ideologie – billige Praxis: Die ‚kleinen' Opfer in der römischen Kaiserzeit. In: Evtychia Stavrianopoulou; Axel Michaels; Claus Ambos (Hrsg.): *Transformations in Sacrificial Practices. From Antiquity to Modern Times.* (Performanzen 15) Münster: LIT, 147–170.

Auffarth 2012. Christoph Auffarth: Christliche Festkultur und kulturelle Identität im Wandel: Der Judensonntag. In: Benedikt Kranemann; Thomas Sternberg (Hrsg): *Christliches Fest und kulturelle Identität Europas.* Münster: Aschendorff 2012, 30–47.

Auffarth 2016. Christoph Auffarth: Pandora: Vorsicht vor Gottes Freigiebigkeit! Ein religionswissenschaftlicher Vergleich kultureller Werte. In: Hoffmann, *Die Gabe*, 222–238.

Auffarth/Mohr 2000. Christoph Auffarth; Hubert Mohr: Religion. *MLR* 3, 160–172.

Bendlin 2000. Andreas Bendlin [u.a.]: Opfer. *Der Neue Pauly* 8(2000), 1228–1252.

Berges 2010. Ulrich Berges: *Jesaja. Der Prophet und das Buch.* Leipzig: EVA.

Berges 2015. Ulrich Berges: *Jesaja 49–54.* (Herders theologischer Kommentar zum Alten Testament) Freiburg im Breisgau.

Blum 1984. Erhard Blum: *Die Komposition der Vätergeschichte.* (WMANT 57) Neukirchen-Vluyn: Neukirchener.

Brandt 2000. Sigrid Brandt: Hat es sachlich und theologisch Sinn, von „Opfer" zu reden? In: Janowski / Welker, *Opfer,* 247–281.

Bräunlein 2010. Peter Bräunlein: *Pasyon / Passion. Rituale des Schmerzes im europäischen und philippinischen Christentum.* München: Fink.

Bremmer 2019. Jan N. Bremmer: Animal Sacrifice. In: J. B.: *The World of Greek Religion and Mythology. Collected Studies 2.* (WUNT 433) Tübingen: Mohr Siebeck, 303–348.

Burkert 1972. Walter Burkert: *Homo Necans. Interpretationen altgriechischer Opferriten.* (RGVV 32) Berlin, New York 1972.

Burkert 1996. Walter Burkert: *Creation of the Sacred. Tracks of Biology in Early Religions.* Cambridge, MA: Harvard UP. Dt. Ausgabe: *Kulte des Altertums. Biologische Grundlagen der Religion.* München: Beck 1998, [2]2009.

Cancik 2005. Hubert Cancik: Die Romanisierung des antiken Christentums. Zur Entstehung des römischen Katholizismus. In: Richard Faber (Hrsg.): *Katholizismus in Geschichte und Gegenwart.* Würzburg: Königshausen&Neumann, 35–50.

Cancik-Lindemaier 2004. Hildegard Cancik-Lindemaier: *Von Atheismus bis Zensur. Römische Lektüren in kulturwissenschaftlicher Absicht.* Hrsg. Henriette Harich-Schwarzbauer; Barbara von Reibnitz. Würzburg: Köngshausen&Neumann.

Drexler 1993. Josef Drexler: *Die Illusion des Opfers. ein wissenschaftlicher Überblick über die wichtigsten Opfertheorien ausgehend vom deleuzianischen Polyperspektivismusmodell.* München: Akademischer Verlag 1993.

Ekroth 2019. Gunnel Ekroth: Why does Zeus care about burnt thighbones from sheep? Defining the divine and structuring the world through animal sacrifice in ancient Greece. in: *History of Religions* 58, 225–250.

Enchiridion. Heinrich Denzinger (Hrsg.): *Enchiridion symbolorum definitionum et declarationum de rebus fidei et morum. – Kompendium der Glaubensbekenntnisse und kirchlichen Lehrentscheidungen.* Lateinisch-Deutsch von Peter Hünermann. [[1]1854] Freiburg: Herder [37]1991. [45]2017 [Zitiert sind die Nummern der Paragraphen. Die sind in allen Auflagen gleich].

Eßbach 2014. 2019. Wolfgang Eßbach: *Religionssoziologie.* Band 1. München: Fink 2014. Band 2 (in zwei Teilbänden) 2019.

Freud 1912/13. Sigmund Freud: *Totem und Tabu. Über einige Übereinstimmungen im Seelenleben der Wilden und der Neurotiker.* [1912/1913] in: F. S., *Studienausgabe,* Band IX: *Fragen der Gesellschaft. Ursprünge der Religion.* Frankfurt am Main: S. Fischer 1974, 287–444.

Frevel 2016. Christian Frevel: *Geschichte Israels.* Stuttgart: Kohlhammer.

Frey/Schröter 2005. Jörg Frey; Jens Schröter (Hrsg.): *Deutungen des Todes Jesu im Neuen Testament.* Tübingen: Mohr Siebeck 2005, ²2012.

Gerber 2019. Christine Gerber: Erlösung, Versöhnung und Opfer für Gott: Deutungen des Todes Jesu im Epheserbrief. in: *Sōtēria: salvation in early Christianity and antiquity. Festschrift in honour of Cilliers Breytenbach.* Hrsg. David S. Du Toit [et al.]. Leiden: Brill 2019, 361–382.

Gese 1977. Hartmut Gese: Die Sühne. In: Gese: *Zur biblischen Theologie. Alttestamentliche Vorträge.* (Beiträge zur evangelischen Theologie 78) München: Kaiser, 85–106.

Gladigow 1971. Burkhard Gladigow: Ovids Rechtfertigung der blutigen Opfer. Interpretationen zu Ovid. *fasti* I 335–456. In: *Der Altsprachliche Unterricht* 14. 3(1971), 5–23.

Gladigow 1984. Burkhard Gladigow: Die Teilung des Opfers. Zur Interpretation von Opfern in vor- und frühgeschichtlichen Epochen. In: *Frühmittelalterliche Studien* 18 (1984), 19–43. [wieder in B.G.: *Religionswissenschaft als Kulturwissenschaft* 2005, 186–207].

Gladigow 2000. Burkhard Gladigow: Opfer und komplexe Kulturen. In: Janowski/Welker, *Opfer* 2000, 86–107.

Goltermann 2017. Svenja Goltermann: *Opfer. Die Wahrnehmung von Krieg und Gewalt in der Moderne.* Frankfurt am Main: S. Fischer 2017. Dazu auch meine Rezension https://blogs.rpi-virtuell.de/buchempfehlungen/2018/08/10/opfer/ (10.8.2018).

Gordon 2012. Richard Gordon: Mithras. *RAC* 24 (2012), 964–1009.

Graf 2008. Friedrich Wilhelm Graf: Sakralisierung von Kriegen: Begriffs- und problemgeschichtliche Erwägungen. In: Schreiner, *Heilige Kriege* 2008, 1–30.

Graf 2012. Fritz Graf: One generation after Burkert and Girard: where are the great theories? in: Faraone/Naiden, *Greek and Roman Animal Sacrifice*, 33–51.

Halbertal 2012. Moshe Halbertal: *On sacrifice.* Princeton: Princeton UP.

Henrichs 2019. Albert Henrichs: *Greek Myth and Religion. Collected Papers II.* Berlin: De Gruyter.

Hermary 2004. Antoine Hermary: Les sacrifices dans le monde grec. *Thesaurus Cultus Rituum Antiquorum 1*, 59–134.

Hieke 2014. Thomas Hieke: *Levitikus.* 2 Bände (Herders theologischer Kommentar zum Alten Testament) Freiburg: Herder 2014.

Holzem 2019. Andreas Holzem: Das Opfer für das Vaterland. Passionsblut im modernen Krieg. In: Renate Dürr u.a. (Hrsg.). *Religiöses Wissen im vormodernen Europa.* Paderborn: Schöningh 2019, 745–778.

Janowski 2019. Bernd Janowski: *Anthropologie des Alten Testaments.* Tübingen: Mohr Siebeck.

Janowski/Welker 2000. Bernd Janowski; Welker (Hrsg.): *Das Opfer. Theologische und kulturelle Kontexte.* Frankfurt am Main: Suhrkamp.

Jonas 1979. Hans Jonas: *Das Prinzip Verantwortung.* Frankfurt am Main: Insel 1979. *KGA* 1.2 (2015–2017)

Jungmann 1952. Josef Andreas Jungmann: *Missarum Solemnia. Eine genetische Erklärung der römischen Messe.* Freiburg: Herder [1948], [3]1952.

Jureit/Schneider 2010. Ulrike Jureit; Christian Schneider: *Gefühlte Opfer. Illusionen der Vergangenheitsbewältigung.* Stuttgart: Klett-Cotta. (= Bonn: bpb 2010).:

Karrer 2002–2008. Martin Karrer: *Der Brief an die Hebräer.* Band 1: *1–5,10.* Band 2: *Kapitel 5,11–13,25.* (Ökumenischer Taschenbuchkommentar zum Neuen Testament 20) Gütersloh: GVH 2002. 2008.

Karrer 2017. Martin Karrer: *Johannesoffenbarung.* Teilband 1: *Offb. 1,1–5,14.* (Evangelisch-Katholischer Kommentar zum Neuen Testament 24/1) Göttingen: Neukirchener Theologie; Ostfildern: Patmos 2017.

Kermani 2002. Navid Kermani: *Dynamit des Geistes. Martyrium, Islam und Nihilismus.* Göttingen: Wallstein 2002. [5]2016.

Kippenberg 1997. Hans G. Kippenberg: *Die Entdeckung der Religionsgeschichte. Religionswissenschaft und Moderne.* München: Beck 1997.

Kippenberg 2008. Hans G. Kippenberg: *Gewalt als Gottesdienst. Religionskriege im Zeitalter der Globalisierung.* München: Beck.

Klävers 2019. Steffen Klävers: *Decolonizing Auschwitz? Komparativ-postkoloniale Ansätze in der Holocaustforschung.* Berlin: De Gruyter Oldenbourg 2019.

Krech 2021. Volkhard Krech: Die Teilung des Opfers: Religion zwischen Biologie und Soziologie. In: Auffarth/Grieser/Koch, *Religion in der Kultur* 2021, 317–346.

Krech 2021. Volkhard Krech: *Die Evolution der Religion. Ein soziologischer Grundriss.* Bielefeld: transcript 2021.

Krüger 2006. Thomas Krüger: Erwägungen zur prophetischen Kultkritik. In: Rüdiger Lux; Ernst-Joachim Waschke (Hrsg.): *Die unwiderstehliche Wahrheit: Studien zur alttestamentlichen Prophetie.* Leipzig: Evangelische Verlagsanstalt, 37–55.

Lerdon 2020. Saskia Lerdon: *Ecce Agnus Dei. Rezeptionsästhetische Untersuchung zum neutestamentlichen Gotteslamm in der bildenden Kunst.* (NTOA 123) Göttingen: Vandenhoeck & Ruprecht 2020.

Maier 2009. Bernhard Maier: *William Robertson Smith. His life, his work and his times.* (Forschungen zum Alten Testament 67) Tübingen: Mohr Siebeck 2009.

Mauss 1924. Marcel Mauss: *Essai sur le don.* Dt.Ü. von Eva Moldenhauer. M. M.: *Die Gabe. Form und Funktion des Austauschs in archaischen Gesellschaften.* Frankfurt am Main: Suhrkamp 1968.

Meuli 1946. Karl Meuli: Griechische Opferbräuche [1946], in: K. M.,

Gesammelte Schriften. Hrsg. Thomas Gelzer. Band 2. Basel: Schwabe 1975, 907–1021.

Naiden 2013. F.[Fred] S. Naiden: *Smoke Signals for the Gods. Ancient Greek Sacrifice from the Archaic through Roman Periods*. Oxford: Oxford University Press 2013.

Neuwirth 2010. Angelika Neuwirth: *Der Koran als Text der Spätantike. Ein europäischer Zugang*. Berlin: Verlag der Weltreligionen.

Oexle 2001. *Das Problem der Problemgeschichte 1880–1932*. Herausgegeben von Otto Gerhard Oexle. (Göttinger Gespräche zur Geschichtswissenschaft 12) Göttingen: Wallstein.

Otto 1917. Rudolf Otto: *Das Heilige. Über das Irrationale in der Idee des Göttlichen und sein Verhältnis zum Rationalen*. Breslau: Trewendt und Granier 1917. [5]1920. München: Beck 2014 [Der Text [23–25]1936].

Parker 2011. Robert Parker: Killing, Dining, Communicating. In: Robert Parker: *On Greek Religion*. Ithaca: Cornell UP 2011, 124–170.

Petersen 2012. Silke Petersen: Das Lamm und das Abendmahl. Überlegungen aus neutestamentlicher Perspektive, in: Regina Sommer; Julia Koll (Hrsg.): *Schwellenkunde. Einsichten und Aussichten für den Pfarrberuf im 21. Jahrhundert, FS Ulrike Wagner-Rau*. Stuttgart: Kohlhammer 2012, 277–288.

Pietsch 2013. Michael Pietsch: *Die Kultreform Josias. Studien zur Religionsgeschichte Israels in der späten Königszeit*. Tübingen: Mohr Siebeck.

Raulff 1995. Ulrich Raulff: *Ein Historiker im 20. Jahrhundert: Marc Bloch*. Frankfurt am Main: S. Fischer 1995.

Rüpke 2021. Jörg Rüpke: *Ritual als Resonanzerfahrung*. Stuttgart: Kohlhammer 2021.

Rusam 2005. Dietrich Rusam: Das „Lamm Gottes“ (Joh 1,29.36) und die Deutung des Todes Jesu im Johannesevangelium, in: *Biblische Zeitschrift* 49 (2005), 60–80.

Stökl 2003. Daniel Stökl Ben Ezra: *The impact of Yom Kippur on early Christianity. The Day of Atonement from Second Temple Judaism to the fifth century.* (WUNT 163) Tübingen: Mohr Siebeck 2003. [Diss. Jerusalem].

Strenski 2002. Ivan Strenski: *Contesting sacrifice: religion, nationalism, and social thought in France*. Chicago: Chicago UP 2002.

Stroumsa 2005. Guy G. Stroumsa: *La fin du sacrifice*. Paris: Collège de France. [Deutsch] *Das Ende des Opferrituals. Die religiösen Mutationen der Spätantike*. Berlin: Verlag der Weltreligionen 2011. [Rez. Auffarth:] http://buchempfehlungen.blogs.rpi-virtuell.net/2011/12/30/das-ende-des-opferkults-die-religiosen-mutationen-der-spatantike-von-guy-g-stroumsa/ (30.12.2011).

Stroumsa 2021. Guy G. Stroumsa: Sacrifice accomplished: Robert Hertz. in: G. G. S., *Religion as Intellectual Challenge* 2021, 19–28.

Stroumsa 2021. Stroumsa, Guy G.: Axial religion in the Late Antique scriptural galaxy. In: G. G. S., *The Crucible of Religion* 2021, 206–223.

Stroumsa 2021. Guy G. Stroumsa: *The Crucible of Religion in Late Antiquity. Selected Essays*. (STAC 124) Tübingen: Mohr Siebeck 2021.

Varenhorst 2011. Martin Varenhorst: Levitikon. In: *Septuaginta. Kommentar*. Stuttgart: Deutsche Bibelgesellschaft, Band 1, 325–430 (Exkurs zur Opferterminologie im Pentateuch 335–346).

Wellhausen 1878. Julius Wellhausen: *Geschichte Israels*. Erster Band. Berlin: Reimer 1878. [Ab ^{2}1883 *Prolegomena zur Geschichte Israels*. Der zweite Band dann *Israelitische und jüdische Geschichte* 1894]

Wellhausen 1887. Julius Wellhausen: *Reste arabischen Heidentums*. (Skizzen und Vorarbeiten 3) Berlin: Reimer 1887.

Wolf 2020. Hubert Wolf: *Der Unfehlbare. Pius IX. und die Erfindung des Katholizismus im 19. Jahrhundert*. München: Beck.

Dank und Nachwort

Das Thema ‚Opfer' war für mich als Religionswissenschaftler immer wieder Herausforderung, darüber nachzudenken und zu forschen. Mit meinen Forschungsschwerpunkten in der (nicht nur klassischen) Antike und Pluralität von Religionen in der Europäischen Religionsgeschichte war das Ansinnen, ein Buch über das Opfer zu schreiben, eine Zumutung (im positiven Sinne), die Bernd Janowski im Herausgeberkreis vorschlug. Es ist im Gespräch mit Guy Stroumsa geschrieben, dessen *la fin du sacrifice* 2005 auf den grundlegenden Wandel in den Religionen der Spätantike hinwies und für das rabbinische Judentum ausführte. Die Faszination für das Themas begann mit der Lektüre von Walter Burkerts *Homo necans* und Karl Meulis *Opferbräuchen*. Faszinierend auch die lange Freundschaft und die vielen Anregungen mit Jan Bremmer und Fritz Graf, die aus der überzeitlichen Anthropologie eine Geschichte der Religion machten. Nüchternheit lehrten meine akademischen Lehrer Burkhard Gladigow und Hubert Cancik, die einen Paradigmenwechsel in der Religionswissenschaft grundlegten, an dem sie mich beteiligten. Und mit meinen Kolleginnen und Kollegen haben wir das neue Paradigma weiter entwickelt und angewendet, sowohl methodisch wie am historischen Material. Viele sollte ich nennen, mit denen kreativ zu denken es Freude macht, nennen will ich zum Thema des Buches nur Jörg Rüpke, Andreas Bendlin und die Forscher:innengruppe des SSP *Römische Reichreligion und Provinzialreligion*; Michael Stausberg und den SFB *Ritualdynamik*; das Jahr im KHK *for advanced studies* in Bochum auf Einladung von Volkhard Krech; Ilinca Tanaseanu-Döbler und den SFB *Bildung in der Vormoderne*. Robin Hägg veranstaltete in Göteborg die Seminare zur frühen griechischen Religion, auf denen ich auch Gunnel Ekroth kennenlernte. Vinciane Pirenne-Delforge lud mich zu einem Aufsatz in *Kernos* ein. Dank der Einladungen von Joachim Negel konnte ich fünf Mal als DAAD-Professor Vorlesungen in Jerusalem halten und diese besondere Stadt erleben. Johann Hafner wies mich auf Feinheiten katholischer Liturgik hin.

Mit wichtigen Hinweisen haben die Mitherausgeber:innen Christine Gerber, Martin Leuenberger und Friedrich Schweitzer inhaltliche Verbesserungen beigesteuert. Drei und vier will ich noch besonders nennen, die das Buch im Manuskript ganz gelesen haben, inhaltlich Andreas Schwab mit seiner Expertise in der Gräzistik, katholischer Theologie und Religionswissenschaft. Mit Maren Elisabeth Schwab (sie ist die Dritte im Bunde) und Andreas Schwab entstand bei der Teestunde in Bonn eine köstliche Freundschaft über das Fachliche hinaus. Nach Kiel begleiten sie die besten Wünsche. Wertvolle Hinweise erhielt ich seit Bochumer Tagen auch von Christian Frevel. Mein Schwager Reiner Zoeller sah den Text als professioneller Korrektor auf Orthographie und Syntax hin durch. Allen gilt mein herzlicher Dank.

Im Verlag haben sich Izaak de Hulster gekümmert und Miriam Espenhain wie Renate Rehkopf haben alle meine Vorschläge zum Druck kompetent umgesetzt.

Abgeschlossen zu Beginn der Passionszeit 2022: Aschermittwoch, flankiert von Fastnacht und Purim

Register

Ausführlicher behandelte Texte

Bibel (in der Reihenfolge des Kanons)

Weitere Texte

Namen, Orte, Systematische Begriffe[1]

[1] Seitenzahlen verweisen auch auf Fußnoten. Nicht immer ist genau das Wort zu finden; manchmal auch dem Sinne nach. Namen von Wissenschaftlern in kleiner Auswahl. Die systematischen Begriffe folgen dem Alphabet. Nur bei den drei großen Stichworten Gott, Opfer, Religion ist systematisch gegliedert.